香港最早期政黨及民主鬥士

革新會及公民協會

曾奕文 —— 著

中華書局

責任編輯：黎耀強
裝幀設計：霍明志
排　　版：時　潔
印　　務：劉漢舉

香港最早期政黨及民主鬥士：
革新會及公民協會

□
著者
曾奕文

□
出版
中華書局（香港）有限公司
香港北角英皇道 499 號北角工業大廈一樓 B
電話：（852）2137 2338　傳真：（852）2713 8202
電子郵件：info@chunghwabook.com.hk
網址：http://www.chunghwabook.hk

□
發行
香港聯合書刊物流有限公司
香港新界大埔汀麗路 36 號
中華商務印刷大廈 3 字樓
電話：（852）2150 2100　傳真：（852）2407 3062
電子郵件：info@suplogistics.com.hk

□
印刷
美雅印刷製本有限公司
香港觀塘榮業街 6 號 海濱工業大廈 4 樓 A 室

□
版次
2019 年 4 月初版
© 2019 中華書局（香港）有限公司

□
規格
16 開（230 mm×170 mm）

□
ISBN：978-988-8572-50-2

—

何佩然序

—

　　曾奕文這本題為《香港最早期政黨與民主鬥士：革新會與公民協會》的著作，全面介紹了上世紀五十至八十年代香港最具代表性的兩個政治團體的崛起、發展及式微的過程，極具原創性，是一本不可多得的嚴謹作品，彌補了目前就此段時期政治團體研究嚴重不足的缺陷。作者就革新會及公民協會兩個在五十至八十年代最具知名度的政團的成立、組織結構、爭取民主運動，乃至式微，進行了深入而詳盡的分析，並提出其為香港最早建立的政黨的論據，對當代大部分政治學研究認為香港政黨政治最早見於八十年代的看法，提出新的討論空間，為香港的政治研究開闢了新的蹊徑，是值得我們深入思考的觀點。

　　作者就香港五十至八十年代政治團體的論理，並非憑空想像，而是建基於豐實的歷史素材。研究涵蓋了香港政府檔案殖民地部的檔案 CO882、1023、1030、1032，外交部的檔案 FCO21、40、FO371，在 1980 年及其後解封的殖民地部檔案，革新會及公民協會兩個政團出版的刊物，同時期的香港報章雜誌，以及與兩個政治團體成員的口述訪談，讓讀者透過這些珍貴的原始材料，重新認識戰後香港政治發展的面貌。雖然香港在五十至八十年代的政治生態諸如政治團體的政治背景、經濟資

源、政府的取態，與今天的截然不同，但革新會及公民協會所面
對的困難及挑戰，卻又如此巧合地與今天的雷同。兩個團體的工
作、推動民主運動發展的動力及所承受的壓力，卻又與今天的經
歷如此相似。那麼為何當年不敢自稱為政黨的兩個團體最終會走
向衰落？香港今天鼓吹民主的政黨是否會重蹈歷史的覆轍？這本
著作不但重新檢視了香港政黨政治發展的歷史，而這兩個政治團
體的經歷，對香港未來政黨政治的發展，或許能提供一些啟示。
我深信這不僅是作者個人關心的問題，也是作為二十一世紀香港
人亟欲了解的切身問題。

何佩然

香港中文大學歷史系教授

2019 年 3 月 18 日

—

張有興序

—

I extend my warmest congratulations to Mr. Edmond Tsang, author of the book on the history of the Hongkong Civic Association and the Reform Club, in the very early years of Hongkong's political development in the 1950s to 1980s.

The two political groups had different views on the pace of political change, but their elected Urban Councillors gave due respect to each other's political differences, and invariably took a united stand when the common good so required.

Hilton Cheong-Leen, CBE, JP

Life President of

the Hong Kong Civic Association

8 March 2019

—

自序

—

香港回歸二十多年。這二十多年發生了不少大事：樓價大幅波動導致負資產及劏房的興盛、沙士襲港引致人心惶惶、中港關係刺激起港獨思潮、政制爭拗令社會撕裂等，都對不少香港市民有着深遠的影響。當中政制爭拗更引發「佔中」等社會運動，短期內都似乎不容易解決。關心香港政制發展的朋友可能會有不同的見解，有人認為香港社會成熟穩定，港人爭取民主運動亦已有三十多年，並且已經具備進一步發展民主的基礎，因此應該盡快落實行政長官及立法會的普選制度。有人則認為政制發展不能過急，應該循序漸進，不宜一步到位。

雖然各人有不同意見，但基本上大家都認同香港人在上世紀八十年代初，港英政府推行代議政制發展的同時開始爭取民主。正因為當時有不少人士熱心於政制改革，政治團體及政黨便應運而生。因此，這造就了一種說法，就是香港人爭取民主運動的歷史有三十多年，並在八十年代開始有政黨的誕生，而這亦是一般學者的論調。然而，在當我仔細閱讀本地的舊報章時，我開始發覺以上的論調頗值得商榷。我特別注意到戰後有兩個政治組織經常被各大報章稱之為政黨，而且它們也常常用不同的方式向港英政府爭取民主改革，令我開始質疑上述的說法，從而使我下定決

心重新研究這段歷史。於是我便毅然暫停了一直所從事的音樂工作，重回校園。

　　本書是以我的博士論文所翻譯而成的。本應在畢業後便馬上動筆，但由於受到其他工作的影響，出書計劃一直都遲遲未能實現，直到三年後才能付諸實行。我想就着本書的出版，對曾經指導、幫助及支持我的人表示最衷心的感謝。首先要多謝我的博士論文導師何佩然教授，沒有她的指導、支持和鼓勵，我不可能完成我的論文。我的啟蒙恩師及朋友 Michael Noone 啟發了我對學術研究的興趣。吳偉明教授不單為我的英文稿作更正，亦向我提出不少意見，我在此對他們深表感謝。我也要多謝論文考試委員會的葉漢明教授、蔡志祥教授及趙雨樂教授對我論文的修訂提出寶貴意見。我也想藉此向胡鴻烈博士，GBM, GBS, JP、張有興先生，CBE, JP、楊勵賢女士、鄭君旋先生，以及為我安排與公民協會委員會面的方女士致謝，他們為本研究提供了不少寶貴的資料。最後，我要特別感謝我的父母、太太及所有親戚，尤其是五叔的支持及鼓勵，本書是對他們致以最衷心的感激。

目錄

—

i　　　何佩然序

iii　　張有興序

iv　　自序

1　　　**第一章**
重新認清戰後政黨發展的意義

5　　　一、現存有關香港政黨發展的研究

10　　二、重新審視革新會及公民協會的性質

12　　三、為何革新會及公民協會未被視為政黨

17　　四、引用資料的評述

19　　五、本書結構

29　　**第二章**
二戰前的爭取民主運動

29　　一、開埠初期的政制改革討論

31　　二、寶靈的建議

33　　三、首位華人進入立法局

34　　四、聯署致信英國議會要求政制改革

36　　五、香港憲制改革協會的要求

41 第三章
革新會及公民協會成立的原因及
其組織結構

41 一、香港政黨的誕生

50 二、香港革新會的成立

63 三、香港公民協會的誕生

71 四、兩黨的組織架構

78 五、兩黨舉辦的活動

80 六、兩黨關注的政治和社會問題

93 七、與政府交涉的方法

100 八、兩黨在市政局內的工作

101 九、兩黨的認受性

108 十、小結

目錄

111 **第四章**
五十年代：革新會及公民協會的成長期

112　一、革新會的第一場戰役：楊慕琦的政改計劃

118　二、政制改革的落實

119　三、1952 年市政局選舉：一個轉折點？

124　四、向英女皇投訴

130　五、公民協會的崛起：打破大米進口壟斷的運動

145　六、一次成功的反抗：反對放寬租金管制的運動

151　七、市政局選舉：兩黨的戰場

165　八、公民協會的轉變

167　九、小結

169 第五章
六十年代：革新會和公民協會的黃金十年

170　一、革新會和公民協會的首次合作

174　二、1960 年與殖民地大臣的會議

175　三、不斷接觸英國官員和政客去要求政制改革

178　四、革新會和公民協會聯盟：一個錯誤的結合

182　五、六十年代中期兩黨與政府之間的不公平競爭

196　六、在議會內為弱勢發聲：爭取小販權益

204　七、重審兩黨在爭取中文「合法化」運動的角色

217　八、1966 年和 1967 年的騷亂：兩黨的分水嶺

227　九、小結

目錄

229 **第六章**
七八十年代：革新會和公民協會的衰落

230 一、黨內衝突

237 二、錯失良機

240 三、倫敦官員態度的轉變

248 四、革新會對政制改革的最後一擊

251 五、最後的賭注：香港回歸談判

261 六、新的政治團體加入

264 七、為何在八十年代以前缺乏重要的政治改革？

281 八、小結

283 **第七章**
結論：歷史的重演？

293　附錄一

革新會重要委員

公民協會重要委員

300　附錄二

革新會重要活動年表

公民協會重要活動年表

316　參考書目

第一章

重新認清
戰後政黨發展的意義

　　歷史常被簡化，香港史亦不例外。當中有關民主發展的歷史無疑是其中之例子。一般學說認為香港人，尤其是在九七回歸之前，都對政治頗為冷感。在二戰前及戰後初期，香港被中國內地人士視為避難所。每當內地經歷戰爭或內亂，便會有不少難民逃來香港。但當社會安定之後，不少逃港人士便選擇回歸祖國。他們大多對香港這個殖民地沒有歸屬感，只要殖民地政府沒有令其生活不便，他們通常都不太關心該地政治制度，而滿足於互不干預的政策。直到二十世紀七八十年代，當二戰後在香港出生的一代漸漸在本地成長，他們對土生土長的地方開始有歸屬感，自此便開始出現學生運動及社會運動。再加上港英政府在八十年代初主動推行政制改革，並設立區議會及在立法局引入民選議席，所以一般論調都認為香港人追求民主化運動是始於八十年代。

然則，由於當時香港經濟開始起飛，市民生活質素普遍提高，再加上經濟發展導致機遇處處，所以普遍都覺得香港人似乎不太關心政制發展的問題，而只是着重「賺錢」的機會。雖然大部分香港人在九七回歸前都未必十分重視政制發展，但自開埠以來便一直有人爭取政制改革，只可惜有關香港政制發展的論文或專書，一般都只着重八十年代及以後的時期，對前人爭取民主之聲卻鮮有觸及。所以本書作者將會專注討論二戰後至八十年代有關香港人爭取民主的過程，並以當時兩個最重要的政治團體：革新會和公民協會作為討論中心，希望藉此填補一部分的歷史空白之處。

由於在八十年代之前立法局還未有選舉的議席，故此大部分學者都認為香港的政黨在八十年代或更後期才開始出現，而我在本書將嘗試指出，本地的政黨其實在二戰後已經出現。[1] 事實上，香港戰後的社會及政治環境均有利於政黨的誕生。首先，戰後百廢待興，殖民地政府並沒有足夠資源去加強社會服務。[2] 政黨便可以藉此吸引大眾的支持。此外，香港從未經歷過像二戰後

1　例如格倫德斯通（Marlene Grundström）聲稱香港第一個政黨在 1990 年誕生。政治學學者馬嶽認為香港政黨的成立是由於八十年代的代議政制發展。另一位學者蔡子強亦認為所有本地早期的政黨皆成立於八十年代末至九十年代初。見 Grundström, Marlene, *Political party development in Hong Kong: beyond the China dimension*, Hong Kong: Civic Exchange, 2006, p. 3; Ma, Ngok, *Political Development in Hong Kong: State, Political Society, and Civil Society*, Hong Kong: Hong Kong University Press, 2007, p. 137; Choy, Chi-keung, "Political Parties and Political Participation in Hong Kong", in Cheng, Joseph Y.S., ed., *Political Participation in Hong Kong: Theoretical Issues and Historical Legacy*, Hong Kong: City University of Hong Kong, 1999, p. 127.

2　但不少學者對此論述有所保留。見 Goodstadt, Leo F., *Uneasy Partners: The Conflict Between Public Interest and Private Profit in Hong Kong*, Hong Kong: Hong Kong University Press, 2009; Ngo, Tak-wing, "Industrial History and the Artifice of *Laissez-faire* Colonialism", in Ngo, Tak-wing, ed., *Hong Kong's History: State and Society under Colonial Rule*, London: Routledge, 1999. 不過他們都認為香港政府在七十年代前並未太重視福利政策以及貧苦大眾。

有大量居民回流，再加上因為大陸的內戰而湧入的難民，一時間令殖民地政府的人口、房屋、醫療及教育等政策均陷於困局。有見及此，革新會及公民協會便扮演了市民與政府之間的橋樑。有趣的是，雖然兩黨的委員在初時大多是外國人及精英份子，但他們卻並非爭取自己的權益，而是為廣大市民，尤其是低下階層謀取福利。

革新會及公民協會在五十至八十年代見報率高。在它們的黃金期，革新會吸引了四萬五千人入會，而公民協會也有超過一萬會員。在 1971 年的一次抗議租金上升運動中，革新會收集了超過一百萬個簽名，佔全港市民的 25%。這不單反映了兩黨的高認受性，更顯示出當時香港人願意透過政黨來展示他們的訴求。

革新會及公民協會時常向政府提出意見。例如，鑑於戰後木屋問題非常嚴重，它們常建議增加廉價公營房屋去解決居住問題。為了令小市民不會因為租金不斷上升而影響生活，它們定期檢討業主與租客條例。[3] 有見於醫院及醫療設備的不足，兩黨不時向政府提議在人口密度高的地區興建醫院及增加診所。革新會及公民協會特別強調教育的重要性，因此它們常向政府建議教育改革，包括實施免費教育及加強教師培訓。[4] 對於成功爭取中文合法化及男女薪金平等的議題，兩黨的貢獻功不可沒。除此之外，它們還提議增建圖書館、展覽館、藝術館及音樂廳等文娛設施。兩黨多年來的爭取，也可能間接促成廉政公處及申訴專員公處的成立。它們經常舉辦公眾大會，從中不單可以收集市民的意見，更可以作為一個給予市民宣洩及發表意見的渠道，當中有不

3　可能由於革新會主席貝納祺不斷在市政局會議內游說政府官員，香港房屋委員會終於在 1954 年成立。

4　貝納祺非常重視教育，他與其他有心人士在 1952 年創辦了香港航海學校。

少意見最終亦為政府所接納。

在閱讀了相關的舊報章和殖民地部的一些檔案後，我認為這兩個政治組織的重要性似乎被忽視。作為港英政府與當地市民之間的橋樑角色，它們的貢獻是功不可沒的。在第二次世界大戰前成立的諸如東華醫院、保良局和團防局等組織，自香港開埠以來便一直負責管理地方事務，以及作為政府與華人社會的中介人。這些紳士及精英受到殖民地政府的歡迎，因為他們在確保社會的穩定方面發揮了一定作用。[5] 但隨着戰後人口的急劇增長，他們不再能夠有效地去幫助大量的新移民。因此，新的組織變得更加重要，例如街坊福利會便因而成立。[6] 然而，街坊會一般都只能處理自己地區的事務。革新會和公民協會則有所不同，在一個政府與華人之間經常缺乏溝通的社會裏，革新會和公民協會的出現不單能扮演橋樑的角色，並且可以發揮獨特的政治作用，以代表殖民地所有的居民，更特別為普羅大眾爭取公民權利。

作為為市民向政府爭取改革的組織，理應不受當權者的歡迎，不過殖民地政府卻似乎對革新會及公民協會又愛又恨。因為在二戰之後，親中國共產黨與國民黨之間的勢力不斷在香港角力，雖然港府嚴厲禁止任何隸屬於共產黨或國民黨的政治組織在殖民地活動，但當時不少工會組織都與它們有所聯繫，在港勢力之大實在令政府擔憂。1922 年與 1925 年的大罷工可以反映工會的勢力容易造成社會不穩定，而 1950 年、1952 年、1956 年及 1967 年的騷亂也是由於左派和右派所造成。為了制衡它們在香港的勢力，革新會和公民協會便成為合適的對象。因此，香港最早

5　Lethbridge, Henry, *Hong Kong: Stability and Change*, Hong Kong: Oxford University Press, 1978, p. 113.

6　Wong, Aline, *The Kaifong (Neighborhood) Associations in Hong Kong*, Ph.D. Thesis, Berkeley: University of California, Berkeley, 1970, p. 117.

期的政黨與不少西方國家及香港現代的政黨有所分別。它們在公民社會的發展中起了不可忽視的作用，而且對於自八十年代以來所成立的政黨有一定的影響。如果我們不了解革新會及公民協會曾經作出的貢獻，那麼對戰後香港民主發展的研究將不會完整。

一、現存有關香港政黨發展的研究

有關政黨的學術研究在二戰之後開始普及。最早的經典之一是由杜瓦傑（Maurice Duverger）所撰寫的 *Political Parties: Their Organization and Activity in the Modern State*。他分析政黨的發展並論述其制度。雖然他的研究方法受到後人不少批評，但無可否認，該書是政黨研究的先驅。[7] 較近期的研究集中解釋政黨的工作、內部權力分配及其轉變。[8] 另外不少研究亦關注政黨和社會、政府及其他組織，包括社會運動和利益集團之間的關係。[9] 其他學者如奧蒙（Gabriel Almond）及亨廷頓（Samuel Huntington）則指出政黨政治是現代化的象徵。他們比較關注美國或歐洲國家的政黨，並從政治的角度去分析這些政黨的作用。[10]

7　Wildavsky, Aaron B., "A Methodological Critique of Duverger's Political Parties", in Eckstein, Harry, and Apter, David, eds., *Comparative Politics: A Reader*, New York: Free Press of Glencoe, 1963; Wolinetz, Steven B., *Political Parties*, Aldershot: Dartmouth Publishing Company Limited, 1998, p. xi.

8　Wolinetz, Steven B., *Political Parties*, p. xi.

9　Wolinetz, Steven B., *Political Parties*, p. xii.

10　Almond, Gabriel, and Powell, G. Bingham, *Comparative Politics: A Developmental Approach*, Boston: Little Brown, 1966; Huntington, Samuel P., *Political Order in Changing Societies*, New Haven: Yale University Press, 1986.

　　但是香港戰後的政治環境與西方有顯著分別。首先，當時殖民地的選舉規模非常小。再者，由於政治不穩定的因素，所有政治組織都受到密切監察。因此，西方學者的理論既不能亦不應該毫無保留地引用到香港。在我對革新會和公民協會的討論中，將會指出香港的政黨有其獨特的性質、發展過程和作用。它們不僅協助促進了公民社會的興起，並且積極參與了各種社會發展。本書將顯示香港獨特的環境如何影響到政黨的發展。

　　我所研究的目標之一是重新審視香港的政治環境和戰後初期香港代議政制的發展。在二十世紀八十年代以前關於香港政治的研究並不普遍，因為前人認為香港「沒有政治，只有行政」。[11] 著名香港史學者安德葛（G. B. Endacott）認為香港人缺乏政治參與的原因，是因為政府作出任何重要決定之前，都會徵詢市民的意見。[12] 侯德利（Stephen Hoadley）則以救生艇（lifeboat）理論和中國人的保守個性去解釋為何香港人政治冷感。[13] 金耀基提出「行政吸納政治」去分析而得出相同的結論。[14] 劉兆佳則以「功利家庭主義」和「低度整合的社會政治體系」去解釋香港人對政制發展缺乏興趣甚至不願意與政府官員接觸的原因。[15] 但是，以上的論點均建基於一系列的誤解，即認為市政局的選舉沒有意義、香港沒有政黨、政府與市民之間沒有嚴重的政治衝突、

11　Ma, Ngok, *Political Development in Hong Kong*, p. 2.

12　Endacott, G. B., *Government and People in Hong Kong 1841-1962: A Constitutional History*, Hong Kong: Hong Kong University Press, 1964.

13　Hoadley, Stephen J., " 'Hong Kong is a Lifeboat': Notes on Political Culture and Socialization", *Journal of Oriental Studies*, 8 (1970), pp. 209-211.

14　King, Ambrose, "Administrative Absorption of Politics in Hong Kong: Emphasis on the Grass Roots Level", *Asian Survey*, Vol. 15, No. 5 (1975), pp. 422-439.

15　Lau, Siu-kai, *Society and Politics in Hong Kong*, Hong Kong: Chinese University Press, 1982.

選民登記率低以及不積極投票，所以反映出香港市民的政治冷漠，並且缺乏對民主的追求。[16]

　　當有關港督楊慕琦在 1946 年所建議推行的政制改革計劃的相關檔案自八十年代開始在英國解封時，不少學者都對這個問題進行了較全面的研究，比較詳盡的有邁樂士（Norman Miners）和曾銳生（Steve Tsang）的研究，不過他們得出的結論卻頗為不同。邁樂士認為楊慕琦的政改在這段非常敏感的時期之內沒有推行，對香港是非常幸運。他解釋政制改革的實施將會被視為英國打算放棄香港的前奏。他同意葛量洪和殖民地部的解釋，即成立市議會（Municipal Council）或在立法局增設選舉議席，將令其成為國民黨與共產黨之間的戰場。此外，如果有國民黨的重要人士當選並在政策中發揮影響力，中華人民共和國將不會允許英國繼續管治香港。[17] 相反，曾銳生並不認為共產黨或國民黨在香港的威脅如此之大。他相信如果楊慕琦的政制改革方案能成功推行，香港往後的民主發展將會有很大的分別。[18] 最近深入研究同一問題的學者余嘉勳（Gavin Ure），除了解釋政改的失敗外，更側重於審視港督、香港的非官守議員和殖民地部官員在政改中的角色及其相互作用。[19]

　　儘管上述的研究得出不同的結論，它們均就楊慕琦政改計劃

16　其他學者也有類似的理解，例如 Darwin, John, "Hong Kong in British Decolonisation", in Brown, Judith M. & Foot, Rosemary, eds., *Hong Kong's Transitions, 1842-1997*, London: Macmillan Press, 1997.

17　Miners, N. J., "Plans for Constitutional Reform in Hong Kong", *The China Quarterly*, 107 (1986), pp. 463-482.

18　Tsang, Steve, *Democracy Shelved: Great Britain, China, and Attempts at Constitutional Reform in Hong Kong, 1945-1952*, Hong Kong: Oxford University Press, 1988.

19　Ure, Gavin, *Governors, Politics and the Colonial Office: Public Policy in Hong Kong, 1918-58*, Hong Kong: Hong Kong University Press, 2012.

的失敗提出了詳細解釋。不過這些研究似乎都只重視行政架構的角色。邁樂士的文章重點分析了港督和殖民地部之間的談判。余嘉勳在其書中則重新審視港督、殖民地部官員、非官守議員及其他官僚之間錯綜複雜的關係，但普通市民的角色顯然都不是他們所關注的對象。曾銳生的專著是關於楊慕琦政改計劃的眾多研究中最詳盡的，他全面分析當時的政治、社會和經濟情況。雖然他也提到像革新會及華革會等政治組織的參與，但它們只是微不足道的小角色。目前還未有學者以民間組織或普通市民的角度去審視這段歷史。因此，一般論調認為香港人是政治冷漠便不足為奇了。

關於香港政治的研究著作在九十年代大量出現。蘇耀昌、李彭廣及成名等學者仔細研究了香港回歸過渡期的民主化過程。[20] 此外，比提（Robert James Beatty）、蔡子強及雷競璇分析了因為八十年代的政制改革而導致政黨的出現。[21] 盧兆興和梁君國則指出八十年代壓力團體和其他政治組織的發展促成了九十年代政黨的誕生。[22] 這些研究通常被視為「過渡期研究」，因為它們主要解釋從 1984 年到 1997 年回歸過渡期的民主運動。這些研

---

20 So, Alvin, *Hong Kong's Embattled Democracy: A Societal Analysis*, London: The Johns Hopkins University Press, 1999; Li, Pang-kwong, *Hong Kong from Britain to China: Political Cleavages, Electoral Dynamics and Institutional Changes*, Aldershot: Ashgate Publishing, 2000; Sing, Ming, *Hong Kong's Tortuous Democratization: A Comparative Analysis*, London: RoutledgeCurzen, 2004.

21 Beatty, Robert James, *Democratization in Hong Kong*, Ph.D. Thesis, Arizona: Arizona State University, 2000; Choy, Chi-keung, "Political Parties and Political Participation in Hong Kong", in Cheng, Joseph Y. S., ed., *Political Participation in Hong Kong: Theoretical Issues and Historical Legacy*, Hong Kong: City University Press, 1999; Louie, Kin-sheun, "Politicians, Political Parties and the Legislative Council", in Sing, Ming, ed., *Hong Kong Government and Politics*, Hong Kong: Oxford University Press, 2003.

22 Lo, Shiu-hing, *The Politics of Democratization in Hong Kong*, London: Macmillan Press, 1997; Leung, Kwan-kwok, "Fractionalization of the 'party' system in the Hong Kong Transition", in Li, Pang-kwong, ed., *Political Order and Power Transition in Hong Kong*, Hong Kong: The Chinese University Press, 1997.

究比較注重地方精英和兩國之間的談判,對於基層運動卻不太重視。一般研究都認為香港的民主運動只是在八十年代才開始,他們忽略了八十年代前如革新會或公民協會等的貢獻。[23] 有了對最早期政黨的認識,才能對香港的政制發展作出更清楚的描述。

千禧年之後,學者開始質疑香港人普遍是政治冷感的傳統觀點。例如林蔚文的研究重新檢討了一般香港人在 1956 年、1966 年和 1967 年的騷亂、租金管制、中文運動、釣魚台運動以及葛柏問題等事件中的角色,以反駁香港人對政治缺乏興趣的論點。[24] 然而,類似的研究仍然未有就八十年代前香港人爭取民主運動的發展作出深入的討論,而且其他政治團體的活動及貢獻也未有被充分關注,因此對該段歷史的研究仍然未夠全面。

梁燕紅的博士論文題目「香港政黨的出現和邊緣化」,與我的研究最為接近,她把革新會和公民協會列為「政治組織」。[25] 不過她並沒有仔細研究這兩個組織,而且可能因為受到其他學者的影響,她也認為在八十年代之前香港不單沒有政黨,香港人亦沒有認真地要求政制改革。由於傳統智慧一直認為香港直到八十年代都沒有政黨,因此革新會及公民協會在殖民地政治、社會和經濟的發展、公民社會的推動、民主發展之爭取、回歸前的角色,以及官方與市民之間的橋樑等方面的貢獻均被忽視。因此,研究革新會及公民協會在香港歷史中的角色,有助填補這段歷史的空白。

---

23 梁啟平指出七十年代的學生運動提供了後來民主運動的土壤。Leung, Benjamin K. P., "The Student Movement in Hong Kong: Transition to a Democratizing Society", in Chiu, Stephen Wing-kai, and Lui, Tai-lok, eds., *The Dynamics of Social Movement in Hong Kong*, Hong Kong: Hong Kong University Press, 2000.

24 Lam, Wai-man, *Understanding the Political Culture of Hong Kong: The Paradox of Activism and Depoliticization*, London: M. E. Sharpe, 2004.

25 Leung, Yin-hung, *State and Society: The Emergence and Marginalization of Political Parties in Hong Kong*, Ph.D. Thesis, Hong Kong: Hong Kong University, 1999.

二、重新審視革新會及公民協會的性質

正如前文所述，差不多所有政治學者都聲稱香港在八十年代前是沒有政黨的。那些有關戰後政治環境的研究通常都會提到革新會及公民協會，但由於缺乏深入討論，一般都不會對它們的性質作出探討，極其量只將它們視為政治組織或壓力團體。最有趣的可能是邁樂士的專書《香港的政府與政治》（*Government and Politics of Hong Kong*），由於不清楚怎樣去界定這兩個組織，他竟然在書中的不同部分分別指出革新會和公民協會為壓力團體、政黨的前身，以及真正的政黨。[26] 不過，一般有關香港政治發展的傳統論調都認為，壓力團體是七十年代追求民主的先驅，而本地的政黨則在八九十年代才逐漸形成。[27] 但比較奇怪的是幾乎所有關於香港壓力團體的研究，都沒有討論革新會及公民

---

26 Miner, Norman, *Government and Politics of Hong Kong*, 5th ed., Hong Kong: Hong Kong University Press, 1995, pp. 186, 197-198.

27 Leung, Yin-hung, *State and Society*; Lui, Tai-lok, "Pressure Group Politics in Hong Kong", in Cheng, Joseph Y. S., *Political Participation in Hong Kong: Theoretical Issues and Historical Legacy*, 1999.

協會。[28] 為了理解這兩個政治組織的性質，我們有必要理解壓力團體及政黨的定義。

　　什麼是壓力團體？歷史學家埃德曼（Geoffrey Alderman）認為壓力團體可以是有組織或無組織的單位，它們有自己所關注的特定議題，但不是政黨或政府的機構。[29] 另一位學者巴格特（Rob Baggott）指出壓力團體是一個旨在影響相對較小範圍的公共政策的組織。[30] 在一本關於壓力團體的專著中，作者指出任何要求政府改變某些政策，但自己不願擔任公職的組織，均可視為壓力團體。[31] 從以上的定義中，可以將壓力團體定義為：旨在

28　有關香港壓力團體的研究包括 Wu, Chung-tong, *Policy Making over Land Rent in Hong Kong: A Case Study of the Bureaucracy and the Pressure Groups*, Hong Kong: Centre of Asian Studies, University of Hong Kong, 1973; Lui, Joseph Wai-chung, *Pressure Groups and the Decision Making Process: A Study of the Precious Blood Affair*, M.Soc.Sc. Thesis, Hong Kong: University of Hong Kong, 1984; Wong, Chi-kong, *The role of Pressure Groups in the Politics of Urban Development of Hong Kong*, M.Soc.Sc. Thesis, Hong Kong: University of Hong Kong, 1985; Au Yeung, Peter Wai-hong, *Pressure Groups and Squatter Policy: A Study of the Role and Effectiveness of People's Council on Squatter Policy*, M.Soc.Sc. Thesis, Hong Kong: University of Hong Kong, 1986; Leung, Hon-chu, *Political Action in Compressing Space: A Study of Political Activist Groups in Hong Kong*, MPhil. Thesis, Hong Kong: Chinese University of Hong Kong, 1986; Cho, Ming-shook, *Pressure Groups and Educational Policy in Hong Kong*, M. Soc.Sc. Thesis, Hong Kong: University of Hong Kong; 1987, Ko, Tin-ming, *Pressure Groups and the Daya Bay Controversy*, M.Soc.Sc. Thesis, Hong Kong: University of Hong Kong, 1987; Kwan, Lai-kam, *Pressure Groups and Public Policy: A Study of the Role of the Federation of Hong Kong Industries*, M.P.A. Thesis, Hong Kong: University of Hong Kong, 1990; Leung, Olivia Suk-ching, *Pressure Groups and Transport Policy: A Study of the Role and Effectiveness of the Automobile Association*, M.P.A. Thesis, Hong Kong: University of Hong Kong, 1990; Law, Wing-fai, *Political Parties, Labor Unions and Public Policies: A Study of the Impact of Pressure Groups on the Labor Importation Scheme*, M.P.A. Thesis, Hong Kong: University of Hong Kong, 1997.

29　Alderman, Geoffrey, *Pressure Groups and Government in Great Britain*, London: Longman, 1984, p. 21.

30　Baggott, Rob, "Pressure Groups in Britain: Change and Decline?", *Talking Politics*, 1, No. 1 (1988), p. 26.

31　Richardson, Jeremy, *Pressure Groups*, Oxford: Oxford University Press, 1993, p. 1.

產生政治影響，但不尋求公職或參與選舉的組織。

由於政黨研究在二十世紀下半葉開始普及，不少政治學家都為其作出定義。在《政黨政治手冊》（*Handbook of Party Politics*）一書中，編者列出了多位學者所作出的定義。例如赫克肖恩（Robert Huckshorn）形容政黨是一個旨在參與提名和選舉，並希望控制或分享政府權力的組織。[32] 愛潑斯坦（Leon D. Epstein）作出了一個比較簡單，但廣泛被引用的定義，他認為政黨可以是任何一個試圖參與政治選舉的團體。[33] 另一位政治學者阿德利基（John Aldrich）在其《為什麼要有政黨？》（*Why Parties?*）一書中作了一個詳盡的定義，他認為政黨可以被視為一個參與選舉的精英聯盟，但是政黨不僅是一個普通的聯盟，它應該是一個有制度化，並採用了規則、規範和程序的聯盟。[34]

三、為何革新會及公民協會未被視為政黨

革新會和公民協會均符合了以上有關政黨的定義。它們通過選舉而希望可以參與或控制政府的政策，兩個組織都是「採用規則、規範和程序」的制度化組織。儘管它們已經符合了作為政黨的定義，為什麼兩個組織都不被學者視為政黨，並一直被忽略？

最主要的原因可能是因為革新會和公民協會都沒有聲稱自

32　Huckshorn, Robert, *Political Parties in America*, Monterey: Brooks/Cole, 1984, p. 10, in White, John Kenneth, "What is a Political Party?", p. 5.

33　Epstein, Leon D., *Political Parties in Western Democracies*, New Brunswick: Transaction Books, 1980, p. 9, in White, John Kenneth, "What is a Political Party?", p. 6.

34　Aldrich, John, *Why Parties?*, Chicago: University of Chicago Press, 1995, p. 19, in White, John Kenneth, "What is a Political Party?", p. 6.

己是政黨。兩個組織均成立於戰後初期,如果它們在當時使用「黨」這個名稱便非常不智。第二次世界大戰結束後,香港無可避免地陷入冷戰的狹縫之中。由於它的地理位置,無論是親共產黨或親國民黨的,都利用香港作為鬥爭的基地。另外美國人不斷在當地收集情報也是一個公開的秘密。因此,香港在戰後期間被視為「東方柏林」。1949 年的兩航事件、朝鮮戰爭期間的美國禁運,以及 1956 年的騷亂,都充分反映了其不穩定的地理位置。在這種政治敏感的情況下,殖民地政府非常擔心任何潛在的威脅。為了減低中國共產黨及國民黨在香港的影響,政府可以禁止任何社團的註冊或根據《社團條例》去暫停任何組織的運作。由於當時的政治敏感情況,因此革新會和公民協會的創辦人都只稱其組織為政治機構(Political Organisation)。

其實在朝鮮戰爭完畢,冷戰的威脅減低後,殖民地政府亦開始採取比較寬鬆的政策。這可以解釋為何香港民主自治黨和香港社會民主黨分別能夠在 1963 年及 1964 年成立。[35] 它們不單稱自己為政黨,甚至以自治作為名稱及宣傳旗號,而這些「政黨」都被允許在殖民地登記。[36] 然而,公民協會亦可能因為注意到政治環境開始變得寬鬆而在七十年代曾考慮名正言順地改稱為政黨。[37] 比較激進的革新會更早在 1955 年就已經有相同的想法。[38]但為什麼革新會和公民協會最後都沒有改稱為政黨?

---

35 CO 1030/1611, Hong Kong Democratic Self Government Party, 1964-1965; FCO 40/407, Political parties in Hong Kong, 1973.

36 雖然它們稱自己為政黨,但並未列入本文的討論範圍,因為它們並沒有參與任何選舉。參見《香港民主自治黨籌組經過報告書:摘錄各報報導及有關評論》,香港:香港民主自治黨,1964;《香港民主自治黨民治運動報告書:1963－1968》,香港:香港民主自治黨編輯委員會,1969。

37 訪問鄭君旋:2014 年 3 月 13 日。

38 《工商日報》,1955 年 12 月 3 日;South China Morning Post, 3 December 1955.

首先，有不少香港人是因為中國共產黨與國民黨的內戰而逃離大陸，移居香港。內戰結束後，共產黨和國民黨仍然利用香港作出宣傳或攻擊對方，因此如果革新會或公民協會創立時以黨為名，這容易令人誤會以為和共產黨或國民黨有關係。再者，中國人對「黨」這個名稱沒有好感。歷史上有牛李黨爭或黨錮之禍，因此「黨」容易令人聯想到衝突和鬥爭。雖然在中國歷史上有關黨的意義與當代的政黨不同，但「黨」這個名稱在中國社會可能會對形象有反面影響。公民協會的委員鄭君旋先生亦透露，這是該會沒有改稱自己為「黨」的其中一個原因。有些八十年代創立的政治團體亦因為同樣的原因而不願稱自己為「黨」。[39] 可能由於革新會和公民協會都一直沒有以「政黨」為名，這導致一般學者都沒有視它們為政黨。

另一個令革新會和公民協會不被視為政黨的原因，是由於它們未能進入政制的核心——行政局及立法局。革新會及公民協會只曾參與八十年代前的市政局選舉以及早期的區議會選舉。雖然它們在五六十年代期間曾經壟斷了市政局的民選議席，但由於該局並非權力核心，所以兩個組織的重要性一直都被忽視。市政局不會作出政治決策，但對普羅大眾的生活卻至為重要。市政局是唯一一個管理本港市政事務的機構，其管轄範圍包括食物安全、環境衛生、居住及工作環境的情況、街市、公廁及樓宇廁所、墓地及殯儀、公園及泳灘、藝術和文化事務，以及娛樂設施。[40] 例如小販問題便是全權由市政局管理。不要以為小販為數不多便不重要，由於戰後香港的經濟並不發達，不少本地工人都經常光

39　馬嶽：《香港 80 年代民主運動口述歷史》，香港：香港城市大學出版社，2012，頁 38−40。

40　劉潤和：《香港市議會史 1883−1999：從潔淨局到市政局及區域市政局》，香港：康樂及文化事務署，2002，頁 102−104。

顧流動熟食小販，因此每項有關小販的政策都會對民生有所影響。[41] 此外，成立於 1953 年的徙置事務處也歸市政局管轄。市政局中有部分議員會加入房屋委員會，而市政局主席在 1973 年前亦會兼任房屋委員會的主席。[42] 由於房屋問題在戰後是香港最重要的社會問題之一，市政局不應被視為無關緊要的。

可能有人會認為由於革新會及公民協會沒有參與立法局或行政局的選舉，因此它們不能被視為政黨。但香港的情況和其他地區有所不同，我們不應以這個狹義的原則去界定一個政治團體是否政黨。由於地理位置的因素，戰後的香港在政治上不太穩定，所以香港在二十世紀的最後十年之前，都沒有立法局的直接選舉。雖然港英政府在九十年代至回歸期間一直推行代議政制發展，但其行政主導的性質，導致香港的政黨制度與一般西方民主國家的發展有着顯著分別。[43] 根據香港《基本法》，行政長官不能夠是政黨成員，而政黨的成員通常都不會獲委任為政府的高級官員。雖然現在的立法會（回歸前稱為立法局）所有議席均由選舉產生，而大部分議員都是政黨的成員，但他們的權力受到《基本法》的嚴重限制。[44] 總而言之，《基本法》不容許香港有執政黨。因此，現今的政黨與革新會和公民協會分別不大，它們都沒有真正的政治權力。更諷刺的是，香港至今都沒有政黨法，所有本地政黨只可以以私人公司名義註冊或根據社團條例去註冊。如果今天香港的政治團體可以被視為政黨，為什麼革新會和公民協會卻不能？

41　見本書第五章。

42　劉潤和：《香港市議會史》，頁 116。

43　Lau, Siu-kai, and Kuan Hsin-chi, "Hong Kong's Stunted Political Party System", *The China Quarterly*, 172 (2002): pp. 1010-1028.

44　見本書第七章。

雖然革新會和公民協會都沒有在它們的名稱上使用「黨」這個字，但其成員卻認為該組織有着政黨的性質。公民協會於1955 年 12 月 28 日聚會後所發表的一篇新聞稿中寫道：「公民協會與香港的其他組織不同，無論在精神上或實際上都是一個政黨。我們的會員對於香港所需要的改革的議題上沒有太大的分歧，我們希望在現行法律和秩序的框架之內謀求經濟、社會和政治的改革。我們認同類似英國政治制度的民主生活方式，並反對一切形式的極權主義。我們深信香港的未來繁榮跟英國以及英聯邦國家是不可分割的。作為香港第一個政黨，我們將以勇氣和毅力以帶領民意朝着這個方向進發。」[45] 然而，公民協會聲稱自己是香港唯一的政黨的其中一個目的，可能是要貶低革新會，因為當時革新會比剛成立的公民協會更受歡迎，該會亦視革新會為最大的競爭對手。其後在一次市政局的特別委員會會議中，公民協會便改稱自己為「香港兩大政黨之一」。[46]

在與革新會副主席胡鴻烈的訪問中，他稱該會是香港第一個政黨，「它參加選舉，並經常向政府提供意見，而政府亦尊重我們，並經常考慮我們的建議。」[47] 公民協會的委員鄭君旋指出，雖然革新會和公民協會都沒有把自己標榜為政黨，但它們本質上是政黨。[48] 另外，新聞界也經常將它們視為政黨。例如《德臣西報》（*China Mail*）的一位編輯曾經評論道：「兩個政黨都非常積極參與社區事務。主要透過市政局，它們扮演了最重要的角色，以令政府至少在一定程度上合乎標準，⋯⋯沒有它們，香港

---

45 CO1030/327, Press Release by the Civic Association, issue date unknown.

46 *Report of the Ad Hoc Committee of the Future Scope and Operation of the Urban Council*, p.39.

47 訪問胡鴻烈，2012 年 3 月 16 日。

48 訪問鄭君旋，2014 年 3 月 13 日。

便會在新聞界之外再沒有聲音去批評政府。」[49]

革新會和公民協會亦被殖民地部和香港政府視為政黨。例如殖民地部的卡特（W. S. Carter）曾在一份備忘錄中指出，儘管香港的工黨和聯合國香港分會有政治上的野心，但它們不是政黨，而一直參與市政局選舉的革新會和公民協會才應該被視為政黨。[50] 在殖民地政府和殖民地部之間的通訊中，我們經常見到它們視這兩個組織為政黨。

四、引用資料的評述

由於一般的檔案會在三十年後便解封，與本研究相關的大多數官方記錄已經被英國國家檔案館所公開。檔案編號 C.O.1023、C.O.1030 及 C.O.1032 包含了大量香港政府和殖民地部的往來信件。由於革新會及公民協會都經常向殖民地政府、殖民地部或國會議員寄送信件、請願書或報告，這些文件通常都會被保留在英國國家檔案館中。除了與雙方直接有關的文件外，其他一些檔案對於了解香港的政治、社會和經濟政策亦非常重要。這些檔案包括港督就殖民地的社會、政治及經濟事宜提交的各種報告；國民黨和中國共產黨在香港的活動；殖民地大臣所提交有關於香港的年度報告；每月情報報告以及有關香港市政局選舉的報告等。有些檔案更詳細記錄了 1952 年的政制改革、1965 年的地方行政改革或 1956 年、1966 年及 1967 年暴動等重要政治

49　*China Mail*, 30 April 1974.

50　CO1030/1611, Note on Labour Party of Hong Kong by Carter, W. S., 11 November 1965.

事件。

除了殖民地部外，外交部的檔案也非常重要，它們生動地描述了香港不穩定的地理政治情況。檔案編號 F.O.371 包含了有關中國、英國和香港之間關係的文件；英國對香港的政策；美國在香港的影響；香港的防禦事務以及許多其他政治問題。另外，該批檔案也包括以外交部角度對於香港政制改革的看法的記錄。當殖民地部在 1968 年與外交部合併時，類似的檔案便改為保存在 FCO21 和 FCO40 中。所有這些檔案不僅提供有關革新會和公民協會的資料，而且還反映了戰後香港的政治形勢。

一些香港政府與兩黨之間的通訊文件則保存在香港政府檔案處。這些文件對於了解革新會和公民協會在本地社會問題中的角色非常重要。此外，由於革新會和公民協會是八十年代以前唯一參加市政局選舉的政黨，市政局的各種會議記錄及年報，以及在六十年代中期政府提出推行地區行政改革時所發表的《政府工作小組有關地方政府的報告書》及《市政局：改革地方政制報告書》等文件，都是本書的研究資料，它們充分地反映出兩黨在政制改革中的獨特角色。

兩黨所出版的刊物也是重要的研究材料。革新會的出版物包括主席的年度報告，當中顯示了該會在各年所做的工作。此外，該會在其十周年、二十周年及二十五周年均刊印了紀念報告，當中詳細地介紹及說明了革新會在所述期間的工作與貢獻。革新會亦定期出版《新語》，該雙月刊發表了由會員或邀請的專家所撰寫有關社會、經濟與政治問題的文章。公民協會也有類似出版物，例如在二十五、四十和五十五周年，均印刷了介紹該會的紀念刊物。公民協會所刊印的的雙月通訊和革新會的《新語》非常相似，當中可以讀到兩黨的小組委員會報告或其他有關它們的資料。

由於革新會和公民協會在七十年代及之前的見報率很高，

因此舊報紙對這項研究非常重要。當中的中英文報紙包括《德臣西報》、《虎報》、《工商日報》、《華僑日報》、《醒華日報》、《星島日報》、《南華早報》、《大公報》、*The Star* 及 *Chinese Times* 等等。本地的報紙經常會報道兩黨公開的活動，以及兩黨的委員在市政局會議中的發言及貢獻，而社論及讀者的意見更反映了公眾對它們的評價，故此報紙是了解革新會和公民協會的重要材料。此外，包括年鑑、人口普查報告，以及其他關於各種社會及政治問題的政府報告，均有助了解兩黨在香港的貢獻。

最後，由於一些組織內部的事只能由當時人口中得知，所以筆者也就本研究進行了訪問。可惜由於兩黨都是在戰後早期建立的，大多數的創黨委員均已經離世。不過，一些對於了解本題目有幫助的重要人士如張有興、胡鴻烈、鄭君旋及楊勵賢等也接受了採訪。

五、本書結構

在第一章介紹了本書的背景，以及第二章簡單討論了二戰前所追求的政制發展運動之後，第三章便開始討論革新會和公民協會誕生的原因及其內部結構。國共內戰後的社會政治背景，為香港兩個最早成立的政黨提供了合適的成長環境。兩黨都是由本地不同種族背景的人士所創辦，他們都一致認為香港有迫切的需要進行政治和社會改革。自五十年代以來，它們作出了很大努力去爭取政治和社會改革，以解決諸如房屋、醫療、經濟及教育等問題。除了追求改革，兩黨亦是政府與市民之間的溝通橋樑。它們經常與殖民地政府溝通，表達市民的需要。當政府提出任何有可能影響民生的政策時，兩黨便舉行市民大會以引起公眾的關注。

它們亦會直接到英國的殖民地部與當地官員及國會議員會面，提出改革的要求。最後，該章會討論當時市民對於兩黨的觀感。

第四至六章概述了兩個政黨的興衰。1952年革新會為政改請願所收集的12,000個簽名，不僅確立了它在香港市民心目中的地位，並且反映了香港人並非對政治冷感。在1953年的市政局選舉中，革新會派出了四名候選人參選，他們囊括了所有的民選議席。當公民協會在1954年成立後，市政局選舉便成為革新會和公民協會之間的競爭場地，使市政局類似於一個兩黨制的議會，這個現象一直維持到七十年代。

兩黨在五十年代試圖打破大米進口和租金壟斷的運動，成功鞏固了它們作為香港最有影響力的政治組織。這促成了它們在六十年代的黃金時期，當時兩黨的會員數目大增。1960年，它們組成了一個聯盟，並去倫敦爭取政治改革。當殖民地政府在六十年代中期提出了地方行政改革諮詢，革新會和公民協會都扮演着重要角色。由於它們的堅持，最終可能影響了外交和聯邦事務部向殖民地政府施加壓力，以盡快推行改革。

有別於八十年代以後所創辦的政黨，革新會和公民協會對社會及民生問題都非常重視。因此，當現代的政黨常常被公眾指責它們太「政治化」而並非全心為市民服務時，革新會與公民協會都得到當時市民的廣泛支持，這可以解釋為何這兩個政黨可以吸引大量會員。某程度上，革新會和公民協會既是殖民地政府的敵人，亦是朋友。它們雖然不斷批評政府對政制和社會改革不足，但卻繼承了東華醫院和街坊會等傳統組織，成為政府與市民之間的橋樑。當政府提出保持香港清潔或反罪惡的運動時，兩黨都全力支持，並協助推廣。本書第五章將會以小販問題及中文運動，去探討兩黨在這些社會改革中的角色。

雖然兩黨的會員人數在七十年代達到高峰，但實際上卻是開

始步入衰落的時候。首先內部的衝突不單削弱了革新會和公民協會的公信力，更導致一些重要成員退黨。當時兩個組織已分別成立了二十多年，其創黨會員已不再年輕，他們大都失去了早期領導改革的魄力。可惜的是兩個黨都缺乏培養接班人的機制，導致它們都出現老齡化的問題。此外，在七十年代有不少新進的改革人士出現，漸漸使兩個最早的政黨被邊緣化。最後，它們對香港未來主權的錯誤下注，令它們不被中國政府所歡迎。革新會在主席貝納祺去世後便停止運作，而公民協會亦自九十年代以後不再參加任何議會的選舉。

第六章嘗試描述兩黨所面對的問題。革新會和公民協會是香港最早的政黨，所有成員都熱心於在香港推動政治和社會改革。可惜兩個政黨的成員在政治上都沒有任何經驗。他們大部分都在外國接受教育，並且是專業人士或商人。除了革新會的創黨主席羅士比曾經是英國的國會議員之外，其餘委員都沒有加入過其他政黨或參加任何政治活動。由於缺乏經驗，而其對手包括港督及英國殖民地部官員都是政治老手，因此在爭取改革上一直處於下風。此外，在爭取民主及其他社會的改革過程中，兩黨大部分時間都未能團結一致，給政府更大的壓力。雖然它們曾經合作，例如一起到英國游說政府官員或議會議員接受香港推行政制改革。但是由於政治觀點上的分歧，導致了兩黨在戰後三十年的多數政治運動中都只能各自為政。

與公民協會相比，革新會對於香港政制發展的藍圖無疑比較激進。革新會提議在行政局引入選舉議席，這個要求在今天仍然無法達到。但在公民協會的角度，對殖民地最有利的情況，便是在英國統治下實施漸進式的政制改革。舉一個例子，當殖民地大臣倫諾克斯－博伊德（Alan Lennox-Boyd）在 1957 年 7 月訪

問香港時，革新會立即向大臣提出其政制改革要求，並建議在所有議會中，包括行政局、立法局及市政局都引入民選議席。然而公民協會擔心這一系列激進的改革會威脅到香港的穩定，因此它對革新會的改革方案表示猶豫。

與其他地方的政黨一樣，革新會和公民協會總是相互批評。雖然與現在的建制派及民主派相比，它們的競爭方式非常溫和。然而，它們始終是二戰後民選議會內的競爭對手。與一些兩黨制的地方相似，革新會和公民協會均希望在選舉中擊敗對手，在市政局內成為最有影響力的政黨。因此它們在宣傳自己的貢獻時，亦會不遺餘力攻擊對方。[51] 再者，兩黨不僅互相批評，而且也受到其他組織的挑戰。馬文輝是革新會的創始人之一，但其後他由於對革新會的「保守」性質感到不滿，所以成立了聯合國香港協會，並在六十年代加入了主張香港自治的香港民主自治黨。另一個政治組織是香港華人革新協會（華革會），該會成立於 1949 年 8 月，與革新會的成立只相差數個月。可能由於其所有成員都是中國人，華革會在成立初期比革新會更受歡迎。但因為該協會與中國大陸政府關係密切，引至其主席在 1952 年被驅逐出境，之後它便變得低調。這些不同政治組織都提倡政制發展改革，儘管它們對於政改的觀念有所不同，但如果它們沒有互相攻擊，而可以像泛民主派般於 2003 年反對第 23 條立法時的團結，那麼殖民地政府是否可以抵抗這種壓力，仍然是未知之數。[52]

由於政黨是一個由不同集團組成的複雜組織，因此除了面對

51　胡鴻烈指出雖然兩黨在議會內會互相攻擊，但私底下卻維持着良好的關係。

52　根據一份英國檔案顯示，如果香港爭取政改的聲音強大到不容忽視的地步（"too strong to be ignored"），政府應該考慮推行改革。CO 1023/41, Note from Harris, I. H., 9 November 1953.

其他組織的挑戰外，革新會和公民協會還面對黨內衝突。[53] 革新會的主席貝納祺要求其黨員忠誠，這促使了葉錫恩在入黨數年之後便退出革新會。在 1974 年，黃品卓和錢世年亦因為同樣的原因而退黨。這些黨內及黨外的競爭，嚴重地損害了爭取民主改革的力量。通過分化與管治的政策（divide and rule），殖民地政府可以以沒有一致的聲音要求改革為由，拒絕它們的要求。

今天的歷史書一般都會簡單地指出，香港在八十年代以前沒有實質性的政制改革是因為港英政府在面對回歸問題之前都沒有打算推行改革。但是，如果細心研究便會發現民主改革並非沒有可能，甚至兩黨的成員在當時都可能不會預期民主之路如此崎嶇。雖然二戰後的第一次政制改革嘗試在 1952 年宣告失敗，但改革的前景似乎並未絕望。在 1955 年年中，便開始有傳聞透露倫敦正在考慮給予其殖民地包括香港某種自治的地位。1957 年，代表怡和的凱瑟克（John H. Keswick）在倫敦發表了支持政制改革的演說。他表示香港的政治制度已經過時，並指出那些認為香港無改革需要的人是錯誤的。[54] 工黨在 1964 年的上台執政，對香港民主派而言亦可能是一個令人興奮的消息，因為之前不少到訪殖民地的工黨議員都對香港落後的政治制度表示同情。此外，英女皇在 1966 年議會開幕式上的講話建議授予英國的殖民地人民所選擇的政治制度。[55] 這樣的言論無疑會令香港人認為政制改革並非不可能。

在楊慕琦提出政制改革計劃的二十年後，殖民地政府在

53 Maor, Moshe, *Political Parties and Party System: Comparative Approaches and the British Experience*, London: Routledge, 1997, p. 168.

54 *South China Morning Post*, 21 May 1957.

55 Pepper, Suzanne, *Keeping Democracy at Bay*, p. 138.

1965 年提出了另一項的政制改革諮詢，革新會的鍾愛理遜
（Alison Bell）和另外三位市政局議員便立即着手研究撰寫改革
建議書，並在同年 8 月完成。他們建議成立一個由民選產生的市
議會去負責所有殖民地內部的行政事宜。[56] 可惜他們的要求和政
府有很大的落差，最後導致改革的機會再次失諸交臂。

　　究竟是什麼原因令香港在八十年代之前缺乏政制發展？澳
洲籍記者休斯（Richard Hughes）指香港為「借來的地方」可
能已經陳詞濫調了，但它無疑描繪了一個不穩定的特殊地理位
置。[57] 在第二次世界大戰之前，它分隔着中國民族主義和西方帝
國主義。[58] 而在戰後，它更加成為東方與西方、資本主義與共
產主義、中國與英國，以及共產黨和國民黨的狹縫。1952 年、
1956 年及 1967 年的暴亂對於港英政府均是重要的訊號：殖民
地的穩定可以由於一件輕微事件而導致嚴重的後果。香港人的政
治冷漠、共產黨和國民黨在殖民地內的衝突，以及中國政府不會
允許香港推行政制改革等因素，令殖民地時期的香港經常在政改
方面原地踏步。然而，這些因素正好給予殖民地政府一個完美的
藉口去抑制民主發展。在反對政制改革的商界精英支持下，保守
的殖民地政府可以忽視包括革新會或公民協會等改革派的壓力。
此外，由於香港的政治問題不單是一個地方的問題，它影響着英
國和中國的外交關係，因此殖民地政府更加容易利用中國作為藉
口去壓制改革。

56　Urban Council, *Report of the Ad Hoc Committee on the Future Scope and Operation of the Urban Council*, Hong Kong: Government Printer, 1966.

57　Hughes, Richard, *Borrowed Place, Borrowed Time: Hong Kong and its Many Faces*. London: A Deutsch, 1968.

58　Chan, M. K., "Hong Kong in Sino-British Conflict: Mass Mobilization and the Crisis of Legitimacy, 1912-26", in Chan, M. K., ed., *Precarious Balance: Hong Kong Between China and Britain, 1842-1992*, Hong Kong: Hong Kong University Press, 1994.

　　從對兩黨的研究中可以看到殖民地政府、殖民地部以及英國國會議員之間有趣但複雜的關係。令人意想不到的是，有不少英國官員及國會議員對革新會和公民協會的改革意願表示同情及支持，這令到兩黨不時利用他們的協助去向殖民地政府施加壓力。港英政府與倫敦政府在香港政制發展的關係頗為耐人尋味。英國官方的檔案顯示，一直強烈反對香港推行政制改革的是殖民地政府，而不是英國政府。這是導致兩黨未能成功爭取民主發展的原因之一。不過它們的行動無疑亦對殖民地政府造成困擾。由於兩黨在每一次政制改革諮詢中都積極參與，並經常鼓勵普羅大眾關心政治及社會發展，因此它們可算是首批為香港埋下民主種子的人。

　　最後一章討論兩個香港最早期的政黨和八十年代後成立的政黨的相似性。雖然現今的政黨自九十年代以來有顯著發展，但其實與兩位先輩沒有太大的分別。然而，革新會和公民協會似乎對今日的政黨有一定的影響。現在的政黨經常為其成員舉辦活動，並且為當地市民提供各種服務，以增加受歡迎程度。例如有報道指民建聯經常以「蛇齋餅糉」去吸引選民的支持，類似的戰術亦見於革新會及公民協會。這些做法在香港以外並不常見。然而，無論在回歸前或回歸後的行政主導體制之下，香港的政黨只能扮演陪襯的角色，並沒有真正管治香港的機會。2001 年通過的《行政長官選舉條例》第 21 條，進一步規定獲勝候選人必須聲明他不是政黨的成員。[59] 由於主要的政府官員不是經香港市民選舉產生，所以除非受行政長官委任，政黨的成員一般都不會擔任政府的職位。事實上，行政長官似乎經常避免委任政黨的成員擔任主要諮詢委員會或其他政策委員會的主席。[60] 因此我們可以看到一

59　*Chief Executive Election Ordinance* No. 21 of 2001, section 31.

60　Ma, Ngok, *Political Development in Hong Kong*, p. 141.

些本地主要的政黨如民主黨、民建聯或自由黨等都沒有任何真正的權力。

因此，目前的政黨與它們的先輩都面對着類似的問題：它們所面對的政府均對於政黨政治有所保留。港英政府固然在回歸前不容許政黨政治，而中國政府亦不希望在回歸後的香港出現一個執政黨。[61] 在這種政治氣氛之下，香港的政黨只能專注於社會問題，從而獲得市民的支持，以增加其知名度及認受性。除了權力有限之外，革新會和公民協會所面對的黨內外競爭，與今天的政黨亦有所相似。通過對兩黨的研究，希望嘗試回答以下一些問題：一、什麼原因導致香港政黨在戰後誕生，以及它們如何發展？二、兩個政黨的目標是什麼？它們是如何去實現？三、香港歷史上最早的兩個政黨的角色是什麼？四、儘管兩黨不斷爭取，為何在八十年代之前的政制改革沒有取得進展？五、我們能從中學到什麼？

筆者對於革新會和公民協會的研究，並非為了要以一個新的理論來解釋香港的政治文化，亦不是要反駁任何前人的論調。本書的目的只是嘗試從另一個角度解釋事情的發展。學者對於香港殖民地的體制有着不同的描述，有的認為香港政府是「有效率，公平，誠實，仁慈的家長主義，不侵犯普通市民生活」的良好政府，但亦有學者認為殖民地的香港是專制主義，不能容忍任何挑戰，並輕易驅逐任何政府認為有威脅的人士。[62] 我認為現實並非這麼簡單和直接。由於各種內部或外圍的因素，政府的行為或決策可能有所不同。對兩黨的研究可以有助審視一些傳統的觀念。

61　這可以從《基本法》及《行政長官選舉條例》中有所反映。

62　Tsang, Steve, "Government and Politics in Hong Kong: A Colonial Paradox", in Brown, Judith M., and Foot, Rosemary, eds., *Hong Kong's Transitions*, p. 66.

例如，行政吸納政治經常被引以解釋為殖民地政府用於穩定社會的手段，然而，儘管革新會的主席有頗高的「人氣」，他卻沒有被政府所「吸納」。就算公民協會的張有興及革新會的胡鴻烈均被「吸納」為立法局議員，他們亦沒有因此而停止向政府爭取改革。因此傳統理論未必能幫助我們去了解社會的現象。

另外，有些論調認為由於殖民地政府有嚴苛的法例去控制政治組織的成立及活動，因此可以證明港英政府是以專制的手段去管治香港。但現實上這些法例未必經常被引用。儘管兩個政黨不斷地批評政府，它們非但沒有被取締，甚至有成員獲委任為立法局議員。這可能反映政府認為本土勢力的重要性，因為他們可以有效地制衡本地的左派和右派之間的鬥爭。港府甚至容許那些例如馬文輝等主張香港自治的活躍份子在殖民地宣揚自己的主張。在六十年代，殖民地政府甚至允許他們稱自己的組織為政黨，例如香港民主自治黨、香港社會民主黨和香港工黨均於 1963 年至 1964 年成立。因此，我們可以了解到香港的政制發展並非像一般的香港歷史書所形容的那麼簡單。如果對於香港早期政黨的發展缺乏更全面的認識，恐怕我們不容易理解香港民主發展的歷史。

第二章

二戰前的爭取民主運動

一、開埠初期的政制改革討論

　　由於鴉片戰爭，英國在 1841 年 1 月 25 日開始佔領香港島。至 1843 年 4 月，英女皇維多利亞分別頒佈了《英王制誥》（Letter Patent）及《王室訓令》（Royal Instructions）以確定香港的政治體制。香港設有行政及立法兩局，而港督是兩局的當然主席，因此在局內有決定性的影響。在開埠初期，行政局及立法局只有官守議員，居民無從在政府體系中表達意見，故此在香港開埠初期已經有聲音要求政制改革，不過當時提出要求的是居港的英國商人。由於早年香港收支不平衡，一直都要依靠英國的資助去維持政府的開支，英國政府當然希望殖民地可以平衡開支。另外當時香港的治安非常差，甚至港督的官邸也曾一再被

入屋盜竊，商人只好自己僱用私人保鏢以保安全。因此在 1845 年，港督戴維斯（John Francis Davis）打算要所有在香港居住的人都要付人頭稅以補助警察的開支，這導致在港英商的不滿，他們馬上向倫敦的殖民地大臣斯坦利勳爵（Lord Stanley）去信提出政制改革。[1] 信中指出殖民地政府徵收土地稅對他們不公平，而政府可以任意徵稅的原因，是由於香港缺乏一個有居民參與的市議會。他們認為既然大英帝國其他的殖民地容許設立市議會，香港亦應該跟隨，並建議該議會有權決定香港本地的財政事務。

由於戴維斯提議的稅項改革導致本地華人及居港英商大力反對，港府只好妥協，取消稅改。可能見政府已經讓步，那些英商亦沒有再向政府施壓，所以殖民地部在 1848 年才回覆香港政府。格萊斯頓（W. E. Gladstone）致港督戴維斯的公函中指出，倫敦政府認為香港和英國其他的殖民地不同，英國佔領香港的唯一目的只是為與中國大陸進行貿易，因此不能和其他殖民地一樣發展市議會。[2]

被否決了政制改革的要求後，那些英商們再次向倫敦政府請願要求改革。在 1849 年，他們致信英國下議院表示香港殖民地已經成立了七年，但在立法局內既無選舉議席，亦無委任的非官守議員，他們認為這些權利不應被剝奪。[3] 當時的港督般咸（Samuel George Bonham）亦贊同英商的要求。他向殖民地大臣格雷（Lord Grey）建議應該委任兩位英商分別進入行政局及

---

1 CO129/13, Memorial to Secretary Lord Stanley from the British Mercantile Community of Hong Kong, 13 August 1845.

2 CO129/13, Secretary W. E. Gladstone to Governor Davis, Dispatch of 7 March 1848.

3 CO129/28, Copy of a memorial said to be sent to the House of Commons from the principal inhabitants praying relief from grievances etc. 1/1849.

立法局，他認為此舉有多個好處，首先英商比政府官員更加容易與本地居民交流，亦有助政府掌握殖民地的信息，而且可以讓公眾更容易向政府表達自己的意見及要求，因此港督般咸請求倫敦政府批准兩名在本地有社會地位的人士進入行政及立法兩局。[4]

收到有關要求之後，英國政府決定批准改革，但只准許在立法局增加兩名非官守議員。般咸似乎希望委任的議員可以更有代表性，因此建議由本地太平紳士自己提名兩位人選，再由港督委任。最終在 1849 年底，本地的太平紳士推薦了怡和洋行的大衛·渣甸（David Jardine）及哲美森洋行（Jamieson Edger & Co.）的埃德加（Joseph Frost Edger），並由港督委任成為香港首兩位立法局非官守議員。這亦成為了本港間接選舉的先例。

二、寶靈的建議

般咸的繼任人寶靈（John Bowring）似乎受到本地英商的影響，來港後亦認為香港的政治制度較為保守，因為他在 1855 年及 1856 年兩次致函殖民地部要求推行政制改革。在 1856 年致殖民地大臣拉布謝爾（Henry Labouchere）的公函中，寶靈建議在立法局引入民選元素以令殖民地繁榮昌盛。他表示目前的政治制度未能令社會滿意，認為若在立法局中允許能充分代表市民意見的人士加入，並利用他們對社會的了解及對改善環境的訴求，定能使普羅大眾更加滿意政府的施政。寶靈以立法局主席的經驗分享非官守議員對立法局的貢獻，並指出雖然當地市民的不

4　CO129/28, Governor Bonham to Secretary Lord Grey, dispatch 22, 26 February 1849.

滿仍處於低水平，但等到公眾的不滿公開地表達出來後才處理是不智的，因此他認為現在就應該以某種形式賦予本地居民選舉的權利。他分析缺乏民選元素對政府百害而無一利，只會令行政部門刻板僵化，容易出錯。寶靈建議在立法局分別增加三位官守及非官守議員，並且認為如果華人能夠在選舉前接受文化水平的測試，他們也應該可以進入立法局。[5]

可惜寶靈的建議被殖民地部否決。殖民地大臣在回覆港督時表示他對於華人的忠誠有所保留，但是如果選擇權只授予英籍居民，而將華人及其他亞洲人拒諸門外，必定會令在殖民地人數最多的華人不滿。再者大部分英籍人士都不會永久定居香港，他們只是在有利可圖的情況之下才留在香港。如果引入代議制度，這只會導致大部分永久居住在本地的華人被一小部分的暫居者所管治。殖民地大臣不認同港督所覺得民選議員更有能力為公共事務提供意見，他認為在香港的情況下，管理殖民地的政府官員的判斷能力不比民選議員差。再者，香港的特殊位置令英國政府不敢推行政制改革。當時倫敦當局已經認為皇室未必能永久擁有此島，而它的作用只是輔助大英帝國與中華帝國的相互交往，因此巨大的商業利益很大程度上是依靠英國對香港的有效管治。不過拉布謝爾向港督保證，如果港府今後認為有值得信任的華人可以出任立法局非官守議員或其他行政管理職位，他會樂於批准委任。殖民地大臣也批准港督對立法局的一些改革，即允許該局辯論財政預算案，並就公共開支提供意見。[6]

5　CO129/55, Governor Bowring to Secretary H. Labouchere, dispatch 49, 26 March 1856.

6　CO129/55, Secretary Labouchere to Governor Bowring, dispatch 82, 29 July 1856.

三、首位華人進入立法局

　　雖然殖民地大臣在 1856 年已經明確指出港府可以委任華人進入立法局，但就算華人的經濟實力不斷上升，卻一直沒有港督打算委任華人入局。不過當軒尼詩（John Pope Hennessy）在 1877 年就任港督後，他的政策明顯比較尊重華人，也較願意與本地人士溝通，所以在 1879 年一班華人士紳便致信軒尼詩，向他推薦伍廷芳進入立法局。在信中士紳們指出雖然香港九成居民是華人，但卻不獲參與任何政策的討論，這明顯反映華人的地位比外籍人士低。因此他們希望華人可以被允許參與政策的討論，而進身立法局是最直接的方法。可能得知港督對在香港執業大律師的伍廷芳有不錯印象，士紳們遂向港督推薦委任伍廷芳入立法局，指他不單精通英語及英國法律，亦備受華人的信任，絕對有資格在立法局內作為華人的代表。[7] 軒尼詩收到華人士紳的推薦信後，不足一個月，便決定委任伍廷芳進入立法局。在通知殖民地大臣的信件中，港督指出由於華人佔香港人口的一大部分，而且政府的稅收很大程度上都是依靠華人的貢獻，所以早應該在立法局內有可以代表本地居民的議員。軒尼詩以新加坡作比較，當地在 1869 年委任了胡亞基（Hoo Ah Kay Whampoa）為立法局議員後，對於新加坡的社會事務有很大幫助。而伍廷芳對於英語及英國文化的了解比胡亞基更好，經過仔細及全面考慮後，軒尼詩認為在殖民地中無法找到比伍廷芳更合適的人選，因此他向殖民地大臣建議批准委任伍廷芳為立法局非官守議員。[8] 由此公

7　CO129/187, Petition from Leading Chinese of Hong Kong Recommending Appointment of Ng as Member of Legislative Council, 19 January 1880.

8　CO129, Governor Hennessy to Beach, 28 January 1880.

函可以看到，在理論上雖然港督的決定要待殖民地部的批准，但只要政策對殖民地有益，對既定政制沒有大改動，而又不會對英國有直接影響，港督一般都可以先斬後奏。

四、聯署致信英國議會要求政制改革

　　港督寶雲（George Ferguson Bowen）在 1883 年向殖民地部提出政制改革的建議，並獲殖民地大臣批准部分的改革後，立法局非官守議員數目便增加至五名。香港總商會及太平紳士分別可提名代表並由港督委任，另外至少有一名華人代表。[9] 可能受到增加議席的鼓舞，再加上不滿政府不斷增加開支，尤其是在駐軍的支出，一班英籍人士在 1894 年聯署致信英國議會，要求推行進一步的政制改革。[10] 這班殖民地居民包括商人、銀行家、專業人士、從事貿易及藝術工作者，以及其他納稅人。他們在信中指出，雖然立法局的會議是公開，而任何議員都可隨意發言，但事實上在局內是沒有真正的民主。政府的政策其實早在行政局會議中已經決定，之後才帶進立法局審議，而行政局根本沒有非官守議員。再者，由於官守議員在立法局內佔多數，即使所有非官守議員認為議案對殖民地有害並一致反對，最終亦只能白白地看着議案獲得通過。另外，議案的起草大都是由律政司負責，但律政司只是獲委派到香港工作，可能對殖民地缺乏認識，因此不容易制定出最合適的條例。而在立法局內的官守議員在香港任職

9　CO129, Constitution of Executive and Legislative Council, As to Required Amendment, 14 May 1883.

10　Steve Tsang, *Government and Politics: A Documentary History of Hong Kong*, Hong Kong: Hong Kong University Press, 1995, p. 72.

只是其職業生涯的一個階段，他們並不會長期在本港工作，所以就算他們對於政府的議案有所保留，亦犯不着與上司作對，而只會違心地支持政府。

反之，非官守議員才是對香港最有認識的人士，他們大部分都長期在香港居住，對於殖民地事務有密切的關係。正因如此，他們才是最有可能去仔細了解本地的社會問題，熟知居民真正的需要。

信中亦提到其他英國的殖民地，例如馬爾他、塞浦路斯、毛里求斯及英屬洪都拉斯等地的政治制度均比香港進步，如行政局有非官守議員，非官守議員在立法局佔多數，以及議會有選舉議席。請願的人士指出，他們只是希望在香港的英籍居民有權管理地方事務，以及控制殖民地的開支，因此他們懇請英國當局批准在香港立法局引入民選議席，並由選舉所產生的議員佔多數。[11]

這是殖民地自開埠以來，首次有居民要求在立法局引入民選議席。值得注意的是今次提出政制改革的人士當中，雖然大部分都是外籍人士，但亦有華人代表，當中更包括地位顯赫的何東、黃勝及何啟等。英商當中也包括了多名德高望重的士紳。雖然他們要求在立法局引入民選議席，但卻沒有明確提出投票人的資格或哪些人可以參選。再者，外籍士紳中對於政改亦意見不一。立法局非官守議員凱威克（James Johnstone Keswick）及庇理羅士（Emanuel Raphael Belilios）便曾致信港督反對如此重大的改革，凱威克建議在行政局及立法局分別增加一名非官守議

11　CO129/263, The Humble Petition of the Undersigned Merchants, Bankers, Professional Men, Traders, Artisans, and other Ratepayers, inhabitants of the Crown Colony of Hong Kong, 10 May 1894.

員，而庇理羅士只建議增加立法局的非官守議員。[12] 由於信中的簽署者眾多，而且不少是殖民地知名人士，因此殖民地部和香港政府都非常重視。它們在收到聯署信後接近一年的時間內，都一直討論處理方法。[13] 它們明白到完全漠視訴求可能會引起不滿，長遠而言對於管治沒有好處。因此港府決定於 1896 年在行政局首次增加兩名委任的議員，而同年港府也在立法局增加一名非官守議員。但由於增加了一位非官守議員後，將會導致委任議員和原來的官守議員數目一樣，為了令官守議員仍可佔多數，所以官守議員亦同時增加一席。由此可見，雖然殖民地部和香港政府在當時均對政制改革有所抗拒，不過今次情況比較特別，這可以說是殖民地首次有華人及外籍人士合作爭取政制改革，所以對於政府的壓力較以往大，令政府不敢完全漠視民意，只好作少許讓步，即落實小部分的政制改革要求。

五、香港憲制改革協會的要求

在殖民地政府落實增加行政局及立法局非官守議員剛剛二十年之後，立法局議員普樂（Sir Henry Pollock）在 1916 年以請願信形式向政府要求再次增加非官守議員的數目，以及引入民選的議席。[14] 這次請願信有 556 人簽名，比 1894 年的 363 名為

12　CO129/263, J. K. Keswick to Governor of Hong Kong, 5 June 1894, E. R. Bellios to Governor of Hong Kong, 29 May 1894.

13　CO129/263 Legislative Council; CO129/266, Reform Petition; CO129/269, 270, Representation Government.

14　Hong Kong Sessional Papers 1916, p.70. Quoted in G. B. Endacott, *Government and People in Hong Kong, 1841-1962: A Constitutional History* (Hong Kong: Hong Kong University Press, 1964, p. 37.

多。但今次大部分簽署的都只是英國人，而這封請願信的目的只是加強英國商人在殖民地的話語權。由於缺乏華人及其他國籍人士的支持，港府今次快速地否決了請願信的所有要求。不過普樂並未就此放棄，在 1917 年 5 月 3 日，他聯同另一位立法局議員何理玉（Percy Hobson Holyoak）以及一班英籍人士，成立了香港憲制改革協會（The Constitutional Reform Association of Hong Kong），目的是推動增加行政立法兩局的代表性。[15] 該協會在 1918 年底向政府建議新的政改方案。它提出在立法局再增加兩名非官守議員，而官守議員則應減至七名，這樣非官守議員將可在局中佔多數。非官守議員中的六位由間接選舉產生，兩名由香港總商會及一名由太平紳士推薦，另外三位（其中一位需為葡萄牙籍）則由合陪審團資格的人士中選出。[16] 其後，協會更就政改方案作出修改，例如將立法局非官守議員人數再增加一名至九名，而當中一名華人及葡萄牙人由自己選出。協會更在 1919 年 1 月 9 日假座大會堂舉行公眾大會，討論政改方向。[17]

不過這次大會明顯只邀請了英籍及一小部分外籍人士，華人並未有獲邀出席。因此，在公眾大會舉行前三天，華人立法局議員劉鑄伯便代表香港中華總商會致信華民政務司以示抗議。信中指出由香港憲制改革協會所舉辦的公眾大會是一個排擠本地華人的活動，它只會令華人覺得不安。因此香港中華總商會在早前的 12 月 27 日便開了一個特別大會，會中所通過的決議包括強調由香港憲制改革協會所舉辦的公眾大會中的任何意見都不代表華人

---

15 *China Mail*, 2 May 1917.

16 *China Mail*, 19 December 1918.

17 CO129/453, Constitutional Reform Association of Hong Kong to Secretary of State, 10 January 1919.

的意願。另外，如果在立法局增加非官守議席，中華總商會希望華人的議席可以由兩名增加至四名。其實港督梅含理（Francis Henry May）也曾在立法局會議中指出華人對於殖民地的經濟有很大貢獻，所以他們的權利不應被忽視。[18] 香港憲制改革協會所舉辦的公眾大會不單令華人感到不安，甚至居港的葡萄牙人也不認同協會的決議。雖然協會提議在立法局增加一名葡萄牙籍的非官守議員，但這個提議卻從來沒有徵詢過葡萄牙人的意見，因此葡國領事館的代表在舉行公眾大會後的一天便馬上致信香港政府，以澄清居港的葡萄牙群體並沒有就政改的議題發表任何意見，因此公眾大會的決議並不代表葡萄牙人的意願。[19] 除了華人及葡萄牙人不認同協會的政改提議外，一些立法局非官守議員亦聯署向輔政司提出反對。[20] 經過香港政府及殖民地部的一輪商議後，香港憲制改革協會的政改方案終於在 1921 年 2 月 22 日的英國議會中宣告被否決。今次結果不會令人感到意外，雖然請願信中有五百多名居民的簽署，而組織請願團體的正副主席都是立法局議員，但他們的要求並未得到一致認同。首先，立法局中的另外一些非官守議員已經以書面形式表示反對，而葡萄牙籍的居民也沒有表示支持。更重要的是，佔殖民地最多人口的華人已有代表表示反對。如果政改真的如協會所願，華人的地位不單沒有改善，反而在議會中的比例更少。因此英國及香港政府可以在毫無壓力之下否決這次的政改要求。自此以後，香港經歷了省港大

---

18 CO129/453, Chinese General Chamber of Commerce to Secretary for Chinese Affairs, 6 January 1919.

19 CO129/453, Consul for Portugal to Colonial Secretary, 10 January 1919.

20 CO129/453, David Landale, Stanley H. Dodwell, and A. O. Lang to Colonial Secretary, 21 January 1919, CO129/466, Paul Carter to the Under-Secretary of State, 15 November 1920.

罷工、中國抗日戰爭的影響，以及第二次世界大戰，可能由於社會動盪，令要求政制發展之聲暫時靜了下來，一切要待二戰結束，並由港督楊慕琦推出的政制改革諮詢後，爭取民主之聲才重新活躍起來。

　　從第二次世界大戰前的民主運動中，我們可以理解到英國對於香港政制發展的接受程度比其他的殖民地都要低，但不同的時期有不同的原因。在英國取得香港的初期，香港的角色是作為英國在中國沿海地區的一個立足點，以方便對華的貿易活動。因此當時的政治制度是為了確保這個殖民地有利於英商對中國進行貿易，而不是希望培養地方精英以協助管治。所以即使有港督同情居港商人所要求的政制改革，殖民地部也不同意。及後，當香港的經濟逐漸發展，不少華人甚至外籍人士都開始在香港定居，但當時華洋並非共處。港督羅便臣（William Robinson）曾經在立法局會議中提到：「香港絕大部分華人在接受了五十五年的英國統治後，所受英國（文化及生活方式）影響仍然極少。」[21] 因此當英國的商人向港府爭取更大的參政空間時，香港政府都會以保護華人的利益為由而反對。不過，值得注意的是，當華洋居民能像 1894 年時候般合作去向港府爭取改革，港府便不能再輕易地以保護本地居民為藉口去否決政改。不過，要殖民地不同種族及背景的人士共同合作去爭取民主，絕不容易。因此自香港開埠以來，這種跨種族及背景的合作絕無僅有。另外，在第一次世界大戰後，政治團體首次在香港出現。不過該政治團體只是由一班英籍人士組成，其目的只是為爭取他們在殖民地的利益。一直要到

21　Endacott, G. B., *A History of Hong Kong, 1964*, pp. 181-182. 引自丁新豹，〈歷史的轉折：殖民體系的建立和演進〉，載王賡武主編，《香港史新編》上冊，香港：三聯書店，1997，頁 108。

第二次世界大戰結束之後，才首次出現華洋合作的政治團體去爭取改革。可惜香港的政治形勢在二戰後有很大的轉變，導致本來看似觸手可及的政制發展最終都以失敗告終。本書以後的章節將會討論第二次世界大戰之後所誕生的兩個最重要的政治組織：香港革新會及公民協會，以及它們怎樣去爭取政制及社會的改革。

第三章

革新會及公民協會
成立的原因及其組織結構

一、香港政黨的誕生

整體來說，一般海外官員無法得悉，究竟公共屋邨為基層家庭提供了安穩的生活環境，還是這些地方成為了黑社會聚集、藏污納垢之所？他們也不會知道，資質普通的青少年在設備不足的學校裏，經英語水平不佳的老師教導，會對他們做成怎麼樣的傷害。一般殖民地官員更難明白的，是社會上弱勢社群的處境：單親家庭；家中有傷健兒童需要依賴社會保障過活；又或老婦住在細小的公屋單位內，獨力照顧患上腦退化症的丈夫的困境。

——顧汝德[1]

1　顧汝德：《官商同謀：香港公義私利的矛盾》，香港，天窗出版社，2011，頁78。

顧汝德（Leo F. Goodstadt）居港五十多年，曾在六七十年代為《遠東經濟評論》（*Far Eastern Economics Review*）的副主編，並於 1989 年至 1997 年就任港英政府的中央政策組首席顧問，他對香港的發展認識很深。一般人認為殖民政府對福利主義的消極性導致五六十年代很多政策都忽視華人利益，但顧汝德認為最大的問題是因為「統治者與被統治者有很大的鴻溝」。外籍官員一般都有一種高傲心態，刻意和本地方人有所隔膜，因此他們大都不了解普羅大眾的需要。他以民政署署長華樂庭（John Walden）為例，該職位理應對本地人最為熟悉，但華樂庭卻自認他和一般市民缺乏接觸，對本地人的認識只能依靠他的華人下屬。[2]

在六七暴動之前，香港的社會及福利政策可算是微不足道。早期香港歷史學者安德葛（George B. Endacott）認為在引以為傲的「積極不干預」政策之下，殖民地政府以為無論是外籍或本地居民，都會希望政府盡量不去干擾他們的生活。政府的角色只是保障他們的生命及財產安全，以及提供一個安定和充滿機會的營商及就業環境。[3] 顧汝德亦強調英籍官員盡量不干涉華民的生活，是因為他們真心以為本地人希望政府可以讓居民自己處理自己的事務。[4] 由於殖民地政府刻意的疏遠政策，間接鼓勵本地居民自己組織起來去解決自己的問題。這導致華人領袖在十九世紀的出現，他們藉着文武廟、東華三院、保良局及團防局等組織去管理華人事務。這些華人士紳充當了殖民地政府與當地居民的

2　Walden, John, *Excellency, Your Gap is Growing!*, Hong Kong: All Noble Co. Ltd, 1987, p. 13, quoted in Goodstadt, Leo, *Uneasy Partners*, p. 26.

3　Endacott, G. B., *A History of Hong Kong*, Hong Kong: Oxford University Press, 1973, p. 121.

4　Goodstadt, Leo, *Uneasy Partners*, pp. 2-3.

橋樑，而殖民地政府亦樂於看見他們擔任這種角色，當中的領袖如伍廷芳、黃勝、何啟、韋玉及周壽臣等，更被委任進入立法局或行政局。但是這些士紳大都未必樂意全心為當地人服務，他們為了自身的利益及社會地位，通常不願意為普通市民而去和政府作對。

自第二次世界大戰之後，香港的社會環境發生了很大變化，令殖民地政府不能再依賴傳統士紳去維持其間接的統治模式。經過大戰的洗禮，香港百廢待興，食物的缺乏、環境衛生及戰後重建等問題，對政府而言都是嚴苛的挑戰。但最大的問題是人口急劇上升，四十年代末香港經歷了前所未有的人口膨脹，而國共內戰導致的難民潮更令人口問題百上加斤。雖然香港在十九及二十世紀初都曾經面對難民從中國內地湧入的問題，但當情況穩定之後，他們通常都會返回大陸。可是，今次湧入的難民在內戰後並沒有撤退，而是在香港定居下來，因此對本港造成很大壓力。港督葛量洪（Alexander Grantham）形容當時的房屋問題是他在任以來「最嚴峻的社會問題」。[5]

戰後香港的居住環境非常之差。當戰前為了逃避戰火而北上大陸的人回流歸來時，他們大多無家可歸。根據福利辦事處在1952年的統計，大部分居住在寮屋的居民，都是在二戰後至中華人民共和國成立前抵港的。[6] 有能力支付高昂租金的，可以在擠迫的居住環境下找到一個細小的單位，但其他人都只能居住在

---

5   Address by the Governor, Hong Kong Legislative Council, 3 March 1954, *Hong Kong Hansard*, Sessions 1954, pp. 20-21, quoted in Faure, David, ed., *A Documentary History of Hong Kong: Society*, Hong Kong: Hong Kong University Press, 1997, p. 252.

6   Bray, D. C., *Statistical Analysis of Squatter Data*, Hong Kong: Social Welfare Office, 1952, p. 7.

僭建的寮屋。[7] 雖然寮屋自開埠以來一直存在，但直到四十年代末才成為本港真正的大問題。寮屋居民人數由 1947 年到 1949 年上升了十倍，至大約三十萬人。[8] 這些寮屋最初只是位於較偏遠的地區，但隨着人口不斷增加，它們開始圍山而建，及後更漸漸進佔市區。[9] 鑑於情況十分嚴重，問題無可能一下子解決，殖民地政府只可採用隻眼開隻眼閉的方法，無可奈何地把當時的寮屋暫時區分成「批准」（approved）和「容忍」（tolerated）。[10]

由於寮屋是以木材建成，當發生火災時，便很容易造成火燒連橫屋的情況。1953 年 12 月的石硤尾大火便造成五萬居民在一夜之間無家可歸，其他的寮屋區包括荃灣、大坑東、李鄭屋村、銅鑼灣天后廟道和大埔道，亦先後發生火災。如果政府未能及時協助災民，隨時會引致社會動盪。[11] 有見及此，政府馬上用最短的時間為災民興建臨時房屋。[12] 但這些只花五十三日便建成的臨時房屋非常之簡陋，每戶五個成年人（十歲以下小孩當半人）可獲分配入住一間 120 呎的單位，人數較少的家庭便須要和其

7　Leung, Mei-yee, *From Shelter to Home: 45 Years of Public Housing Development in Hong Kong*, Hong Kong: Hong Kong Housing Authority, 1999, p. 23.

8　Hong Kong Resettlement Department, *Hong Kong Annual Departmental Report by The Commissioner for Resettlement for the Financial Year 1954-55*, Hong Kong: Government Printer, 1955, p. 1.

9　Leung, Mei-yee, *From Shelter to Home*, p. 23.

10　*Hong Kong Annual Departmental Report by The Commissioner for Resettlement for the Financial Year 1954-55*, p. 2.

11　*Hong Kong Annual Departmental Report by The Commissioner for Resettlement for the Financial Year 1954-55*, p. 12.

12　Hong Kong Resettlement Department, *Building Homes for Hong Kong Millions: The Story of Resettlement*, Hong Kong: Government Printer, 1963, p. 7.

他人同住。[13] 單位中並沒有廁所或食水供應，三十至四十戶須共用一個水龍頭和三個公共廁所。[14] 這些臨時房屋並沒有電梯或電力供應，通風系統非常之差，住戶之間亦無私隱可言。[15] 雖然在六十年代初所建成的臨時房屋環境有少許改善，但每五個成年人仍然只獲分配一間 120 呎的單位，生活質素仍有待改善。學者霍普金斯（Keith Hopkins）形容「每個居民所獲分配的居住尺寸只等於兩個墳墓」。[16]

除了居住環境惡劣，大部分本地居民的經濟狀況亦很差。杜葉錫恩在 1951 年到達香港時，便對當時居民的生活感到驚訝：

> 她們（作者在寮屋區遇到的女性）掙的錢也不夠養活一個人。男人還得到別處找活幹。要想全家有口飯吃，孩子也得去掙錢。他們的小屋裏只能點盞小油燈，天黑以後根本幹不了活。所以她們只好坐在門口，眼睛湊近細細的絲線，竭力捕捉最後的亮光。有些人四十歲上就幾近失明了。就連八、九歲的孩子也得久久地坐在那裏，努力掙口飯吃。據我所知，這些孩子中沒有誰上過學，只有一名婦女的孩子除外。這名婦女自己是識字的，在當地被視為有學問的人。由於營養不良加之居住環境濕熱難耐，大多數孩子，包括最少

13 Hong Kong Public Works Department, *Hong Kong Annual Departmental Report by the Director of Public Works for the Financial Year 1954-55*, Hong Kong: Public Works Department, 1955, p. 16; *Hong Kong Annual Departmental Report by The Commissioner for Resettlement for the Financial Year 1954-55*, pp. 16, 19.

14 *Hong Kong Annual Departmental Report by the Commissioner for Resettlement for the Financial Year 1954-55*, p. 16.

15 Golger, Otto J., *Squatters and Resettlement: Symptoms of an Urban Crisis*, Wiesbaden: R. Himmelheber & Co., 1972, p. 35.

16 Golger, Otto J., *Squatters and Resettlement*, p. 34.

的娃娃在內，都患有大塊的疥瘡和皮膚感染。「家」的含義只是一個與其他幾戶景況類似的家庭合住的小屋內的一張床。屋內的床都是雙層的，有時還在床下的地上鋪一個睡覺的墊子，使之變成三層的。他們的父親的工資都在 100 港元左右，還不到購買最起碼的生活必需品來養活一個五口之家所需要的花費的一半。[17]

殖民地政府擔心會吸引更多人從大陸移民到香港，刻意避免提供福利服務，所以該責任便被教會及其他志願團體分擔。[18] 這些組織在寮屋地區開辦學校、醫務所及青少年中心。但由於資源及經費有限，它們只能夠幫助一小部分人士。大部分華人的收入只夠糊口，要應付一家大細的生活並不容易。1955 年香港家庭計劃指導會的年度報告指出，大部分超過十個家庭成員的月入只有大約 100 元。[19] 低收入的情況維持了一段頗長時間，不少家庭在六十年代的每月收入仍然不多於 200 元。[20]

戰後的香港人不單要面對惡劣的居住環境以及低收入的困境，更飽受社會不公平及貪污的煎熬。[21] 貪污在當其時可算深入至香港每一個角落，尤其是在警署及其他政府部門。六十年代

17　杜葉錫恩著，隋麗君譯：《我眼中的殖民地時代香港》，台北：人間出版社，2005，頁 11－12。

18　Carroll, John M., *A Concise History of Hong Kong*, Hong Kong: Hong Kong University Press, 2007, p. 146.

19　The Family Planning Association of Hong Kong, *Fifth Annual Report*, 1955, pp. 9-10, quoted in David Faure, *A Documentary History of Hong Kong: Society*, pp. 253-254.

20　*Journal of the Hong Kong Institute of Social Research*, vol. 1, 1965, quoted in Faure, David, *A Documentary History of Hong Kong: Society*, p. 260.

21　Chan, K. W. and Leung, L. C., "Social Policy and *'laissez faire'*", in Tse, K. C., ed., *Our Place, Our Time: A New Introduction to Hong Kong Society*, Hong Kong: Oxford University Press, 2002, pp. 316-318.

的香港可算是「犯罪天堂」。[22] 三合會成員甚至會得到警方的保護。[23] 在這情況下,教會及志願團體的服務並不足夠去應付不斷上升的人口,而傳統的社會士紳也不能代表廣大的群眾,尤其是戰後居港的新移民。他們再也不能像十九世紀般作為政府與市民之間的橋樑。所以香港當時急需要新的組織去代表及幫助市民。有見及此,街坊會等組織便相繼成立。[24] 但是街坊會只負責該區內的事務,而且不少街坊組織都受貪污影響。在缺乏橋樑的情況下,革新會和公民協會便應運而生。它們的成立主要是為全港市民謀取福利。但作為政黨,它們的誕生是因為戰後新的政治環境以及為了籌備選舉工程。

革新會的成立是為了參與政制改革的討論和準備政制改革之後的議會選舉,而公民協會則是革新會的政治對手。二戰之後,香港經歷了第一次由殖民地政府主動提出的政制改革諮詢。1941 年的戰敗無疑令香港人對英國的統治大失信心,為了挽回本地人的信任及維持殖民統治的正統性,英國政府打算讓香港人對殖民地政府的事務有更大參與,因此在 1945 年中日本還未投降的時候,殖民地部便和香港計劃小組籌備在香港光復之後實行政制改革。從港督楊慕琦在 1946 年 5 月 1 日回港當天便馬上宣佈建議香港實行代議政制改革,可以感覺到他對政改的決心。有趣但亦不幸的是,楊慕琦並沒有將自己對政改的看法馬上實施,而是向香港市民作出諮詢。在憲報中,港督提出成立一個市議會,並徵詢廣大市民的意見。

---

22 Tu, Elsie, *Colonial Hong Kong in the Eyes of Elsie Tu*, p. 73.

23 Lethbridge, H. J., *Hard Graft in Hong Kong: Scandal, Corruption, the ICAC*, Hong Kong: Oxford University Press, 1985, p. 72.

24 有一部分的東華理事亦是街坊代表。參見何佩然編著:《傳與承:慈善服務融入社區》,香港:三聯書店,2010,頁 17。

在 1946 年至 1952 年間，英國及香港政府曾考慮過數個方案。最早的是由殖民地部的根特（Gerald Edward Gent）和港督楊慕琦所提出的創立市議會（Municipal Council）方案，這方案的重點是將香港建構成一個二元政府（Diarchy Government）。新成立的市議會將會取代立法局的一些功能。再者，為了令香港人有更強的歸屬感及「更全面和更多的責任去管理自己的事務」，楊慕琦建議在市議會推行直接選舉。[25] 港督提出將市議會分成三十個議席，當中十席由華人以普選方式產生，另外十席由非華人選出，而最後十席由指定團體提名後由港督委任。另外，楊慕琦亦建議改革立法局。他提出在立法局的議席中，非官守議員將比官首議員多出一席，如票數均等，港督除可投其原有票外，亦可投決定票。雖然楊慕琦認為立法局不應有直接選舉，但他提議可由新建的市議會中間接選出兩位議員進入立法局。如果楊慕琦在當時馬上將他心目中的方案提交立法局並獲得通過，相信其後香港的政制發展將有很大變化。

由於健康問題，楊慕琦在香港只待了一年便離任。繼任港督葛量洪在 1947 年 7 月來港就任。一般認為葛量洪反對政制改革，所以導致楊慕琦的政改提議胎死腹中。無可否認，葛量洪對創建市議會是有所保留的，因為他擔心港督對市議會通過的議案並無否決權。雖然他對政制改革的看法和前任港督有所出入，但當他剛剛抵達香港時是支持政改的。他說：「這將會是非常大的錯……如果重新提出政改方案，因為這代表一切將被推倒重

---

25 CO 882/31, No. 1, Announcement which Sir Mark Young made on 1 May 1946 in reply to a speech of welcome by the Commander-in-Chief, quoted in Ure, Gavin, *Governors, Politics and the Colonial Office*, p. 111.

來，如是者政改便會被一拖再拖。」[26] 但是政改步伐在 1947 年
至 1948 年好像停滯不前，這很大程度是歸因於中國大陸的內戰
而令殖民地部對政制改革有所擔憂。[27]

　　在這過程中，立法局非官守議員向葛量洪表示他們對於市議
會的反對意見。當然這是因為若成立了市議會，他們的權力和地
位都會被削弱。由於葛量洪和立法局非官守議員均對市議會有所
保留，他們對政改的方向提出改變：由二元政府的提案轉變為改
革成一個更民主的立法局。在 1949 年 4 月 27 日的立法局會議
中，非官守議員蘭杜（David Fortune Landale）代表他的同僚
向港督表示反對設立市議會。他認為對香港最好的方法是：「給
予本殖民地居民一個更全面和更大責任去管理自己事務，就是對
立法局作出重要的憲制改革。」[28] 蘭杜提議在改革後的立法局，
非官守議員將比官守議員多出五席，即十一位非官守議員對包括
港督在內的六位官守議員。所有持英國籍的居民均可投票。為確
保有更多華人代表進入立法局，華人和非華人將會分別參選。當
議案在 6 月動議時，在所有非官守議員投贊成票之下獲得通過。[29]

　　但在 1949 年底，大陸的政治環境有很大變化，共產黨勢如
破竹地攻佔了多個地區，國民黨被迫撤退到台灣。1949 年 10 月
1 日毛澤東在天安門宣佈中華人民共和國成立。中國共產黨的上

26　"Governor's Arrival Speech" in *South China Morning Post*, 26 July 1947, quoted in Tsang, Steve, *Democracy Shelved*, p. 63.

27　曾銳生和余嘉勳詳細解釋了葛量洪對於政改看法轉變的原因。Tsang, Steve, "A Bird's-Eye View" in *Democracy Shelved* and Ure, Gavin, "Constitutional Reform and Its Demise" in *Governors, Politics and the Colonial Office*.

28　*Hong Kong Hansard*, 27 April 1949, in Ure, Gavin *Governors, Politics and the Colonial Office*, p. 122.

29　*Hong Kong Hansard*, 1949 Session, pp. 188-205, in Miner, Norman, "Plans for Constitutional Reform in Hong Kong, 1946-52", p. 476.

台令英國殖民地部非常擔心政制改革會否帶來不可預知的影響，而香港第一個政黨——香港革新會——便是在這個政治敏感的局勢下成立。

二、香港革新會的成立

政制改革諮詢在 1946 年提出後，港府並沒有就其定下時間表。雖然從英國檔案中可以看到港督和殖民地部就相關事宜不斷溝通，但當中的發展香港市民是被蒙在鼓裏的。當政改諮詢看似沒有進展的情況下，對改革有期望的市民開始感到不滿，他們以個人或團體的名義向政府作出反映。當中有一群外籍及本地人士對政制改革充滿期望，並希望在政改之後能夠參與其中，他們便在 1949 年 1 月 20 日成立香港在戰後的首個政治團體。由於香港沒有政黨法，革新會是在香港公司條例第 39 條之下登記成為有限公司。這可能令一些學者認為革新會並非政黨，而只是壓力團體。[30]

革新會是由一群不同國籍，但對政制發展及社會改革有共同目標的人士所組成。根據《革新會備忘錄和章程》（*Memorandum and Articles of Association of The Reform Club of Hong Kong*），其創黨人包括馬田（Thomas Archdale Martin）、貝納祺（Brook Bernacchi）、羅士比（Charles Loseby）、李美度士（J. M. D'almada Remedios）、克利謨（Frederick Charles Clemo）、簡悅強和施玉麒（George

---

30　由於香港沒有政黨法，當代政黨是根據公司條例或社團條例註冊。

She Yu-ki）。[31] 在另外一份遞交到公司註冊處的文件中顯示，其他成員還包括卡拉夫特女士（Mrs. L. A. Calcraft）、馬文輝、柏斯頓治（R. Pestonji）、魯斯（C. A. Sutherton Russ）和施華（Marcus A. Da Silva）。[32] 除貝納祺和羅士比外，所有其他成員都已經在香港生活了很長時間。主席羅士比在來港前曾經是英國國會議員。除了一位英籍婦人之外，所有創黨委員都是法律、會計或商界的精英，無可否認，他們全都是社會上層人士。

表 3.1　香港革新會創黨委員（1949）

	姓名	國籍	職業
主席	羅士比（Charles Edgar Loseby）	英國	訴訟律師
副主席	貝納祺（Brook Bernacchi）	英國	訴訟律師
委員	馬田（Thomas Archdale Martin）	英國	會計師
委員	李美度士（J. M. D'almada Remedios）	葡萄牙	事務律師
委員	克利謨（Frederick Charles Clemo）	英國	公司經理
委員	簡悅強（Kan Yuet-keung）	中國	事務律師
委員	施玉麒（George Yuk-ki She）	中國	訴訟律師
委員	卡拉夫特女士（L. A. Calcraft, Mrs）	英國	已婚婦人
委員	馬文輝（Ma Man-fai）	中國	公司經理
委員	柏斯頓治（R. Pestonji）	印度	股票經紀人
委員	魯斯（C. A. Sutherton Russ）	英國	事務律師
委員	施露華（Marcus A. Da Silva）	葡萄牙	事務律師

　　雖然革新會成員包括不同國籍人士，但他們都以英語作為溝通語言。他們全部都在英國接受教育，自小受着民主思想及公民

31　見本書附錄一。

32　*The Reform Club of Hong Kong: List of Members of the Committee*, 26 January 1949.

自由理念所薰陶。可是，他們對於民主的看法並不一致。例如馬文輝認為香港應該發展成為一個自治的城市，但其激進思想並未被其他會員所認同。在其他會員之中，最大的分歧是他們對市議會及立法局選舉投票人資格有不同的意見。不幸地，這埋下了日後分裂的伏線。

根據創會備忘錄，革新會的成立有二十一個目標：

1. 鼓勵創立健全及富有建設性之輿論，以協助香港政府。
2. 設法提高振奮民眾對公共事務之興趣。
3. 以富有建設性的批評，來盡力促進改革政府的架構，從而提升政府的聲望。
4. 盡力使政府與民眾產生更密切的關係。
5. 在政府現在立法局中佔大多數席位的情況之下，盡量使立法部門增添新生朝氣，重組完善之楷模。
6. 盡力培植與維持在立法局有效反對政府之力量。
7. 盡力幫助政府與立法局來應付目前非常環境，以令其常得到民眾之贊同及擁護。
8. 在政府目前佔有大多數席位的立法局之下，幫助立法局充分了解民意，並盡法幫助非官守議員放膽發言，以充分代表民意。
9. 盡量物色與鼓勵願意為公眾服務的人才。
10. 支持合理的言論自由。
11. 樹立健全及富有建設性的政綱，以得熱心民眾的擁護。
12. 設法使本港之民意能夠充分在倫敦表達出來，並與英國的國會議員維持直接聯繫。
13. 設法並保證提出建設性批評港府財政預算的言論。
14. 提倡開明的教育制度，以及公開並有組織地支持社會福

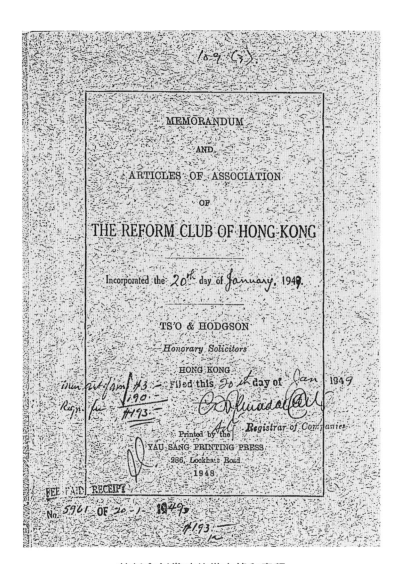

革新會創黨時的備忘錄和章程

THE COMPANIES ORDINANCE 1932

THE REFORM CLUB OF HONG KONG

List of Members of the Committee

The present Christian Name or Names and Surname	Any former Christian Name or Names or Surname.	Nationality	Nationality of Origin if other than the present nationality	Usual Residential Address	Other business Occupation if any, if none state so.
THOMAS ARCHDALE MARTIN		English		377 The Peak, Hong Kong	Incorporated Accountant
BROOK BERNACCHI		English		5 Conduit Road, Hong Kong	Barrister-at-law
CHARLES EDGAR LOSEBY		English		285 Prince Edward Road, Kowloon	Barrister-at-law
J.M. D'ALMADA REMEDIOS		Portuguese		222 Nathan Road, 1st floor, Kowloon	Solicitor
FREDERICK CHARLES CLEMO		English		29 Kadoorie Avenue, Kowloon	Manager, China Light & Power Co., Ltd.
KAN YUET KEUNG		Chinese		43A Conduit Road, Hong Kong	Solicitor
GEORGE YUK-KI SHN		Chinese		St. John's Hall, University, Hong Kong.	Barrister-at-law
L. A. CALCRAFT (Mrs)		English		7 Tregunter Mansions	Married Woman
MA MAN FAI		Chinese		3 Breezy Path, Hong Kong.	Company Manager
R. PESTONJI		Indian		C/o H.K. Sharebrokers Association.	Stock and Sharebroker
CHARLES EDGAR LOSEBY		English		285 Prince Edward Road, Kowloon	Barrister-at-law
J.M. D'ALMADA REMEDIOS		Portuguese		222 Nathan Road, 1st floor, Kowloon	Solicitor
FREDERICK CHARLES CLEMO		English		29 Kadoorie Avenue, Kowloon	Manager, China Light & Power Co., Ltd.
KAN YUET KEUNG		Chinese		43A Conduit Road, Hong Kong	Solicitor
GEORGE YUK-KI SHN		Chinese		St. John's Hall, University, Hong Kong.	Barrister-at-law
L. A. CALCRAFT (Mrs)		English		7 Tregunter Mansions	Married Woman
MA MAN FAI		Chinese		3 Breezy Path, Hong Kong.	Company Manager
R. PESTONJI		Indian		C/o H.K. Sharebrokers Association.	Stock and Sharebroker
C. A. SUTHERTON RUSS		English		Wang Hing Building, 2nd floor, H.K.	Solicitor
MARCUS A. DA SILVA		Portuguese		Gloucester Building, Hong Kong	Solicitor

Dated the 26th day of January, 1949.

Tho. Hodgson

Solicitors for the abovenamed Institute.

Presented for filing by Messrs. To'o & Hodgson, Solicitors for the above Institute.

FEE PAID RECEIPT
No. 6008 OF 26-1-1949.

Filed this 26th day of Jan 1949

C.H.Almada Abel
A/g Registrar of Companies

革新會創黨委員名單

利的改革。

15. 以言論或文字及其他本會會章之規定，隨時改進本會之目的。

16. 考慮與本會宗旨或目的相同之團體聯絡。

17. 以購買或租用形式尋找用地以作會所之用。

18. 去建築、維修及管理該會所以供「香港革新會」之用。

19. 去設立、維持並資助該會所以供其會員或其他人士及團體去租或借用。

20. 買賣或供應食物及飲品包括含酒精飲料、香煙、雪茄或其他可在會內享用之物品。

21. 做所有附帶或有助於達到上述其中任何目的的其他事情。[33]

　　這些冗長而重複的目標可以分為五類。目標 1、3、6、12 和 13 反映出它打算扮演政府政策的「監督者」；目標 2、9 和 11 旨在教育和鼓勵公眾對社會和政治問題的認識；目標 4、7 和 8 是作為政府和人民之間的聯絡者；目標 5、8、10、11、14 和 15 提出了社會和政治改革；目標 17、18、19 和 20 則是有關於革新會的內部事宜。上述目標被報章批評為「過於籠統」。[34] 但從上述的目標看來，革新會並沒有表現出打算成為一個政黨或參加任何選舉，充其量只是一個關心政治的團體。因為革新會成立時正好是政治上非常敏感的時期，當時是冷戰之初及國共內戰之末，如果它一開始便以政黨姿態出現在殖民政府之下，勢必引起港府或殖民地部的擔憂。不過，由於大部分委員都是英國的上層

33　目標 1 至 16 的中文翻譯出自《大公報》，1949 年 2 月 1 日。

34　*China Mail*, 26 February 1949.

人士，這有助減低殖民政府的敵視態度。再者，革新會是根據香港法例成立的，政府沒有藉口去取締它。最後，革新會的英文名稱是 Club，即「俱樂部」，而在它的創會備忘錄中的第 20 項亦列明其「俱樂部」的性質，因此在公司註冊處回覆革新會的信中表示港督葛量洪非常支持該會的成立，當然這是否葛量洪的真正意願，仍有待商榷。[35] 我們在之後可以看到革新會是完全沒有「俱樂部」的特質。

然而，在革新會的創會目標中，已明確反映出它的政治理念。只有通過「改革政府的架構」並「使立法部門增添新生朝氣」，那就是在立法局上推行選舉，政府才能「應付目前非常環境」，這樣才能保證「使政府與民眾產生更密切的關係」，最終有助於「提升政府的聲望」，並「令其常得到民眾之贊同及擁護」。在該會成立之日，主席羅士比便明確指出他和其會員對於政制發展的期望，他說：「我們必須要有政制改革。我們的立法局應該成為一般市民管理自己事務的地方，而這亦是市民的權利和義務。」[36]

雖然政府並沒有干涉革新會的成立，但初期之路絕不平坦。其中一位創黨委員在一次報章訪問時曾透露因為他加入了革新會，所以被三間律師事務所杯葛。[37] 但他認為他的任務是要打擊在香港會的大亨們以及服務廣大市民。他感覺到香港的商界人士，尤其是外籍大亨，大都對革新會不抱好感，因為他們擔憂政制發展會影響到香港的營商環境及他們的地位。

在成立了短短數個月後，革新會便經歷了一次嚴峻的內訌，

35　HKRS 877 1-13, A letter from Registrar, Supreme Court, 29 November 1948.

36　*China Mail*, 26 February 1949.

37　《大公報》，1949 年 2 月 1 日。

第三章 革新會及公民協會成立的原因及其組織結構

《工商日報》1949 年 2 月 26 日報道革新會首次集會的情況

差點兒結束了該會的政治生涯。1949 年 5 月 24 日，革新會舉辦了一場公眾大會，討論有關政制發展的事宜。該會委員在是次大會中出現嚴重意見分歧：貝納祺及韋伯士主張凡在香港做生意而稅局有他名字的人便應有投票權，而施露華及馬田則認為投票權應該只留給英籍人士。貝納祺的政見在當時可謂非常激進，雖然他也認為應該只有英籍人士才有被選舉權，但他不單主張選民不應以英籍為限，而且所有立法局的非官守議員都要由市民選出。他說：「我們應牢記香港是個國際城市，平均來算，多數都不是英籍或擁有雙重國籍……所以我們要造成一群選民，一群能夠代表一般的，常以香港利益為懷的選民。在我們心目中，這樣的選民就是在這裏生活的納稅人。」貝納祺表示他討厭有種族的分別，更討厭有一個種族在立法局內支配另一種族的觀念。他責備那些主張選民應該以英籍居民為限的人是恐怕華人將會在立法局內佔大多數。「我們應該極力避免把政治問題和種族問題掛鈎……本港所有反映民意的華人團體都唾棄選民以英籍為限的建議，所以主張英籍居民為限的人，當然不能夠得到華人的尊重和擁戴，而對於本港的華人，我們卻又那麼的需要倚靠他們。」但他承認以這個辦法去改革立法局，還是有很多人的利益無法得到保障，工人的權益就是其中之一。他認為這個階層暫時只能依靠納稅人所選出來的代表去照顧，並謂如果革新會的會員當選，他們可以保證不會忽視任何階層人士的利益。不過，貝納祺認為目前的改革只應是臨時的，他希望這個臨時的政府將繼續演進成為一個「香港國會」。

施露華反對貝納祺的意見，他不承認有害怕華人在立法局佔優勢的心理，他表示其見解是基於尊重這塊英國土地的主權。他說：「你能夠想像一個在中國大陸的英國商人（他們也有納稅）團體要求投票選舉立法院委員的權利嗎？你能夠想像一個英國的

殖民地被非英籍的人來統治，這在憲法上説得通嗎？讓我們假設有一萬個愛爾蘭人去美國，他們在那裏居住，也納税，但不入美國籍，他們能夠根據憲法去要求投票選舉美國國會議員嗎？」他指出雖然根據國際法，一個由國家征服或由割讓所獲得的一塊土地上，當地人有權要求自治，或要求實行民族自決的原則去處理該地。但香港的情形不同，因為當英國人來到香港統治時，當時還未有居民。然後英人令它繁榮了，而華人亦開始湧進香港居住。如果國際法認為華人可引用民族自決的原則來要求自治或交回給華人，那麼國際情形一定非常混亂。不過他否認華人不應過問香港政治，他認為華人可以透過他們所屬的工會或華商總會等團體獲得代表。他建議每個團體選兩名代表，由港督圈定一名。他的計劃是：十一各非官守議員中，六名是由英籍納税人選出，其餘由華人社團選出十名，再由港督圈定五名。

施露華繼續説：「有人恐怕中共佔領中國之後便要求取回香港，我卻沒有這個恐懼，因為直到現在，中國的共產黨都表現出他們尊重法律和秩序……所以我相信這尊重法律和秩序的態度，會使中共將來尊重英屬香港的地位。」另外他亦在大會中批評另一位革新會委員馬文輝加入了華人革新會，他指出該會只主張成立市議會，而革新會則爭取擴大立法局的代表性。他指責馬文輝應該明白自己不能「騎牆」。

革新會另一位創會委員馬田表示支持施露華，他認為將選舉權交給一些享有其他國籍，但生活在英國國旗保護之下的人士，這簡直是自殺的政策。但韋伯士不認同施露華和馬田的意見，他認為選舉雙重國籍的華人入立法局不會造成問題。他相信在香港的華人對於本地的安全及福利更加關心，因為英國人可以隨時離開此地，但本港華人只能聽從命運。韋伯士認為港英政府最好盡快解決「香港居民」的定義，他提議凡在香港定居一年、或在

本港有物業、或已登記了他的工作地方者，都應視作「香港居民」，而有五年本港居民資格的人士，便應自動得以入英籍。他補充說：「有人認為使非英籍人士獲得投票權乃違反憲法，但我要提醒大家，這並不是香港任何社團所想出來的辦法，而是根據前港督楊慕琦的建議，以各國籍人士選舉三十名市議會議員。」故此為何非英籍人士不能有立法局的選舉權？[38]

　　該次大會反映出革新會之中各委會們不同的政治訴求，該會的內訌不單破壞了其團結，更重要的是影響到市民對它的信心，因為當中有些委員竟然提出剝奪一些普通市民的選舉權。不過認為只有英國籍人士才有投票權的見解在當時亦無可厚非，因為在1950年中國未關閉邊境前，任何人士均可自由出入境，所以就算在香港有納稅亦未必代表在香港定居，故此施露華和馬田擔心如果將選舉權給予任何在稅局名單上的人士將會有潛在的危險，亦不無道理。可能因為對委員之間的緊張關係有所失望，或對革新會的前景感到悲觀，主席羅士比在7月時辭去了他所創立的香港首個政黨的主席之位。[39] 受到內訌所影響，革新會自5月之後便停止了所有活動，中英文報章均有為其「突然消失」作出報道。[40] 雖然革新會並沒有真的消失，但它沉寂了數個月，在這期間有些會員亦離開了。就在這危急存亡之秋，貝納祺憑着他堅毅不屈的性格，不單拯救了革新會，而且革新會還在他的帶領下，成為戰後香港的兩大政黨之一。

　　當貝納祺把所有內部問題處理完畢之後，革新會在1949

38　*Hong Kong Standard*, 25 May 1949; *South China Morning Post*, 25 May 1949;《大公報》，1949年5月25日。

39　《華僑日報》，1949年7月23日。

40　*The China Mail*, 3 March 1949;《華僑日報》，1949年9月4日。

年 12 月 1 日重整旗鼓，公開發佈十三項針對香港長遠政策的政綱，當中包括政制發展、財政、房屋、教育、醫療、社會福利、駐軍問題、公共事務、生活水平、漁農業發展、工商業發展、戰後賠償及其他行政上的問題。[41] 從政綱中可以看到，在貝納祺帶領之下的革新會作出了重大轉變。可能因為羅士比曾任英國國會議員，他最關注的事務是有關政制發展，因此在他就任主席期間，大部分公眾大會所討論的議題都只是關於政制改革。貝納祺則像一個社會鬥士，他比較關心普羅大眾的生活。當看到外籍人士和本地居民在社會上受到非常不公平的待遇之後，他對殖民地政府對於低下階層的漠視感到非常不滿。所以他認為改變香港的政治體制是唯一可以改善社會不公平的途徑，並為殖民地帶來正義。如果缺乏一個能真正代表市民的立法局，政府又怎會願意去主動幫助有需要人士？我們可以看到他在往後的日子怎樣鍥而不捨地去為低下階層謀取福利。在貝納祺的領導下，革新會重返正途，漸漸重獲市民的支持。

　　不過，早期的革新會仍然面對不少問題。在第一次周年大會上，貝納祺透露該會在這一年中受盡批評。[42] 比較在創黨大會日有超過五百人出席，該周年大會只是有五十人參與。雖然有些新面孔加入，但羅士比、簡悦強、柏斯頓治、魯斯及卡拉夫特女士等均離會而去，[43] 當中不少更是女性委員。革新會在五十年代初期仍然處於不穩定狀態，會員不斷進進出出。直到五十年代中期才得以穩定下來。

41　*Hong Kong Telegraph*, 1 December 1949.

42　*China Mail*, 22 April 1950.

43　新委員包括 H. L. Ozorio, Raymond Lee, J. D. Glegue, Tong Siu-lun, B. O. Silva, Woo Pak-chuen, H. Bruce, J. McIntyre, F. Skinner, Mrs. B. S. Warman, Mrs. Chan Man-shing, Mrs. May, and Mrs. S. E. Skinner.

　　雖然早期面對不少困難，但革新會仍能慢慢地成長起來，而它對於政制及社會改革的執著，更令其成為五十年代初期在香港最重要的政治團體。例如，當政府在 1952 年宣佈將會逐步放寬租金管制時，革新會所舉辦的民眾諮詢大會便吸引超過三百名市民出席以宣示不滿。有鑑於此，政府便馬上成立一個委員會去檢討租金事件。[44]

　　由於革新會所作出的努力，廣大市民漸漸對它重拾信心。這可以反映在戰後的第一次市政局選舉中，主席貝納祺在九位參選人中名列第一，而該會的另一位參選人和第二位只差三十六票。在公民協會於 1956 年開始參選之前，革新會基本上贏得所有市政局的民選議席，這可以反映出該會在市民心目中的地位。

　　在成立初期，革新會為了隱藏其政治野心，在創會目標中的最後數項顯出它只是一個「俱樂部」。但當它數度壟斷市政局的議席並經常擺出反對黨的姿態時，其政黨的面目已經非常明顯，並不須要再以俱樂部去掩飾身份。因此在它的十周年記念刊中，有關俱樂部性質的目標便全部被刪除。[45] 另一個明顯的轉變是會員人數的增加。在五十年代中，它的會員人數只有大約 1,000 名左右，但到 1966 年已急升至 24,000 人。到二十五周年時，更創下 40,000 名會員之紀錄。[46] 1965 年的周年大會，有 1,500 人

44　Reform Club of Hong Kong, *Silver Jubilee Anniversary Souvenir Publication, 1949-1974*, Hong Kong: Reform Club of Hong Kong, 1974.

45　Reform Club of Hong Kong, *10th Anniversary, 1949-1959*, Hong Kong: Reform Club of Hong Kong, 1960.

46　Hong Kong Reform Club, *2nd 10 Year Report, 1959-1968*, Hong Kong: Hong Kong Reform Club, 1969; Reform Club, *Silver Jubilee Anniversary Souvenir Publication*.

出席，而在 1969 年的出席者更超過 2,000 人。[47] 再者，在 1950
年至 1970 年間，事務委員會及分區委員會的數目亦不斷增加，
因此革新會曾經被形容為香港最重要的政治團體。[48]

除主席貝納祺外，其他委員對於革新會的成功亦功不可沒。
雖然有些創黨委員在早期便離開，但有不少重量級人才分別在
五十和六十年代加入，他們分別是胡百全、胡鴻烈、杜葉錫恩、
鍾愛理遜（Alison Bell）及陳樹桓等。藉着一顆公義之心，他
們常常為低下階層發聲，並為社會公義而追求民主改革。

可惜革新會的光輝歲月並不長久，六十年代末可算是它的轉
捩點。面對着內外問題，這個曾經是殖民地最著名及最重要的政
治組織開始沒落，一些重要成員紛紛退黨。由於革新會主席頑固
的個性以及組織老化問題，導致陳樹垣和葉錫恩等成員在 1970
年之前退出。此外，自七十年代以來，壓力團體及其他政治團
體亦開始挑戰革新會的角色。由於 1970 年以後再沒有吸納接班
人，該黨也沒有根據社會及經濟發展情況而作出調整，所以在香
港政壇的領導地位便逐漸被其他組織所取代。沒有確切的日期標
誌着革新會的終結，但是它從八十年代中期開始就逐漸停止活動。

三、香港公民協會的誕生

1954 年 10 月 26 日的創會典禮，見證着香港公民協會的誕
生。和革新會一樣，它的創黨會員包括了外籍及本地人士。

---

47 《工商日報》，1965 年 12 月 22 日；《大公報》，1965 年 12 月 22 日；《華僑日報》，
　　1965 年 12 月 22 日；《工商日報》，1969 年 12 月 11 日；《華僑日報》，1969 年
　　12 月 11 日。

48 *China Mail*, 26 October 1971.

表 3.2　香港公民協會委員（1954）

	姓名	國籍	職業
主席	加斯恩修士（Rev. Bro. Cassian）	法國	教師
副主席	周寶煌（Dr. Christina Chow）	中國	醫生
名譽司庫	馬麥（Victor Mamak）	印度	銀行家
名譽秘書	張有興（Hilton Cheong-Leen）	中國（於英屬圭亞那出世）	商人
委員	懷吾（Peter A. L. Vine）	英國	律師
委員	卡爾（William C. Carr）	英國	律師
委員	簡道爾（Francis W. Kendall）	英國	商人
委員	丹利士（Richard F. G. Dennis）	英國	律師
委員	李仲賢（Dr. Peter C. Y. Lee）	英國	醫生

　　上表所顯示的創黨委員，均為教師、律師、醫生及商界人士。在就職典禮中，主席加斯恩修士特別強調協會的目的是通過向香港政府提出有建設性的建議以增加其威望，並促進政府和公眾之間更緊密的合作。[49] 會章顯示該會的宗旨如下：

1.　積極促進：

　　a）香港人的經濟、社會及文化的福利；

　　b）香港有一個完善而擴大的教育計劃；

　　c）政府與民眾之間有更緊密的合作與了解。

2.　力謀保障香港婦女與兒童之權益。

3.　鼓勵大眾對公共事務產生更大興趣及能參與其事。

4.　研究香港政府的機構，提供建設性的建議，以增加政府的效率和聲譽。

5.　主張擴大本港政治選舉權的數量和範圍。

49　*South China Morning Post,* 27 October 1954;《工商日報》，1954 年 10 月 27 日。

6. 參加本港的政治活動，以期促進及達成本會的目的。

7. 研究為本會的利益計的任何其他事宜，並採取行動。

8. 為上述目的而籌募經費。[50]

　　驟眼看來，公民協會與革新會並無太大分別，兩個組織都希望推動經濟、社會及文化進步，鼓勵民眾參與公共事務，給予政府建議從而改善其施政，以及要求政制發展。但實際上兩黨有明顯區別。首先，公民協會沒有表明要像革新會般監察政府。其次，當委員們討論宗旨的第五條，即主張擴大本港政治選舉權的數量和範圍，創會慶典中的出席者當中有不少主張取消此條，經討論後決定將此交由理事會再作考慮，這反映出公民協會當時的成員在政治取態上比革新會保守。[51] 另外，可能因為主席是一位中學校長，協會的目標特別提及要擴大香港的教育事務。再者，在目標中指出要保障婦女與兒童之權益，令人感覺到公民協會可能會比較關心弱勢社群。

　　其實公民協會的出現是明顯針對着革新會的。協會的第一份刊物便花了很大篇幅去批評它的對手。[52] 在一個題目為「我們是否另一個革新會」的專欄中明確地指出它和革新會對政制發展的看法有很大出入。對於革新會所爭取的全民普選，公民協會表明它並不贊同。該會認為香港的繁榮和穩定有賴於英國的統治制度。如果將選舉權拱手相讓予那些對於英國政治制度完全不認識的人，這將會對殖民地的發展有很大影響。協會亦批評革新會所要求將市政局全部非官守議席改為普選產生，它認為革新會的要

50　此八項宗旨的中文翻譯出自《工商日報》，1954 年 10 月 27 日。

51　《工商日報》，1954 年 10 月 27 日。

52　*Hong Kong Civic Association: Newsletter*, Vol. 1 No. 1, February 1955.

香港公民協會
昨午成立大會
宗旨為求促進社會福利
對港府提供建設性建議

【本報專訊】香港公民協會，昨日假座港大同學會舉行成立大會，由嘉柯修士主席，嘉氏致詞說明該會為一頗有意義的團體後，進行討論會章，並將正式投予以通過。席間嘉柯修士表示希望該會為一政治團體一層，發生兩部份於該會成立之始，作政治性之活動，此非其時也。

籌備委員會秘書有嘉柯修士、張氏認為該會先發表解釋該會之工作，而不宜涉入政治漩渦。周寶瑤女醫生表示該會應為一非政治性團體，張氏認為該會成立之始，作政治性之活動，此非其時也。

周女醫生則謂：該會既應為一非政治團體，當遵其他出席者先後發言反對，係屬政治之辯論後，隨通過會章，會章規定該會宗旨，如下：(甲)促進香港人的經濟、社會及文化的福利；(乙)香港有一個完善的公共衛生等工作，如市民有比較需要促請政府辦理，健康院等，此應行為即修士亦兩度發表解釋該會所舉出之建設科醫院之建設性的工作，而張柯氏之立場，求達成為成立性的建議。

(丙)政府與民眾之間，更密切的合作和了解。(丁)力謀保障香港居民的利益。(戊)鼓勵大眾對公共事務的政治，可看當我們看到報紙載，既十分稱讚。(己)研究香港政府的數量和範圍。(庚)主張擴大本港政治選舉的數量和範圍。(辛)出席者多人主張經由選舉的幾部份，讓此將比你交由理事會考慮。(壬)研究本港各界的普通會員，不能參加該會工作而無選舉權的贊助團體會員。

會議席上，通過下列九人為首屆理事會理事，計：嘉柯修士、周寶瑤女醫生、馬文輝、商人F·W·關道綱、丹利士律師、銀行界張有、商界張有與、卡頓律師、李仲甄醫生、懷吾律師。

是日出席者，除上述九人外，尚有羊文藻

而頗大的教育計劃...政府與民眾之間，更密切的合作和了解...女與兒童之權利云。

醫生、陳添霖醫生、千達等合計十餘人。嘉柯修士致詞中，有謂吾等擬強調聲明：吾人不是一個被公認的團體，亦欲以有建設性的態度，增加吾人與政府的聯繫。溫緣，政府與香港大眾之間，有更密切的合作。溫緣，吾人不是一個被公認的團體，歐美各少數有越份的，則該問我的，比其他國家的社會有效率，就是退緣。況且香港政府過去六年來所遭遇到的情形...

《工商日報》1954年10月22日報道公民協會的成立

求充滿私心，[53] 因為革新會是當時唯一一個會參選的政黨，而非官守議員數目比官守議員多，如果市政局的非官守議員全部改為普選產生，革新會將會壟斷整個市政局。公民協會認為，「由革新會主導地區政治將會是香港的災難」。有趣的是，從該文章中可反映出公民協會並非真正反對市政局非官守議員全面普選，因為它提到「在有其他政黨可以有效地挑戰革新會之前⋯⋯普選方案並不可取」，這似乎在暗示當公民協會能成為革新會的挑戰者之後，它便會支持普選方案。同樣地，協會也反對革新會對立法局改革的建議。文章更誇張地形容如果立法局根據革新會的提議下改革將會「非常危險」，因為這可能導致「香港的管治權拱手相讓與革新會」。它批評革新會明顯地有管治香港的野心，如果在香港實行全民普選，香港的公共事務將不可避免地由革新會所主導。

在反對革新會的政制發展建議之下，公民協會提出自己的意見。它認為應該把現有的市政局改變成兩個市議會去分別管理香港島與九龍半島的事務。除此以外，香港亦應該成立另一個地區議會去負責新界的管理。[54] 雖然公民協會反對革新會對政制改革的所有提議，但它並非完全反對政制發展，協會也認為現在的立法局制度已經過時。不過公民協會並不認同立法局應該增加民選議席，而認為應該增加委任議員的代表性。[55] 公民協會亦不像它的對手般批評立法局的委任議員。雖然秘書張有興當時曾指出委

53　當時市政局有十六名議員，十名為非官守議員，當中的六席由政府委任，另外四席由市民選出。參見劉潤和：《香港市議會史 1883－1999：從潔淨局到市政局及區域市政局》，頁 75－76。

54　*China Mail*, 22 April 1955.

55　*Hong Kong Civic Association: Newsletter*, Vol. 1 No. 1, February 1955；《工商日報》，1955 年 4 月 23 日。

任議員和「廣大群眾的意見脫節」，但他仍然肯定並讚揚他們在會內的表現。

我們不難看到當時的公民協會帶有明顯的「保皇」色彩。1955 年 6 月初，該會組織了一個請願活動去要求延長港督葛量洪的任期，它發信到不同團體及街坊組織要求參與活動，吸引了超過四百個組織去支持。[56] 以當時公民協會的政治取向，當然受到殖民地政府的歡迎，尤其是作為對抗革新會的棋子。因此在一份由港府寄往英國殖民地部的公函中，葛量洪形容公民協會持有「比革新會更平衡和有節制的態度，他們的委員全部都是溫和派及有責任感的人」。[57] 當張有興在 1957 年訪問倫敦並與殖民地部官員會員前，當時的港府政治顧問李德華（R. T. D. Ledward）便致信英國方面說：「張有興是一個非常有利於香港的人士，可以感覺到他這些年在政治上非常可靠。」[58]

創黨不足三年，公民協會主席加斯恩修士便在 1957 年離世。隨着其離世和一些較保守委員的離開，該會的政治取向漸漸地轉變。這可以從張有興的英國之旅中得到反映。在與殖民地部官員會談時，他向該官員提議立法局加入間接選舉的元素，這其實是附和革新會的建議。當普選方案被否決後，革新會提出在市政局的民選議員中推舉兩席進入立法局。最初公民協會是公開反對該建議的，但現在竟然向英國官員主動提出。當然這很大程度是因為公民協會已經能夠贏取市政局的議席，但其政治取態無可否認正漸漸改變。[59]

---

56 《工商日報》，1955 年 6 月 4 日、9 日、10 日。

57 CO1030/327, Despatch from Grantham to the Secretary of State for the Colonies, 3 October 1955.

58 CO1030/707, Letter from Ledward to Ashton, 20 August 1957.

59 爭取政制改革的詳細情況，請見下章。

　　雖然公民協會的政治取向有所改變，它仍然和革新會有一定程度的差異。公民協會也主張政制發展，但它所要求的步伐比革新會慢很多。革新會的目標是希望立法局及行政局均有直接普選，當然這種要求在今天仍未能實現。而公民協會則經常批評其對手激進，它認為太快的政制發展會導致社會不穩定，只有一步一步的改革才是對香港最有利。再者，兩黨和政府的溝通方式亦截然不同。由於革新會經常激烈地批評殖民地政府，為政府帶來不少壓力，因此它常被視為激進派。但公民協則完全不同，當它向殖民地部表示希望改革立法局時，其語氣非常之溫和。它表示明白葛量洪將會在數個月之內便離任港督之職，為了不加重葛量洪的壓力，協會打算待新任港督栢立基抵港並安頓之後，才慢慢向他提出改革立法局的事宜。[60] 所以在殖民地政府的眼中，革新會是反對黨而公民協會則是保皇黨。港督戴麟趾與麥理浩分別出席了公民協會的十周年和二十周晚會，而對於革新會則不可同日而語了。

　　但除了政治取向和跟政府的關係之外，兩黨的差異其實不大。和革新會一樣，公民協會早期亦經歷了不穩定的時期。自創黨主席離世之後，卡爾（William Carr）、簡道爾（Francis Kendall）及丹利士（Richard Dennis）等保守委員分別離開了該黨，而胡伯虎、李耀波、張永賢、鄒偉雄、陳子鈞與王幸利等分別在五六十年代加入並成為重要委員。他們均代表公民協會而被選入成為市政局議員。另外，兩黨大部分委員都受學於英國，他們明白到英國社會與香港的分別，都希望主力推動經濟、文化及社會福利的改革。可能受到互相影響，兩黨的內部組織、

60　CO1030/491, Ashton's letter to Grantham, 19 October 1957.

與群眾的溝通方式，以及舉辦活動的模式都大同小異。首先，兩黨所成立的事務及分區委員會，在組織上頗為相似，不過公民協會投放在地區的資源比革新會多。它擁有更多的分區委員會，而且投放更多資源在招收及培訓會員以處理地區事務。另外，和它的對手一樣，公民協會每個星期都會和市民會面，從而了解他們的需要，並為他們在市政局發聲，而且和群眾會面可以為他們提供發洩的渠道。協會也不時舉辦不同的活動作為會員的福利。

有賴各委員的努力，公民協會漸漸成為繼革新會之後香港最重要的政黨。當它在 1957 年的市政局選舉中獲得重要勝利後，它和革新會便開始長期壟斷市政局的民選議席。在 1961 年至 1965 年度，兩黨更聯手參與選舉，從而鞏固它們在議會內的壟斷局面。由於公民協會的名聲逐漸提升，吸引了不少新會員加入。雖然其會員人數不及對手，但在 1970 年仍吸引了大約一萬名市民入會。[61] 在 1974 年的周年晚宴，亦錄得超過一千名會員參與。[62] 再者，兩黨都漸漸變得更為「香港化」。在創黨的時候，它們的外籍委員比本地的多。但到了七十年代，本地委員都佔了主導。公民協會在 1970 年度的委員會更只有一位外籍委員。[63] 在 1974 年，革新會的十七個委員當中亦只有兩名非本地委員。[64] 除了兩黨的本地化，它們都有不少會員參與地區事務工作。在六十至七十年代初，代表公民協會參與地區工作的有超過一千人，而革新會亦有不少於四百名委員投入服務。[65] 有這麼多市民自願參

---

61 *South China Morning Post*, 22 January 1970.

62 《香港公民協會第四十週年紀念慶祝大會特刊》，香港：香港公民協會，1994。

63 *Hong Kong Civic Association: Newsletter*, April 1970.

64 Reform Club, *Silver jubilee anniversary souvenir publication*.

65 《香港公民協會二十五週年銀禧紀念特刊》，香港：香港公民協會，1979；Reform Club, *Silver jubilee anniversary souvenir publication*.

與兩黨的工作及活動，這可以反映香港人並非完全政治冷感。

　　可惜該黨渡過了最輝煌的時代之後，也面對與革新會相同的命運。胡百富和李耀波兩位核心成員相繼於 1976 年去世。與其老對手相同，公民協會也缺乏培養接班人的制度。當老一輩的精英退休或去世時，新的成員卻無法替代，經常在選舉中失利。此外，該黨也未能根據香港的社會和政治發展而作出轉變。所以，它在香港政壇的領導地位，與革新會一樣被其他政治組織所取代。

四、兩黨的組織架構

（一）常務委員會

　　革新會和公民協會的常務委員會成員都是黨內的核心成員，他們行使黨憲章所賦予的權力和管理黨內的一般事務。他們有責任和義務出席黨內會議及投票。當會議上有議案需要議決，便會以投票形式決定。如出現相同票數的時候，兩黨主席均有決定票。雖然各委員會成員可以召集會議，但一般會議通常由主席召開。[66] 周年大會可以算是兩黨最重要的公開活動。通常在 12 月舉行的周年大會有數項功能。首先，黨主席和小組委員會的代表會作出工作報告，例如介紹他們在市政局中為市民所爭取的議案，或他們成功說服殖民地政府推行一些社會福利的改革。兩黨主席通常都會在大會中評論政府在該年度的各項社會及經濟的政策（革新會每年都會批評政府的政制發展步伐緩慢），他們亦會

66　Reform Club of Hong Kong, *Memorandum and articles of association of the Reform Club of Hong Kong, incorporated the 20th day of January, 1949*, Hong Kong: Yau Sang Printing Press, 1949; 訪問鄭君旋，2014 年 3 月 13 日。

針對各政策提出建議。在檢討當年各重要事項之後，主席通常會提出新年度的計劃。最後便是委員任命的投票，兩黨的委員通常都不會有很大的變化，但有時亦會選一些新面孔進入委員會內。兩黨的周年大會通常都吸引大量會員和普通市民參與。例如在1962 年革新會的周年大會便有三千人參加。[67] 雖然公民協會所舉辦的周年大會出席者比較少，但一般都不低於一千人。[68] 這可以解釋為什麼中英文報章均對兩黨的周年大會進行廣泛報道。

（二）事務委員會

在常務委員會之下，兩黨均設有小組性的事務委員會。這些事務委員會一般都由常務委員主持。它們的設立是為了特定的項目或政策，例如教育、醫療、社會福利或小販的問題。革新會主席貝納祺形容設立事務委員會是模仿英國政黨的做法，他希望事務委員會可以「了解公眾的不滿，並成為一個渠道去讓市民表達他們的不滿」。[69]

革新會成立不久，便經常收到一些有關公民權利及自由的投訴和查詢，因此該會便在 1949 年 11 月成立了公民自由事務委員會，其工作主要是「調查和匯報有關正常的公民權利被侵犯的投訴」。[70] 但由於革新會沒有權力去強迫任何人接受調查，所以它只能盡最大努力邀請所有的有關單位，希望它們能合作，從而令委員會能夠了解事實的真相。如果革新會發現投訴有理據，它將會知會政府相關部門，並就有關此事尋找一個妥善的解決辦

---

67 《大公報》，1962 年 12 月 19 日。

68 *Hong Kong Standard*, 17 February 1963.

69 *South China Morning Post*, 2 November 1949.

70 *South China Morning Post*, 2 November 1949.

法。但是，如果發覺該投訴是沒有道理的，革新會將會毫不猶豫地拒絕受理。[71]

　　為了爭取女性權益，革新會成立了女性福利事務委員會。它主要為年輕女士在香港爭取男女平等權利和平等的就業機會，亦為那些處於惡劣環境下工作的女士尋求法律保障。該事務委員會的成員經常為女性居民召開會議，聽取她們的要求和意見。該小組委員會亦會定期撰寫報告，這有助於向當局反映男女不平等的社會問題。[72]

　　自革新會成立後，這些事務委員會的數量不斷增長。在1965年已經成立了九個事務委員會，各自負責的範圍包括教育、公共交通、住房、法律援助、醫療、城市、社會福利和公民自由。[73] 而公民協會所成立的事務委員會比它的對手更多。協會在1958年已經成立了十四個事務委員會，其職能包括財務、會員、房屋及城市規劃、工業、城市發展、教育、公眾會議、宣傳、交通、法律問題、經濟、商業事務、娛樂和女士福利。[74] 在六十年代的兩次騷動之後，公民協會更成立了青年問題的事務委員會，該委員會副主席程德智說：「青年人的友誼和信任是值得培養的，他們的希望和願望值得我們去傾聽，他們的需求更值得照顧，因為他們將有一天會成為社會最重要的一份子。」[75]

　　兩黨亦會為突發的社會或政治事件設置臨時委員會。例如為研究當時市民的生活情況，並為政府撰寫一份有關生活成本的報告，革新會便在1955年成立了生活指數臨時委員會。在六十年

71　*China Mail*, 2 November 1949.

72　《工商日報》，1956 年 8 月 29 日。

73　《華僑日報》，1965 年 12 月 25 日。

74　《工商日報》，1958 年 1 月 26 日。

75　*South China Morning Post*, 12 October 1972.

代香港的治安問題愈來愈嚴重的時候，革新會便成立了一個臨時委員會，負責編寫一份關於有組織犯罪的報告書，該報告書在出版後曾引起廣泛討論（見本書第五章）。七十年代初，有鑑於青少年犯罪問題的嚴重性，革新會成立了一個教育研究的特設委員會，以研究如何改善香港的教育政策以幫助年輕人。[76] 當七十年代香港開始成為一個重要的工商業城市，革新會便邀請了一些外地學者加入其成立的當代事務研究臨時委員會，其目的是為殖民地政府在這瞬息萬變的世界下提供專業的意見。[77]

公民協會亦會不時成立臨時委員會。當殖民地政府在 1966 年拋出地方行政和市政局的改革諮詢時，該協會馬上成立一個特設委員會去研究政制改革事宜。[78] 和革新會一樣，由於注意到青少年問題日趨嚴重，公民協會在同年成立了一個臨時委員會去專責有關事務。[79] 發生在 1966 年和 1967 年的騷動反映出不少市民對政府的不滿，為了拉近民眾與政府的距離，該協會亦成立了一個特設委員會去扮演橋樑的角色。[80] 有見於七十年代初通貨膨脹問題嚴重，協會便在 1974 年成立了一個抗通脹的臨時委員會去調查及研究該問題。[81]

除了不同的小組委員會外，兩黨亦成立了多個地區（或區域）委員會。貝納祺評論說：「我們可以通過地區委員會，真真正正地接觸到一般在街上的普羅大眾，了解他們的需要，明白

---

76 《華僑日報》，1972 年 11 月 20 日。

77 《華僑日報》，1973 年 5 月 23 日。

78 《工商日報》，1966 年 3 月 20 日。

79 《華僑日報》，1966 年 8 月 23 日。

80 《華僑日報》，1967 年 6 月 6 日。

81 《華僑日報》，1974 年 4 月 5 日。

他們的問題，從而決定可以做些什麼去幫助他們。」[82] 在創黨初期，革新會只有兩個區域委員會，即港島東區委員會及港島西區委員會。[83] 後來該黨的地區委員會擴大到其他地區，包括南九龍與北九龍。[84] 不過在 1962 年之後，這些地區委員會進行了重組，並合併為兩個較大型的香港地區委員會和九龍地區委員會，而新界地區委員會亦在隨後成立。[85] 每個地區委員會均負責各自的區內事務，它們有時會舉行聯合會議，藉此分享經驗。[86] 這些地區委員會會定期會見各自所屬區域的市民。它們發揮了類似未來區議會的作用，地區委員會的委員由於經常接觸市民，因此非常了解他們的需求和困難。

　　和革新會不同，公民協會建立了較多的地區委員會。在 1974年，它們的地區委員會已經包括中環、西環、上環、北角、筲箕灣、柴灣、香港仔、尖沙咀、九龍仔、油麻地、紅磡、旺角、深水埗、大角咀、石硤尾、白田村、樂富村、慈雲山、竹園、新蒲崗、長沙灣、葵涌、牛頭角、觀塘、藍田、東頭邨、荃灣、深井、粉嶺、元朗、上水及水上居民。[87] 所有上述的地區委員會是由一名總務地區委員帶領，而該委員通常是常務委員會的成員。

　　通過各事務委員會、臨時委員會及地方委員會，兩個政黨都可以從各個領域與普羅大眾有所聯繫。它們成為了政府與市民之間高效及便利的橋樑。為吸引更多人加入，雙方都會舉辦各類受

82　*South China Morning Post*, 31 December 1957.

83　《工商日報》，1958 年 2 月 24 日。

84　《工商日報》，1958 年 3 月 20 日、8 月 22 日。

85　《工商日報》，1962 年 10 日 14 日。

86　*South China Morning Post*, 12 October 1972.

87　《香港公民協會二十週年紀念特刊：一九五四年至一九七四年》，香港：香港公民協會，1974，頁 21－36、72。

圖 3.1　七十年代革新會的結構

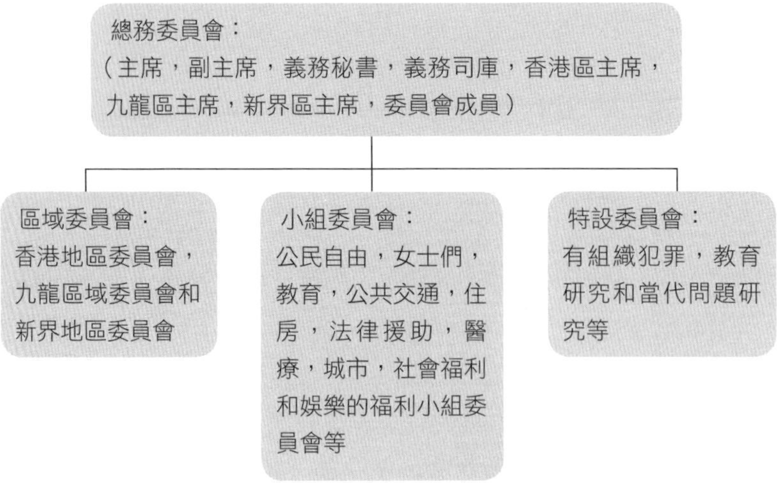

總務委員會：
（主席，副主席，義務秘書，義務司庫，香港區主席，九龍區主席，新界區主席，委員會成員）

區域委員會：
香港地區委員會，九龍區域委員會和新界地區委員會

小組委員會：
公民自由，女士們，教育，公共交通，住房，法律援助，醫療，城市，社會福利和娛樂的福利小組委員會等

特設委員會：
有組織犯罪，教育研究和當代問題研究等

圖 2.2　公民協會在七十年代結構

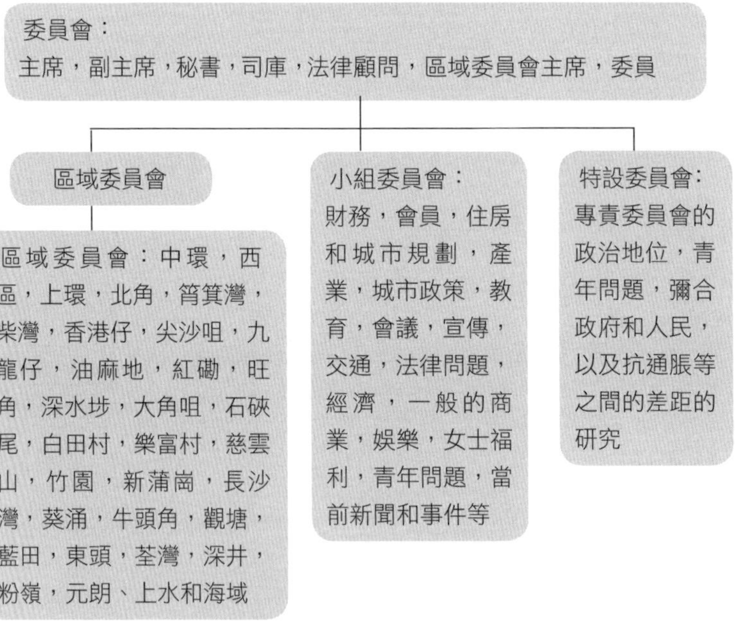

委員會：
主席，副主席，秘書，司庫，法律顧問，區域委員會主席，委員

區域委員會

區域委員會：中環，西區，上環，北角，筲箕灣，柴灣，香港仔，尖沙咀，九龍仔，油麻地，紅磡，旺角，深水埗，大角咀，石硤尾，白田村，樂富村，慈雲山，竹園，新蒲崗，長沙灣，葵涌，牛頭角，觀塘，藍田，東頭，荃灣，深井，粉嶺，元朗、上水和海域

小組委員會：
財務，會員，住房和城市規劃，產業，城市政策，教育，會議，宣傳，交通，法律問題，經濟，一般的商業，娛樂，女士福利，青年問題，當前新聞和事件等

特設委員會：
專責委員會的政治地位，青年問題，彌合政府和人民，以及抗通脹等之間的差距的研究

公民協會主席張有興出席協會區委會的成立暨就職典禮

歡迎的活動。當會員人數有所增加，它們對政府的議價能力亦會增強，因它們可以聲稱自己是代表了一大群當地居民。

五、兩黨舉辦的活動

為了吸引不同層面的當地市民加入，兩黨都會為其會員的利益而舉辦各種活動。然而，它們的活動其實都頗為相似。兩黨最重要的活動是一年一度的周年晚宴，通常都會在農曆新年後不久舉行。由於有幸運抽獎和各種表演，兩黨的周年晚宴通常都可以吸引超過一千名會員參與。其他活動包括定期午餐茶會，當中經常邀請專業人士和社會名流擔任演講嘉賓。

為了為其會員組織休閒活動，革新會在 1954 年 12 月成立了康樂事務委員會。[88] 該會經常舉辦例如太極班或粵劇表演等文娛活動。[89] 成立於七十年代的女性事務委員會亦曾經在聖誕節期間組織旅行團前往泰國。[90] 由於深受會員歡迎，革新會便繼續舉辦類似活動。[91] 另外，青年委員會不時安排一些領袖培訓課程，希望培養青少年的領導能力。該會也會舉辦不同娛樂活動，藉以改善父母與子女之間的溝通。[92]

除了休閒活動之外，革新會曾經組織大型的國際活動，例如在 1981 年假座香港大會堂舉辦了一個持續四日、有關世界能

---

88 《大公報》，1954 年 12 月 6 日。

89 《工商日報》，1959 年 7 月 5 日。

90 《華僑日報》，1974 年 12 月 22 日。

91 《華僑日報》，1977 年 8 月 10 日。

92 《華僑日報》，1982 年 5 月 3 日，7 月 12 日，8 月 7 日；《工商日報》，1982 年 8 月 8 日。

源問題的國際會議，是次活動邀請了來自二十個國家的代表參
與，出席會議的重要國家領導人，包括加拿大總理皮埃爾・特魯
多（Pierre Trudeau）和英國自由黨領袖大衛・斯蒂爾（David
Steel）。[93] 這次會議的成功不僅有助推廣香港的國際地位，更反
映了革新會的知名度。

　　相較於革新會，公民協會所安排的研討會、周年晚宴、聖
誕晚會或綜藝節目等休閒活動絕不遜色，它甚至付出更多的資源
來提供福利給其會員或普羅大眾。例如在該協會剛剛成立了一年
之後，就邀請了英國醫藥學會香港分會、香港中華西醫學會，以
及香港藥劑師協會，去研究制定一個為工人而設的醫療保險計
劃。[94] 當時公民協會的主席是一位中學校長，而且其中一名委員
李耀波是香港教師會的主席，所以他們會比較關心教師的福利。
鑑於私校的教師沒有得到公立學校教師所得到的相同保障，公民
協會便與香港教師會和私立中文學校聯會合作舉辦醫療保險計
劃，任何有興趣的私校教師都可以參加。該協會取得了一些醫生
的合作，參與的教師只需要每月支付兩元，便可以得到醫療保
障。這計劃非常受教師歡迎，在短短數個月內便吸引了數百位
教師參與。[95] 由於醫療保險的成功，於是漸漸擴大其覆蓋面至包
括所有協會的會員。[96] 七十年代中期，香港出現了嚴重的通貨膨
脹，導致米價上升，公民協會為了幫助其會員，便從批發商購買
較廉價的白米，按原價配售給成員。[97] 此外，公民協會亦有興趣

93　《工商日報》，1981 年 3 月 3 日；《大公報》，1981 年 3 月 3 日。

94　《工商日報》，1956 年 5 月 1 日。

95　《工商日報》，1956 年 9 月 15 日。

96　《工商日報》，1957 年 5 月 26 日。

97　《華僑日報》，1974 年 8 月 29 日。

組織公益活動。例如，它於 1972 年 12 月 23 日在灣仔修頓球場
為孤兒舉辦了一個溫暖的聖誕節，邀請了來自保良局及其他組織
大約三千名孤兒參加，[98] 節目包括魔術表演及攤位遊戲，並向所
有參與的孤兒大派禮物。

革新會及公民協會的會員不僅享有兩黨所提供的福利，甚
至享有一些「特權」。在廉政公署成立之前，香港的貪污情況非
常嚴重，不少普通市民都曾經在五六十年代經歷過貪污帶來的痛
苦。例如，有些小販為了避免受執法人員欺負或被起訴，會選擇
賄賂警察或小販管理隊。但是，如果小販是革新會或公民協會的
會員，只要他們顯示自己的會員卡，通常都不會受到騷擾。這也
許是因為警察明白到兩黨對發生在香港的貪污事件都非常敏感，
如果他們的會員遇到這樣的麻煩，兩黨必定會作出投訴。可能由
於有這些「特權」，這令公民協會吸引到超過一萬名會員，而革
新會會員的數量更超過其對手一倍。

六、兩黨關注的政治和社會問題

無論是革新會還是公民協會，成立的原因都是政制發展。
革新會成立是因為楊慕琦計劃到了關鍵時刻，而公民協會的成立
則是希望成為革新會的競爭對手，因為它反對大刀闊斧的政制改
革。儘管有這些分歧，雙方都認為政制發展對於香港而言是重要
的。因此，它們花了不少資源和精力向殖民地政府以及在英國的
殖民地部官員爭取（見本書第四、五章）。除了對政制發展關注

---

98 《工商日報》，1972 年 12 月 23 日。

外，兩黨亦花不少努力去解決社會問題。它們關注的社會問題幾乎包括每一方面，例如城市發展、住房、醫療、經濟、教育、犯罪、小販和其他社會問題。[99]

（一）城市發展和住屋問題

殖民地政府曾經在 1948 年邀請國際知名的城市規劃師艾伯克隆比（Sir Abercrombie），為戰後香港撰寫一份未來的規劃報告。[100] 但中華人民共和國的成立所導致殖民地的人口增長，遠超過香港政府或艾伯克隆比所能預計的，因此革新會在五十年代中期便感受到該城市規劃報告顯得保守，因為艾伯克隆比無可能在他撰寫報告時預測中國將會發生的政治變化。為了替那份規劃報告作出補充，革新會成立了一個「建造經濟屋宇暨清理貧民區事務研究委員會」，為人口急劇增加後的社會作深入研究。花了數年時間，該會終於在 1955 年 7 月向政府提交了一份詳盡報告。委員會建議在大嶼山、沙田、清水灣及鴨脷洲發展新市鎮。因為大嶼山面積大，當發展好交通網絡後，將會非常適合居住。另外，只要在沙田谷進行一些填海工程，以及廣九鐵路採用電氣化火車後，沙田將會是一個很好的新市鎮。雖然清水灣遠離市區，但只要在港口處興建一條吊橋，橫過鯉魚門峽，它亦可發展成為一個不錯的小鎮。該報告也建議盡快興建香港仔隧道，使香港仔、赤柱及薄扶林一帶有進一步的發展。委員會的報告除了就城市規劃之外，也為房屋政策提出不少建議。它建議徙置事務處為一些居住在環境非常擠迫的寮屋居民及較低收入人士興建較廉

99　有關政制發展與小販問題，將在第四章和第五章中討論。

100 Sir Patrick Abercrombie, *Hong Kong: Preliminary Planning Report*, Hong Kong: Government Printer, 1948.

價的臨時房屋。該報告敦促政府為被迫離開寮屋的居民給予更多援助。革新會明白到城市發展需要大量的投資，因此它建議政府邀請民營企業參與，這不僅可創造更多就業機會，同時也能增強市民對香港前途的信心。

公民協會也同樣意識到城市規劃的問題，它成立了城市規劃諮詢專責委員會去加以研究。協會邀請專業人士，包括香港大學建築學院院長布朗教授（Gordon Brown）、經濟學及政治學系教授柯比（E. Stuart Kirby）、建築學院高級講師格雷戈里（W. G. Gregory）、經濟學系講師斯薩賓勒（E. F. Szczepanik）、工程系講師林白（P. Lumb）和本地執業建築師阿華利斯（A. V. Alvares），去研究香港未來的城市規劃。[101] 該團隊不僅研究農業、工業和住宅的發展，也研究香港的交通系統，包括海底隧道的規劃。除了提交發展報告，公民協會向政府提出，如果政府將來樂意採用協會的建議或一些其他的城市規劃方案，該會願意就這些計劃提供協助。

兩黨都非常重視香港的房屋問題。由於戰後的首次全面人口普查是在 1961 年進行，在五十年代並沒有準確的數據可反映真實的人口情況。為了獲得可靠的資料，革新會組織了一個類似人口普查的調查小組。該會聘請了研究人員去一些擁擠的地區，例如灣仔、西營盤、油麻地、大角咀及深水埗去作出訪問。整個調查歷時兩個月，並獲政府支持。訪問了過千個單位之後，革新會收集到包括地區的租金及居住人口密度等各種數據。像往常一樣，革新會不單將報告遞交予輔政司作參考，並提交了一份詳細的建議書。[102]

---

101 *South China Morning Post*, 12 January 1956; *Hong Kong Standard*, 21 June 1956.
102《工商日報》，1956 年 6 月 18 日，12 月 10 日；《大公報》，1956 年 12 月 10 日。

　　鑑於香港房屋政策的失衡，公民協會委員簡日淦（執業建築師、房屋委員會委員及市政局議員）在 1970 年 3 月的一次扶輪社午餐會上提出改組房屋委員會的建議。[103] 作為房委會委員，他注意到政府不同的房屋機構「不合作」的情況。當年負責房屋政策的政府部門，包括有香港房屋委員會、徙置事務處、工務司署及香港房屋協會。他指出由不同部門負責共同的政策會導致雜亂無章，亦不符合經濟原則，因此香港需要一個中央部門去制定政策，以維持在私營和公共部門所提供的房屋能達致平衡。該中央部門能夠獨立地落實政策而不受其他部門影響，並能負責政策落實後的跟進。公民協會亦將實際建議送給殖民地部秘書。這些建議很可能令 1973 年香港房屋委員會的改組帶來了正面影響。[104]

（二）醫療問題

　　香港殖民地政府在戰後常被指責為缺乏福利政策和漠視窮人的生活。[105] 政府通常只把資源投放在可以促進經濟增長的地方，只留下很少放進社會福利，醫療政策便是其中一個例子。在 1956 年，香港人口大約有二百多萬，但當時全港的醫院總共只有 4,800 張病床。[106] 根據革新會的研究顯示，殖民地需要增加 10,000 張病床和 5,300 名醫生，才能達到基本的需求。由於

---

103 HKRS156-2-4177, Speech by Mr. Raymond Y. K. Kan, Member of Urban Council and Housing Authority, at the Luncheon Meeting of Rotary Club, Island East on Wednesday, 18 March 1970 at Lee Garden Coffee House, at 1:30 p.m.

104 HKRS156-2-4177, Letter from the Civic Association to the Colonial Secretary, 3 April 1970.

105 Hopkins, Keith, "Housing the Poor", in Keith Hopkins, ed., *Hong Kong: The Industrial Colony*, Hong Kong: Oxford University Press, 1971, p. 271.

106 *Hong Kong Standard*, 20 September 1956; *South China Morning Post*, 20 September 1956.

醫療設施嚴重不足，革新會撰寫了一份十年醫療計劃報告書，該報告敦促政府在筲箕灣建立一間有 600 個床位的醫院，這將有助居住在灣仔以東的居民，減少因為緊急之下而要到較遠的瑪麗醫院求醫。革新會明白興建醫院需要很高的成本和沉重的經常開支，因此它提議在新界興建一個療養院，以解燃眉之急。該報告還建議在一些人煙稠密的地方興建多些公立醫務所及產婦保健中心。除了設施的建立，報告書還建議增加引進私人執業醫生，從而使學生的強制醫療方案在不久的將來可以實現。無獨有偶，在革新會的報告發佈了數天後，公民協會也向政府建議未來五到十年內的一些醫療政策。[107] 然而，醫療情況在六十年代並沒有多大改善，政府醫院的醫生仍然嚴重短缺。當時政府的解決方法是聘請來自其他亞洲國家的醫生。但革新會對此卻有保留，認為這只是一個臨時的解決辦法。革新會認為問題的核心是在於私家醫生和公立醫生的工資有很大差別，該會建議只要增加公營醫院醫生的工資，這樣便可減少人材的流失。革新會亦認為如果新成立的香港中文大學可以開設醫學學位課程，醫生短缺的問題便很大程度上可以在五年之內得到解決。該黨還建議政府考慮為貧窮但有天賦的學生給予特別獎學金，而那些接受獎學金的學生，必須在畢業後的一段時間內留在公立醫院服務。[108] 另外，由於不少香港人對中國傳統醫學比較有信心，革新會建議政府應該為中醫註冊，這不僅可以控制中醫的質素，還能紓緩西醫短缺的壓力。[109]

肺結核病是戰後香港嚴重的疾病。可能因為公民協會的第二任主席是一位醫生，該黨對其特別重視。當時受感染的工人大多

107《工商日報》，1956 年 9 月 30 日。

108《工商日報》，1968 年 9 月 18 日，11 月 25 日；《華僑日報》，1968 年 11 月 25 日。

109《華僑日報》，1974 年 3 月 12 日。

數不願意接受治療，因為這不單要付上巨額醫療費用，而且有很大機會會失去工作。經過一段時間的研究，公民協會提出成立專為工人而設的肺結核病醫院。政府對協會的建議感到興趣，遂安排勞工處、醫務部以及社會福利處和公民協會的代表進行商議。經過一系列會議後，政府最終願意為患病的工人提供免費治療。另外，如果任何工廠有要求，醫務處亦會提供 X 光掃描器去為他們的工人作身體檢查。為了保障受肺結核病感染的工人，僱主不得因為工人患病而將他解僱。社會福利處也會為有需要人士提供金錢補助。政府還承諾將會為處理肺病的問題而增加一倍的開支。[110]

（三）經濟問題

前文已提過國共內戰之後，導致香港的人口突然大幅增加所帶來的社會和經濟問題，但當朝鮮戰爭在 1950 年爆發時，情況更加嚴峻。有鑑於此，在戰爭爆發後，革新會便立即向殖民地政府提議尋求國際貸款以及向美國要求經濟援助。[111] 該會指出香港的地理位置在冷戰時期十分敏感，很容易受外來因素所影響，而本港現時所面對的問題是由於國際事件而造成的。因此，革新會認為香港的問題是世界大國的責任。由於香港的工商業急需發展，而改善社會服務亦刻不容緩，因此香港迫切需要外國的援助及貸款。革新會也提交了一份預測朝鮮戰爭對香港影響的報告書，該報告對如何申請貸款以及怎樣使用所獲得之貸款在各種發展和福利上，提出了詳細的討論。

兩黨也經常就着政府的財政預算提出意見，特別是在七十

年代之前，因為當時殖民地政府對於基礎設施和社會福利的開支
非常保守。當財政司一如以往於 1955 年發表了一份保守的財政
預算後，公民協會便馬上發佈新聞稿並致信政府，批評財政司以
「要預防艱難時刻的來臨」去解釋其保守的預算是有所誤導的，
而且這種財政預算是不會對香港的經濟增長有幫助。[112] 它建議政
府反而應該投放更多資金去建設學校、醫院、水庫、新的道路和
海底隧道。協會認為這類開支能產生財富的回報。例如，新開闢
的道路有助提升土地銷售的價格；興建海底隧道不僅令交通更加
發達，促進經濟發展，而且可以吸引更多遊客到香港旅遊。公民
協會認為這些基礎建設所需的資金，可以通過貸款或邀請私人公
司投資，政府也應該鼓勵銀行或其他公司參與大規模的住房計
劃。公民協會以美國總統羅斯福在三十年代所提出的「新政」為
例，雖然政策在推出時曾被共和黨認為是等同於經濟自殺，但最
後這種刺激經濟的政策被證明是成功的，而且更被其他發達國家
廣泛採用。

（四）教育

革新會和公民協會均認為教育對於香港的未來是至關重要
的，所以它們都非常關心殖民地的教育政策。當政府在 1955 年
提出了一個新的七年小學計劃時，公民協會立即寫信給教育局詢
問相關細節。[113] 當政府只公佈將會興建更多學校時，該黨馬上表
示不滿意，建議政府應該建立教師培訓學院，因為好的老師和
學校建設是同樣重要的。[114] 雖然政府隨後回答公民協會時，承諾

---

112 *South China Morning Post*, 16 March 1955; *Hong Kong Standard*, 17 March 1955.

113 *Hong Kong Standard*, 4 August 1955.

114 *Hong Kong Standard*, 23 November 1956.

將會投放更多資源在教育事務上，但數年之後證明這是遠遠不夠，在 1963 年時仍然有十四萬兒童無法上小學，公民協會認為這是不可接受的，因為當年殖民地預算將會有大約五千萬元至一億元的盈餘，所以該黨敦促政府應該撥出兩成的財政預算於教育上。[115]

　　革新會也定期制定教育方面的報告，例如該會在 1964 年 11 月發送給政府的報告中，便指出了教育政策的不足之處。[116] 首先，五年的小學教育已被多項調查證明是太短了。再者，由於政府沒有在教育投放太多的資源，所以私立學校成為香港教育的一個重要部分。儘管如此，該報告顯示政府不僅不支持私立學校的發展，而且對它們設置了很多限制。革新會敦促教育當局應該盡快為香港的教育發展進行全面改革，其中以免費小學教育的落實尤其迫切。

　　當政府在 1965 年公佈教育白皮書後，革新會馬上安排一個新聞發佈會，形容這份白皮書是「以商業的角度去處理教育的問題」。[117] 該黨認為政府沒有提出任何解決教育問題的方法，而且白皮書也忽略了一些諸如考試制度的重要事項。考慮到教育部門的官僚性質，革新會建議香港的教育事務應該交由市政局去管轄。最後，革新會羅列出對於教育改革的十項建議，並發信至教育部。[118] 公民協會也對該份白皮書表示「非常遺憾」，[119] 它們最為失望的就是白皮書沒有落實兩黨多年來所爭取的小學強迫教

115 *Hong Kong Standard*, 17 February 1963.

116《大公報》，1964 年 11 月 12 日；《華僑日報》，1964 年 11 月 12 日、16 日；《工商日報》，1964 年 11 月 13 日。

117 *South China Morning Post*, 20 June 1965; *Hong Kong Standard*, 21 June 1965.

118《工商日報》，1965 年 6 月 20 日；《華僑日報》，1965 年 6 月 20 日。

119 *South China Morning Post*, 22/6/1965.

育。兩黨一直以來都希望政府能夠落實小學強迫教育，以及提供更優質的教師培訓。它們也希望解決公立和私立學校之間的平等問題，以及男性和女性教師的工資差異。

（五）犯罪問題

犯罪學專家認為一個社會在經歷快速的工業化和城市化之後，將不可避免地出現較高的犯罪率，[120] 而香港正正發生這個問題。當革新會在五十年代注意到有愈來愈多的吸毒者時，便作出調查，並於 1958 年向殖民地輔政司、醫務處及社會福利處提交了一份報告。該報告估計香港當時有大約六萬個吸毒者，數量之龐大是一個嚴重的問題，但更重要的是，有不少吸毒者為了獲取金錢購買毒品而犯下其他罪行，這嚴重威脅到香港的治安與穩定。此外，調查亦顯示販毒者有可能涉及當地黑社會和外國罪犯之間的不法活動。所以革新會提出在警察部隊之下建立「禁毒組織」以解決這個問題，否則藥物成癮的風氣將會惡化，甚至可能波及到青少年。[121] 由於問題沒有解決，革新會於 1964 年再次向政府提出這個問題。這次該黨不僅要求政府委任一個專門的調查委員會，而且還要求修改法律去加強控制。革新會發現當時的法律存在着一些漏洞，可能會被毒販所利用去規避免被起訴。此外，政府亦應該對犯毒行為作出更嚴厲懲罰，否則問題將不容易解決。[122]

---

120 Clinard, Marshal, I and Abbott, David, *Crime in Developing Countries*, New York: Wiley, 1973; Clifford, William, *Development and Crime*, Chichester: Barry Rose, 1973, quoted in Leung, Benjamin K. P., *Perspectives on Hong Kong Society*, Hong Kong: Oxford University Press, 1996, p. 94.

121《大公報》，1958 年 3 月 10 日。

122《工商日報》，1964 年 10 月 31 日；《大公報》，1964 年 10 月 31 日。

革新會意識到在香港犯罪和貪污問題的嚴重性，在 1965 年成立了有組織犯罪的特別事務委員會，去就該問題作出更深入調查。由於對這問題的重視，委員會的成員均來自該會的核心人員，包括主席貝納祺、杜葉錫恩、鍾愛理遜、黃博度及吳頌堯。[123] 委員會用了七個月的時間去製作一份報告書，不僅詳細描述情況，而且也提出建設性的建議。該報告書揭露了香港多種罪行均與貪污有關，它指出各種非法賭博、娼妓及販毒等嚴重罪行，都有組織在幕後操控。該報告更指明這些有組織的罪行，與警方及其他政府部門的貪污有直接關係，因此該黨建議應該由港督或英女皇直接委任獨立人士去調查。[124] 由於在報告中有不少「爆炸性」的細節，這報告書獲得廣泛報道。《南華早報》的社評認為該報告非常重要，因為它清楚指出有必要就現有的法例作出修訂。[125]《德臣西報》讚揚革新會的報告是第一份由一個獨立的機構去報告香港的貪污與有組織罪行的關係，而革新會所做的，不過是希望令殖民地成為一個更好的地方。[126]《華僑日報》則形容該犯罪報告不單是「爆炸性」，而且具「建設性」。[127] 最後，革新會更將報告書送到英國的工黨、保守黨和自由黨，令殖民地政府頗為尷尬。

公民協會也很關心香港的治安問題，它認為要減低罪案率，應該從教育着手。該黨非常認同當年的最高法院首席按察司（The Chief Justice）伊沃‧李比爵士（Sir Ivo Rigby）的理

---

123 *South China Morning Post*, 21 July 1965.

124 *Hong Kong Standard*, 23 September 1965.

125 *South China Morning Post*, 20 September 1965.

126 *China Mail*, 21 September 1965.

127《華僑日報》，1965 年 9 月 21 日。

革新會報告書

揭發貪污內幕

有等官員警察上下其手
退職開字花現役者包賭

貪污、

字花

麻雀學校

外圍賭博

牌九和番攤

《工商日報》1965年9月21日報道革新會發表的香港組織性犯罪委員會報告書

念，即「香港青少年的犯罪原因，是由於現代生活的壓力而導致中國傳統思想被遺忘」。公民協會建議在學校引入道德教育，並提出以下原則作為參考：一、要真誠對待朋友及其他人；二、培養成一個有誠信和自律的人；三、尊重家裏和社會中的長輩；四、關注弱勢社群；五、尊重公共財物；六、不自私而更關心社會；七、待人要有禮貌。[128] 它還建議政府為校長和教師組織更多研討會，以協助教師鼓勵學生對公共事務的興趣。

以下事例可反映政府與公民協會之間的關係比革新會密切。當公民協會批評政府在處理罪行時「過於寬鬆」，建議應該採用更強硬的刑罰去懲治罪犯，政府便在 1972 年 8 月 4 日安排一個會議，讓公民協會和最高法院首席按察司伊沃·李比會面。[129] 按察司非常認同協會對於嚴重罪行的看法，尤其覺得那些年輕犯人特別值得關注。因此在會面之後，律政司授權公民協會去成立一個委員會去監督法院的一切判決。當協會的委員會認為判刑過於寬鬆的時候，它可以與最高法院經歷司（Supreme Court Registrar）反映。如果經歷司也認同公民協會的意見並同意應就判刑重新進行審查，案件將會發還律政司去決定應否作出上訴。公民協會委員鄒偉雄表示，該黨的嚴重罪行委員會將會與政府不同部門的代表定期會晤，就打擊罪案交換意見。[130]

（六）其他社會問題

兩黨對其他社會問題也非常關心，尤其重視社會平等問題。

---

128 HKRS147-7-45, Letter from the Civic Association to the Director of Education, 22 January 1971.

129 *Hong Kong Standard*, 8 August 1972.

130 *Star*, 7 August 1972; *South China Morning Post*, 8 August 1972.

當年男女不平等，教師、護士、政府人員或工廠工人等職業都出現同工不同酬的情況。革新會於 1959 年做了一個報告去反映當時各行各業之不平等情況，並要求政府應率先就所有政府職位的男性和女性達至同工同酬。如果政府願意帶頭，平等工資將可在香港實現。[131] 當公立醫院的女護士在 1970 年爭取工資平等時，革新會馬上向政府表達其支持態度。[132] 另外，由於兩黨有不少委員都是律師，他們非常重視香港的法律問題，例如由於訴訟費用非常昂貴，而香港大部分市民對法律都不認識，如果遇到法律問題便非常麻煩。因此公民協會在 1957 年已開始敦促律政處為貧窮的被告提供義務律師。它認為義務律師計劃不僅有利於窮人，而且可以避免因為被告缺乏代表律師而導致審判時出現一塌糊塗的可能性。[133] 革新會也不時向殖民地政府提出設立法律援助署去幫助有需要人士。[134] 直到法律援助署在 1970 年成立後，它們才停止向政府施壓。

兩黨也重視香港的交通問題。由於六十年代公共交通工具不足以及經常出現交通擠塞問題，公民協會便在 1965 年做了一份報告，去深入研究包括巴士、天星碼頭、九廣鐵路和電車等公共交通系統。該報告為政府列出了十項可以解決問題的建議。[135] 革新會在 1968 年也向政府提交運輸報告書，建議政府應通過放寬專利制度來打開市場。目前的壟斷制度確保了中華及九龍巴士公司的利潤，令它們不思進取，因此公共巴士往往極之擠迫，這亦

---

131 《大公報》，1959 年 2 月 16 日。

132 《工商日報》，1970 年 6 月 18 日。

133 《工商日報》，1957 年 11 月 15 日。

134 《工商日報》，1964 年 2 月 20 日。

135 《工商日報》，1965 年 1 月 5 日、7 日；《大公報》，1965 年 1 月 5 日；《華僑日報》，1965 年 1 月 5 日、7 日。

導致不少人願意乘搭如「九人車」或「白牌車（無牌的士）」等非法運輸工具。專利制度不僅為市民造成不便，而且也增加發生交通事故的可能性。為解決這個問題，革新會提議將「九人車」合法化。在報告中，革新會也提出其他建議，以減少交通事故的發生。[136]

七、與政府交涉的方法

（一）與政府溝通

上文已指出，革新會和公民協會經常就社會的某一項問題做調查並提交建議，它們通常會成立專門的委員會來研究問題，並邀請專家協助撰寫報告。兩黨也不時發出新聞稿，或寫請願信遞交政府。在收到政府的答覆後，兩黨通常會向公眾公開，這有助於吸引市民對該事項的注意，而且亦可充當政府與市民之間的聯繫。此外，它們還定期去信政府要求解釋其政策。例如，公民協會經常在每年的年初致函輔政司，要求獲得政府的發展計劃。舉一個例子，當收到政府答覆有關 1969 年的發展規劃報告後，該會馬上在 1970 年 2 月致函輔政司，要求他說明未來五年的發展計劃。它還要求政府回答以下一些具體方案：

1. 教育：在哪一年可以實施免費及強迫小學教育？對於初中教育、職業技術教育、高等教育有什麼計劃？能否確保在 1975 年之後每一個學生都可以最少接受三年的中學教育？

2. 勞工法例：政府將會推出哪些具體的勞工法案，以改善

136《華僑日報》，1968 年 12 月 15 日。

香港工人的工作條件？

3. 社會福利及保障：除了目前計劃在 1970 年引入公共援助計劃之外，政府還會推行什麼其他的社會保障措施？

4. 公共房屋：政府有什麼政策去改善公共房屋的質素，以及多少寮屋居民可以被安置在房屋署最新興建的廉租屋？

5. 交通：什麼時候會重新考慮香港的大型公共運輸方案？如果已經有方案，政府預計該項計劃何時可以啟動？有多少街邊停車場將會在市區興建？以及怎樣解決現在非常嚴重的交通擠塞問題？

6. 市區重建：除了港島西區之外，政府打算發展哪些舊區？並預計需要多少時間？

7. 醫療發展：在 1975 年可以提供多少新增病床及醫生？政府打算怎樣處理牙醫嚴重不足的問題？

政府最後用了大約兩個月的時間來回答公民協會的提問。[137]

大部分的報告書或要求不只發送給政府，而且還會在報章上發表，以便引起廣大市民的注意。很多時候，兩黨的舉動都吸引了社評的積極回應。例如，《香港虎報》（*Hong Kong Standard*）稱讚革新會在 1956 年的醫療報告是一份「有啟發性和有幫助的文件，它有助於更加了解這個殖民地的緊急醫療需求」。[138]《德臣西報》的社評則認為該報告「值得政府的密切重視，而我們相信，這議題將值得立法局的非官守議員提出進行辯論」。[139]

---

137 HKRS877-1-38, The Colonial Secretary to the Civic Association, 16 April 1970.

138 *Hong Kong Standard*, 21 September 1956.

139 *China Mail*, 22 September 1956.

（二）舉辦公眾集會及請願

當有任何受市民關注的政治或社會議題時，革新會和公民協會通常都不單發請願信給政府，而且還會舉行公眾大會，邀請普通市民表達看法和意見。在楊慕琦的政改磋商中，革新會在 1949 年 5 月安排了一次公眾大會，讓該黨委員、其他組織成員和香港市民分享他們對政治改革的想法。當中國政府在 1950 年加入朝鮮戰爭後，美國便馬上對中國大陸實施禁運，這對香港經濟帶來很深遠的負面影響。鑑於美國的禁運政策令香港在五十年代初陷入長時間的經濟低迷時期，革新會便在 1955 年初舉辦公眾大會，去討論如何提高普通市民的生活條件，[140] 會計師、大學講師、律師及其他專業人士均應邀出席，就如何幫助經濟增長提供專業意見。集會吸引了來自不同界別的人士參加，包括商人、小販、礦工、工廠工人、寮屋居民，學生以及多個不同組織，並表達了他們的意見。由於反應擁躍，出席集會的人數遠超革新會的預期，數百人迫爆了細小的場地。最後集會所收集的建議全被送到殖民地輔政司處，政府更對革新會的努力表示讚賞。另外，公民協會也在 1955 年中就類似的議題舉行了公眾大會，希望尋找減低失業率的辦法。香港社會服務聯會、香港婦女協會、香港中國婦女會及中國難民國際理事會等團體均有派代表參加會議。[141]

當立法局在 1960 年 5 月對建議足球比賽賭博合法化的「足球彩池投注草案」進行一讀時，公民協會立即發函表示反對這項法案。該協會認為該法案將會危害社會安定，為年輕人帶來負面

140《工商日報》，1955 年 1 月 21 日、27 日、31 日，2 月 6 日。

141 *Hong Kong Standard*, 16 July 1955.

影響。[142] 為了讓公眾發表意見，公民協會在 5 月 25 日組織了一次公開大會，吸引了來自不同組織的大約三百個代表出席。雖然公民協會強烈反對法案，但仍邀請了六位博彩公司的代表到場發表相反意見。除了這六位代表外，全場所有人士都表現出他們對通過法案之後的關注和憂慮。[143] 港督和所有官守議員在了解到香港市民對該議案有如此強烈的反對態度後，在立法局進行二讀表決時均投棄權票，並讓非官守議員投反對票，令法案不獲通過。[144]

公開大會不單能收集一般市民的意見，而且能引起公眾對事件的關注。會議的主題通常包括政制發展、公民自由、住房、社會福利、經濟事項或教育事務等方面。這些會議往往吸引到數百人參加。兩黨通常都會定期舉行這些會議，更常常邀請專業人士出席並諮詢他們的意見。公眾亦可以在大會上表達自己的意見或不滿。這些公開大會可算是頗為成功，因為常常吸引到不少群眾參加。儘管這些會議可能不會有立竿見影的效果，或馬上得到解決問題的方法，但能夠吸引公眾的關注，並能提升他們的政治和社會意識。這些會議還提供機會讓市民表達抱怨或不滿，有助宣洩情緒，這無疑起了穩定社會的作用。

當公眾對政府的政策有強烈異議或不滿的時候，兩黨會為市民向政府提交請願信，要求政府重新審視該政策應否繼續推行。例如，當 1971 年香港商廈的租金大幅上升並導致嚴重的通貨膨脹，在市民艱苦生活的情況下，革新會組織了一個旨在收集一百

142《大公報》，1960 年 5 月 7 日；《工商日報》，1960 年 5 月 9 日。

143《大公報》，1960 年 5 月 26 日；《工商日報》，1960 年 5 月 26 日。

144 Legislative Council, *Official Report to Proceedings*, 1 June 1960.

萬個公眾簽名的請願活動，以迫使政府介入。[145] 革新會當時設置了 51 個簽名收集站，[146] 在短短三個月左右的時間便收集到超過 160 萬人簽署，[147] 其中包括超過 100 個不同組織的主席和 600 名商界代表。[148] 革新會隨後將一份請願書和所有簽名提交給輔政司。

有時候兩黨更會向英女皇請願。當港督楊慕琦的政改計劃在 1952 年被拒絕後，革新會便組織了一個請願活動，並向英女皇提交了 12,000 簽名，希望英國可以重新考慮香港的政改方案。當公安條例草案（Public Order Bill）在 1967 年經立法局通過之後，革新會亦向英女皇遞交請願信，希望英國可以向港府施壓，以廢除該條例。當公民協會在 1975 年要求殖民地政府考慮恢復死刑時，也採用了相同的技倆。當然，兩黨都明白向英女皇請願只是一種手段，它們真正的目的是希望這些政治行動可以引起一些英國政客的關注，尤其是在野黨，從而期望他們會給予殖民政府一些壓力。

（三）尋求立法局非官守議員的支持

如果政府提出了一項將會嚴重影響到廣大市民的法案，兩黨可能會要求非官守立法局議員對該法案投反對票。例如，當政府在 1950 年的財政預算中提出要增加直接稅，革新會便對加稅的提議做了深入的研究，並舉行公眾大會，讓市民討論政府所提出的預算及發表意見。當在場所有市民都顯示反對增加直接稅後，主席貝納祺便公開呼籲立法局非官守議員去反對預算案的通

145《華僑日報》，1971 年 11 月 21 日。

146《華僑日報》，1971 年 12 月 2 日。

147《華僑日報》，1972 年 3 月 25 日。

148《大公報》，1972 年 3 月 28 日；《華僑日報》，1972 年 3 月 28 日。

過。[149]

今天的一些政黨經常被人批評説它們只懂得反對政府，卻鮮有提出建設性的意見。革新會及公民協會則有所不同，它們經常給政府詳細的建議。例如，當革新會在 1950 年向政府表示反對當年的財政預算後，它馬上成立一個特別委員會去考慮其他稅收的替代方法。該黨不單尋求公眾意見，而且還邀請專家協助提供專業建議。[150] 經過三個月的研究，革新會最後向政府提交了一份意見書，主要分析當時難民湧入和朝鮮戰爭對香港的影響。該研究指出有國際資金開始撤離本港，導致香港的工商業開始缺乏資金周轉。意見書亦顯示中國銀行的逐步關閉將進一步令情況惡化。此外，由於香港大部分投資都和中國大陸有關，因此美國對中國實行禁運，將會導致香港經濟岌岌可危。因此，革新會敦促殖民地政府立即尋求國際貸款及向美國要求財政資助，以幫助本地的產業。革新會的意見書不單是對政府財政預算的回應，也是對殖民地當前的政治和經濟形勢進行的詳細研究。[151]

（四）與殖民地部官員及英國國會議員溝通

兩個政黨最後採用的殺手鐧，就是向英國殖民地部（Colonial Office，以及改組後的外交和聯邦事務部〔Foreign and Commonwealth Office〕）和英國國會議員發出信函、備忘錄、請願書或者直接見面。[152] 公民協會在創立僅僅三年後，秘書張有興便代表協會訪問殖民地部官員，以便直接陳述該黨對於

---

149 *China Mail*, 22 March 1950.

150 *Hong Kong Sunday Herald*, 22 April 1950.

151 *China Mail*, 11 July 1950.

152 本書第五章將會討論張有興如何到英國推銷將中文作為官方語言，導致殖民地政府受到外交和聯邦事務部的不少壓力。

政制發展計劃的意見。張有興在 1957 年 10 月 11 日會見艾希頓（K. G. Ashton），就香港問題進行了一個多小時的討論。[153] 張有興到英國的主要目的是討論政制改革，但還跟殖民地部的官員討論了其他社會問題，包括中國內地來港的難民問題、住屋、就業、醫療和教育。

兩黨成員會定期和英國國會議員或殖民地部官員會面。英國工黨副主席丹尼斯・希利（Denis Healey）在 1963 年參觀香港時，便和革新會就各項社會及政治議題進行了長時間討論。[154] 會面後希利承諾會向英國議會反映香港的情況。這次會面非常重要，因為這是第一次有英國政治家主動要求和香港的政黨會面，無疑可以反映出革新會作為殖民地的主要政黨的地位。

因為公民協會不像革新會般經常批評政府，它明顯和英國官員保持着更良好的關係。在安東尼・萊爾（Anthony Royle）被任命為外交部次官之後，公民協會立即向他祝賀，並形容任命是「對香港非常重要，萊爾先生對香港各種社會事務和其他問題有着廣泛的認識」。張有興每次到英國訪問時，都會盡量與萊爾會面，和次官建立了私人友誼。因此，萊爾聲稱公民協會是「在香港最負責任的政治團體」便不足為奇。當張有興在七十年代初向萊爾講解公民協會對市政局重組的意見後，次官便要求他的同事蒙森（Sir L. Monson）應該考慮協會對於市政局改革的看法。[155]

---

153 張有興本來打算會見殖民地部大臣倫諾克斯－博伊德（Alan Lennox-Boyd），但他剛巧在意大利作官式訪問。CO1030/491, Ashton's letter to Grantham, 19 October 1957.

154《大公報》，1963 年 9 月 21 日。

155 FCO40/303, Note from Anthony Royle to L. Monson, 10 July 1970. 見本書第四章。

八、兩黨在市政局內的工作

　　由於市政局是上世紀八十年代之前香港唯一有選舉的地方，因此它不僅是革新會和公民協會的戰場，而且也是它們實施其黨綱的場所。然而，由於市政局的政治權力有限，因此在議會內的工作大多是解決小販等問題。例如在實施強迫及免費教育之前，不斷有一批十至十六歲之間的兒童因無牌小販的罪名而被少年法庭定罪，他們被起訴的原因主要是因為他們有時會幫助父母打理小販攤檔數個小時，讓父母可以回家做家務。香港的法例是不准許任何未滿十八歲的人士成為持牌小販或作為助手。儘管這個制度的好意是防止兒童當小販，影響他們在學校的學習，但這條例卻令貧窮的孩子經常被起訴。鑑於這個問題，張有興便建議市政局應該考慮修改規則，並提出允許十二至十六歲之間的孩子協助父母打理小販攤檔而不會受到懲罰。[156] 雖然當時的市政局小販事務委員會主席貝納祺也對那些貧困的小孩感到同情，但他卻認為該修正案並不恰當，因為這可能會吸引大批學童逃學甚至停學，走去當小販。不過，他卻藉此機會在局內發表一項聲明，敦促香港政府馬上實行強迫及免費教育。本書第四章將會對革新會和公民協會在市政局內的工作有更詳細討論。雖然它們均以為民請命作己任，但其表現卻某種程度上受到政黨政治的影響，有時當一方表示支持，另一方則會投票反對。而它們也逐步發展成為兩大陣營：支持民主改革和親政府。

---

156 Hong Kong Urban Council, *Official Record of Proceedings*, 16 December 1975, p. 136.

九、兩黨的認受性

　　雖然在戰後香港居民可能對政黨政治不感興趣，亦未必對政制發展抱着很大的熱誠，但他們多認同革新會和公民協會在香港的貢獻，尤其是作為政府和市民之間的橋樑。兩黨常常安排市民大會，了解他們的需要和想法，並協助解決他們的問題，因此兩黨可算是市民的申訴專員。兩黨剛成立後，已經相當受廣大市民歡迎，市民也經常主動接觸它們去尋求協助或表達意見。當貝納祺在 1952 年當選為市政局議員後，他和其他革新會的委員會於每星期一下午在中環的辦公室讓公眾諮詢，任何有需要幫助的市民都可以前來求助。為了方便居住在九龍區的市民，革新會從 1953 年開始便在金巴利道開設辦事處，讓九龍及新界區的居民可以在每個星期日到該辦事處表達意見。雖然公民協會在創黨初期沒有自己的辦事處，但它租借了中環街坊會的辦公室去舉行定期的市民諮詢服務。到 1957 年當協會在香港島和九龍均擁有自己的辦事處之後，該黨的委員便可以在自己的辦公室服務市民。[157]

　　當年有很多市民到兩黨尋求協助。例如，當大量難民在四十年代後期從中國大陸湧入香港，寮屋問題便經常困擾着政府及市民。在 1953 年 2 月 19 日，一批為數約二千的柴灣寮屋 B 區居民收到徙置事務處的通知，要求他們於 3 月 10 日之前搬離該地，他們馬上到革新會尋求協助。[158] 作為徙置事務處於市政局的小組委員會成員，貝納祺親自到柴灣寮屋區進行調查。他認為徙置事

第三章　革新會及公民協會成立的原因及其組織結構

---

157 經過一番集資活動之後，公民協會在 1970 年在中環買下自己的辦公室，這辦公室至今仍然運作。

158《工商日報》，1953 年 3 月 8 日。

務處根本沒有給予居民足夠時間去處理搬遷問題，因此他在市政局會議內說服同僚重新考慮情況，給這些寮屋區居民有更多時間作準備。最後，通過革新會的協助，他們終於獲准延遲遷離。

由於革新會積極幫助那些有需要的人士，所以愈來愈多市民尋求其協助。革新會在 1955 年組織了一次討論有關改善香港居住環境的公開大會，一批失業人士到場尋求該黨的協助，他們認為其失業的原因是由於香港當時的經濟狀況很差。他們在公開大會中表示如果能獲得一份工作，他們願意接受最低的工資。[159] 另外，一班工廠女工也在公開大會之前致函革新會求助。儘管她們勤奮工作，但所獲得的工資比男性少，而重要的是她們經常被標籤為「工廠女孩」，這嚴重影響了她們的社會地位。革新會回覆女工說，將會通過公眾大會及其他方式引起社會的關注，並會將她們的問題向政府反映。

當香港房屋委員會在 1956 年宣佈即將落成的北角邨將接受申請入住，對於大多數當地居民來說是一個天大的喜訊，因此吸引了超過一萬個家庭去申請。但是對於沒有接受過教育的人，要填寫申請表並不容易，有些人甚至根本不知道怎樣去取申請表。不少有意申請的市民便向革新會求助，而革新會也為眾多求助者一一提供協助。[160] 另外，由於革新會在六十年代收到很多有關法律事務的查詢，它便在 1965 年出版了一本名為「如果你被拘捕⋯⋯」的小冊子，免費向公眾派發。[161] 該小冊子是由該會轄下的公民自由委員會的法律小組負責製作，印有英文及中文兩個版本。貝納祺表示香港的工人階級大部分都不清楚自己的權利，他

159《工商日報》，1955 年 2 月 3 日。

160《工商日報》，1956 年 11 月 13 日。

161 The Star, 3 October 1965；《華僑日報》，1965 年 10 月 6 日。

希望這本小冊子的出版可以幫助到他們。小冊子建議被拘捕的人
士不應該在警方的威迫之下認罪，除非他們有代表律師在場。這
本小冊子還對被捕人士列出一系列建議，以及他們所有的權利。
由於這本小冊子非常受歡迎，在出版之後馬上被市民全數取去，
要在 1967 年再多印三萬冊。[162]

　　有些居民甚至會當兩黨是傳統中國的巡撫。當它們到香港不
同地區視察或拜訪時，經常會有居民突然到來尋求協助。例如當
公民協會的一些委員於 1964 年到新界區參觀的時候，一群小販
冒名到場，希望尋求該協會成員的幫助。他們向協會投訴常常被
警方無理檢控，並且經常騷擾他們做生意。該群小販希望公民協
會可以在市政局內為他們發聲，並給予他們一個不受騷擾的工作
地方。[163]

　　為什麼人們經常去尋求革新會或公民協會的協助？一個最
主要的原因是他們發現兩黨比官方渠道更為有效。例如，一群住
在紅磡鴻福街的居民在 1972 年 12 月 25 日致信公民協會，投訴
附近有一個漁檔的機器每晚都會發出很大噪音，導致他們長時間
無法好好入睡。[164] 雖然他們之前已經將事件匯報給相關的政府部
門，但它們並沒有採取任何行動。他們在無計可施之下，最後只
好尋找公民協會的協助。當收到居民來信之後，該黨便立即向九
龍城民政事務處作出投訴。[165] 過了兩個星期左右，民政事務處職
員回答公民協會說已經將該事件交由紅磡警署去跟進。經過短暫

162《華僑日報》，1967 年 3 月 7 日。

163《工商日報》，1964 年 11 月 30 日。

164 HKRS1009-1-43, Two letters from the residents of Hung Fook Street to the Civic
　　Association, 25 December 1972.

165 HKRS1009-1-43, Letter from Edmund Chow to the District Officer for Kowloon City,
　　8 January 1973.

的調查，該發出噪音的機器便被取締了。[166]

另一宗較嚴重的事件，是發生在 1983 年的簽證問題。當年有至少四百多名香港人因為簽證問題被扣押在菲律賓。[167] 事緣是因為當時有數百人曾經尋求旅行社協助他們申請菲律賓的旅遊簽證，但當中有四十九間無良旅行社並沒有為他們取得有效的簽證，由於這些受害者違反逗留菲律賓的條件，菲律賓政府便將他們拘留。一些受害者的親屬便到革新會尋求協助。在了解事件之後，該黨馬上派代表前往菲律賓，幫助那些被拘留的香港人。革新會一方面聯繫菲律賓的司法部部長，希望他能加快法律程序，令被扣留的港人早日回港，另一方面他們還到英國駐菲律賓大使館尋求協助。從香港市民委託革新會協助，而不是直接尋求香港政府，可以看到革新會在市民心目中的份量可能較政府還要高。

讀者可能會奇怪，為何普通市民有需要時會向革新會或公民協會求助，而不是直接找政府的投訴部門。事實上政府也設有官方渠道讓市民表達意見，成立於 1963 年的行政立法兩局非官守議員辦事處（UMELCO）可算是當中一個重要部門，其成立目的是要處理市民的投訴，尤其是對政府的政策和決定，或因政府部門管理不善而導致的問題。[168] 但是兩局議員辦事處在成立初期並不是很成功，大部分居民都不願意到該處尋求協助。他們擔心辦事處屬於政府部門，如果向政府部門投訴政府，可能會招來報

---

166 HKRS1009-1-43, Letter from Wu Man-kong for City District Officer, Kowloon City, to the Hong Kong Civic Association, 25 January 1973.

167 除了《南華早報》外，所有中文報章均報道有大約八百受害者，但當中有四百多名是非法勞工，革新會已表明不會提供協助。《大公報》，1983 年 2 月 21 日；*South China Morning Post*, 22 February 1983；《華僑日報》，1983 年 2 月 22 日、23 日；《工商日報》，1983 年 2 月 26 日。

168 Cheek-Milby, Kathleen, *A Legislature Comes of Age: Hong Kong's Search for Influence and Identity*, Hong Kong: Oxford University Press, 1995, p. 115.

復，再者他們也認為政府部門不會願意與當局對抗。[169] 兩局議員辦事處的失敗也可能是因為部門的工作人員對於自己的工作亦有所質疑，他們覺得自己被分配到辦事處工作是非常不幸的，因為其工作性質要求他們去調查其他政府部門，而這些部門的主管將來可能會成為他們未來的僱主。一些政府部門的首長甚至不將兩局的非官守議員放在眼裏，認為他們只是「應聲蟲或擦鞋仔」。[170] 這可以解釋為什麼兩局議員辦事處的認受性如此之低。統計顯示辦事處在 1970 年後期平均每月只有五十二個求助個案，這個數字遠低於那些到革新會或公民協會尋求協助的，更不要忘記當時兩局議員辦事處已經運作了數年之久。[171]

由於對官方的機制缺乏信心，這兩個政黨便成為廣大市民尋求協助或進行投訴的渠道。不少市民在有需要時便選擇革新會或公民協會，而不是直接向政府部門求助。例如孔先生在 1976 年被誤當成為一位通緝犯，他是直接去革新會而不是兩局議員辦事處尋求幫助。[172] 革新會於 1978 年設計了一個問卷調查，去了解市民對革新會和公民協會的認識，其結果如下：[173]

169 *Umelco Annual Report 1970-71*, p. 8, quoted in Cheek-Milby, Kathleen, *A Legislature Comes of Age*, p. 118.

170 Cheek-Milby, Kathleen, *A Legislature Comes of Age*, p. 134.

171 Cheek-Milby, Kathleen, *A Legislature Comes of Age*, p. 121.

172《大公報》，1976 年 10 月 28 日；《華僑日報》，1976 年 10 月 28 日。

173 FCO40/934, A Survey on the Public's Attitudes towards Elected Representation in Legislative Council Prepared by the Reform Club of Hong Kong, November 1977.

	總計	性別		年齡	
		男性	女性	18-34 歲	35 歲及以上
所有 18 歲以上的成年人	2681 (100%)	1389 (100%)	1292 (100%)	1202 (100%)	1479 (100%)
曾聽説過革新會	1515 (57%)	962 (69%)	553 (43%)	820 (68%)	695 (47%)
曾聽説過公民協會	1254 (47%)	771 (56%)	483 (37%)	694 (58%)	560 (38%)

	家庭收入低於				教育			
	$1000	$1000-1999	$2000-2999	$3000 或以上	沒有正式受教育	小學	中學	大專或以上
所有 18 歲以上的成年人	247 (100%)	910 (100%)	585 (100%)	306 (100%)	648 (100%)	979 (100%)	882 (100%)	173 (100%)
曾聽説過革新會	95 (38%)	511 (56%)	373 (64%)	237 (77%)	147 (23%)	529 (54%)	684 (78%)	154 (89%)
曾聽説過公民協會	74 (30%)	362 (43%)	319 (55%)	207 (68%)	108 (17%)	422 (43%)	573 (65%)	151 (87%)

　　該問卷反映出有大約一半市民認識革新會和公民協會，而受教育程度愈高或家庭收入愈高，對兩黨有所認識的機會便愈高。這個結果其實相當不錯，因為大部分市民都沒有資格在市政局投票。在一個大部分市民都沒有資格投票的社會裏，有超過 50% 的人士對於代表他們的政黨有所認識，是相當不錯的。

　　兩黨亦與不少其他組織有良好關係，因為革新會和公民協會受歡迎，經常有其他組織邀請兩黨參加它們所舉辦的活動。由於革新會對勞工問題非常熟悉，自由勞工工團聯合總會邀請革新會調查香港工人的福利。[174] 該勞工組織希望革新會可以就普通工人的生活質素、工作環境、工作地方的醫療保險以及他們子女的教

174《工商日報》，1956 年 2 月 24 日。

育情況等事作出調查。兩黨也不時訪問不同機構，例如街坊會、保良局、香港中華廠商聯合會以及學校和醫院等。它們的委員會定期走訪不同地區，去了解那裏的需要。革新會成立七周年之際，有 112 所學校聯合為它安排了慶祝晚宴，以答謝它對於社會的貢獻，這充分反映出它在香港的地位。[175]

革新會和公民協會亦常常受到傳媒的報道。在革新會成立十周年的時候，《星期日香港虎報》（*Hong Kong Sunday Tiger Standard*）的社評讚揚貝納祺為香港的貢獻道：「在香港戰後的市政局選舉歷史上，沒有一位議員比貝納祺更加出色。」它更毫不吝嗇地形容貝納祺是「市民的選擇」。[176] 當革新會在 1965 年發佈有組織犯罪的報告後，《南華早報》亦盛讚該黨的貢獻，它寫道：「眾多位革新會的委員多年來投放了大量時間和精力來培育一個公民社會，並努力令它進步。他們為居住在香港的市民所謀求的福利已得到廣泛認同；如果香港今天變得更好，特別是在由於提供了低成本住房和醫療設施方面，這絕對是因為各位無私的革新會會員為市民大眾服務的堅持以及不懈努力，並加上它們在市政局的成就。」[177]

《德臣西報》的社評寫道：「我們的政治舞台本來是無聲無息的。但是，我們有了政黨而它們所做的工作絕對不應該被忽視。」[178] 該編輯評論革新會和公民協會是「令到政府『達到水準』的一個最重要的角色」，他認為香港需要革新會和公民協會這樣的政黨去保障香港人的權益。

175《工商日報》，1958 年 2 月 21 日。

176 *Sunday Tiger Standard*, 27 April 1958.

177 *South China Morning Post*, 20 September 1965.

178 *China Mail*, 28 October 1971.

雖然兩黨特別是革新會經常批評殖民地政府，但它們作為穩定社會的力量以及充當政府和市民之間的橋樑，是受到港英政府所認同的。因此，政府有時候也會請求它們幫助。例如在 1955 年香港面臨經濟衰退，市民對生活成本之高不斷作出投訴，政府便主動資助革新會去為普通市民的生活狀況作出調查。[179] 革新會設計了一份類似於人口普查的問卷，其中包括四十三條問題去詳細了解居民的生活。該黨不單邀請市民，而且亦邀請不同組織及團體參與調查。最後報告提交給輔政司，作為港府未來規劃的參考。

在民政主任的制度成立之後，為了與政府有更好溝通，公民協會馬上委派其委員作為民政主任的聯絡代表。主席張有興與灣仔、北角及油麻地民政主任合作，簡日淦負責中西區，王幸利負責旺角及深水埗區，而陳子鈞則與九龍城、黃大仙及觀塘的民政主任聯繫。[180]

十、小結

分別建立於 1949 年和 1954 年的革新會與公民協會，對改善香港的政治和社會文化作出了不可或缺的貢獻。雖然這兩個政黨對於民主的看法有分別，但它們都是推動殖民地的政治和社會改革的先鋒。除了政制發展外，它們關注的問題還包括社會福利、醫療服務、教育、住房、犯罪問題、經濟和其他不同的社會議題。兩黨經常設立專門的委員會去深入研究不同的社會及經濟

---

179 *Hong Kong Standard*, 31 October 1955;《工商日報》，1955 年 10 月 31 日；《大公報》，1955 年 10 月 31 日。

180 HKRS1009-1-43, Letter from Hilton Cheong-Leen to Dennis Bray, 30 May 1969.

議題，或尋找專家協助去撰寫報告。兩黨通常會將報告遞交給政府。在收到政府的答覆後，它們會向公眾披露，從而令該事項引起更多公眾關注。當有任何重大的政治或社會議題，它們會舉行公眾大會去了解市民的意見。如果有強烈的反對聲音，它們會收集市民的簽名，並連同請願信一同送交政府，要求政府重新考慮政策是否應該繼續推行。如果政府打算在立法局提交對公眾可能會造成嚴重損害的法案，兩黨會要求非官守議員投票反對該法案。但是，它們不會只是反對政府的政策，而是常常給予有建設性的提議。如果政府一意孤行，兩黨最後的殺手鐧便是直接與英國的殖民地部及國會議員進行溝通。它們不會輕易放過任何可以改善香港政治及社會環境的機會。

第四章

五十年代：革新會及公民協會的成長期

　　上一章討論了革新會和公民協會的成立和崛起的背景及原因。第二次世界大戰後，大量難民從內地突然湧入香港，導致了傳統社會精英已經不能再有效地去代表普羅大眾。這種全新的政治和社會環境造就了政黨在香港發展的機會。革新會和公民協會的創始成員大部分都是外籍人士，所以在最早期的時候其他政治團體例如華人革新會可能更受市民的歡迎，但是由於該兩黨高度重視香港的社會及民生問題，逐漸贏得了市民的信任。革新會在港督楊慕琦的政治改革計劃諮詢過程中所作的努力，反映出它是在香港最積極追求政治改革的團體。公民協會則在成立後不久便在打擊大米進口壟斷的事件中充分地表現出其為民請命的決心。之後兩黨一同努力去維持租金管制的運動，更加鞏固了它們作為香港市民真正代表的聲譽。這可以解釋為什麼它們能夠從 1956

年直到六十年代末，壟斷了市政局全部的民選議席。

一、革新會的第一場戰役：楊慕琦的政改計劃

　　革新會成立於楊慕琦的政制改革計劃的諮詢過程之中。自1949 年成立之後，該會舉行了一系列公開會議討論政制發展的問題，並收集不同市民的意見。它得出的結論是，建立楊慕琦所構思的市議會（Municipal Council）是不能發揮港督的期待，即讓香港市民能夠對自己的事務有更加多的參與。革新會主席羅士比形容政府所建議的市議會只會是一個「光榮的市政局」（a glorified Urban Council），它將不會有「任何實質形式的重要權力」。[1] 他認為當前殖民地的主要問題是「政府和立法機關⋯⋯是由少數的金融和商業大亨所把持着」。為了糾正這個問題，立法機構必須是「不偏不倚，只為着公眾利益服務」。革新會的委員認為，市議會成立後將可能會和立法局造成權力不均的狀況。[2] 因此，他們覺得政制發展應該是改為集中討論立法局的改革，即增加多少民選議席和誰有資格投票等問題。在收集了公眾意見，並與立法局非官守成員討論之後，革新會便向港督葛量洪提交了一份有關政制改革的請願信，並將該信刊登在《南華早報》。[3]

　　革新會的請願信其實和立法局非官守議員的意願有相同之處，即他們都反對楊慕琦有關市議會的構想。請願信中的一些

1　*Hong Kong Standard*, 22 March 1949.

2　*Hong Kong Standard*, 25 March 1949.

3　*South China Morning Post*, 23 June 1949.

建議更加和非官守議員在 4 月 27 日立法局會議所提出的完全一樣。[4] 革新會支持非官守議員的建議，將立法局改革成非官守議員和官守議員的數目為 11 對 9，即非官守議員比較官守多出兩席。然而，革新會在信中的一些建議比非官守議員更激進。它提議成立一個十二至十八個月的過渡期，其間三位非官守議員是由港督任命，而另外八位則由英籍及本地香港市民以選舉方法產生。由於大多數本地居民沒有英國國籍，如果只是擁有英國國籍的才可以投票，便會對大部分香港市民不公平。但革新會卻希望可以區分那些以殖民地作為他們的家園並一直居住在香港的市民，以及那些剛剛來自中國內地的難民，所以它建議必須一直居住在香港已至少五年的香港市民，才可以有資格投票（不包括日本佔領時期）。當過渡期結束後，所有非官守議員都將會由直接選舉產生。這個提議對於現任非官守議員和港督葛量洪而言，無疑都是太過激進。但是無論是新聞報道、報章社論和讀者在報章的投稿，都顯示革新會所提出的意見比非官守議員在立法局所建議的更受歡迎。[5] 不過可以預料的是，非官守議員不會贊成革新會的提議，因為這種改革將會達至「普選」，而這將會嚴重地影響到他們作為殖民地精英的身份。港督當然也不能接受，因為這會導致他失去任命立法局議員的權力，而這亦會明顯削弱他在立法局的地位。殖民地部也不可能在這個時勢接受革新會的意見，因為它們擔心立法局可能會成為中國共產黨和國民黨之間的戰場。

除了革新會之外，有超過 140 個團體聯手起草關於政制改革的請願書。雖然有些團體主張應該成立市議會，但它們對立法

4　*Hong Kong Hansard*, 27 April 1949, in Ure, Gavin, *Governors, Politics and the Colonial Office*, p .122-123.

5　Tsang, Steve, *Democracy Shelved*, p. 145.

局改革的要求大致上和革新會的頗為相似。它們將請願書遞交給港督葛量洪，並將請願書的內容發表在中文報章，葛量洪承諾在三個月之內會有回覆。[6] 然而，港督的承諾並沒有實現。這樣更加令香港市民不清楚殖民地政府的想法，究竟政制改革計劃會否在不久的將來得到實現，還是已經胎死腹中？與其無了期地等待，並為了給政府一定壓力，革新會公開表示它們正期待政制改革將會在不久的將來得到最終確認。無論是成立新的市議會或者在立法局增加直選議席，一旦倫敦有所決定之後，革新會都會「作為政治團體去參與選舉」。[7]

　　儘管在 1950 年至 1951 年間並沒有公開跡象顯示政制改革有任何進展，但事實上港督和英國的殖民地部從無間斷地通過秘密文件去討論這個問題。由於葛量洪爵士和立法局非官守議員都不喜歡楊慕琦的市議會想法，因此政改爭論的焦點落在立法局的改革。雖然非官守議員的代表蘭杜（Landale）和羅文錦於 1949 年曾經提議立法局應該改革成非官守議員比官守議員佔更多數，但在當年底的政治氣氛迅速改變之後，港督葛量洪和殖民地部官員都對政制改革開始有所猶豫。殖民地部愈來愈擔心遠東地區的政治發展，尤其是在朝鮮戰爭開始後。[8] 這種觀點可能是受到了外交部的影響。當殖民地部向外交部徵求意見時，所得到的回答是，「無論政改的建議是多麼完美……現在並不是採取行動的合適時機，因為以現在遠東的嚴峻情況，通過政改幾乎肯定

6　Tsang, Steve, *Democracy Shelved*, pp. 147-148.

7　*South China Morning Post*, 2, 3 November 1949.

8　CO1023/41, Paskin's Summary of Statements, issue date unknown.

會招來大陸的宣傳攻擊。」[9] 雖然外交部和殖民地部均認為在這複雜的國際環境下是不適合推行改革計劃，但葛量洪仍然認為，既然殖民地政府曾經公開承諾政制發展，便不應驟然取消。不過在外交部和殖民地部的影響下，港督於 1950 年 6 月修訂了他之前所提出的政制改革方案。本來他不介意在立法局實行直接選舉，現在由於國際形勢的轉變，他建議用間接選舉的方法去取代直接選舉，但仍然樂意保持非官守議席比官守多出五席的決定性多數票。[10]

　　但是隨着政局愈來愈不穩定，以及朝鮮戰爭所帶來的經濟衰退，政制改革的議案被擱置了。因為面對嚴峻的經濟問題，當初曾經表達支持政制發展的組織現在都變得沉默，它們似乎因經濟困擾而無暇顧及政改事宜。政制改革現在完全沒有消息，英國或殖民地政府都沒有表示已決定取消政改，或待政治環境變得更穩定時會再度推行。[11] 其他團體或許無暇顧及政制發展，革新會卻不會把它忘掉。該會的成員注意到殖民地大臣將在明年（1951年）訪問一些亞洲殖民地，但其行程將不會在香港停留，因此革新會便致函英國首相及殖民地部，請求殖民地大臣訪問香港，讓該黨委員可以和他討論政改問題。革新會的信中提到，政治改革確實是香港目前最重要的問題，如果殖民地大臣錯過了與本地組織討論這個問題的機會，將會是非常令人遺憾的。[12]

9　FO371/83268, A secret letter from J. S. H. Shattock (Foreign Office) to J. B. Sidebotham (Colonial Office), 28 December 1960, in Tsang, Steve, ed., *A Documentary History of Hong Kong: Government and Politics*, Hong Kong: Hong Kong University Press, p. 89.

10　Ure, Gavin, *Governors, Politics and the Colonial Office*, pp. 127-128.

11　Ure, Gavin, *Governors, Politics and the Colonial Office*, pp. 128-131.

12　《華僑日報》，1950 年 5 月 21 日。

雖然革新會的要求沒有成功，但新任殖民地大臣賴迪頓（Oliver Lyttelton）於 1951 年 12 月訪問香港，以收集有關政制改革問題的意見。由於革新會是香港唯一的政黨，亦是最重要的政治團體，殖民地大臣便特別在 1951 年 12 月 12 日安排和革新會委員單獨會面。革新會的會面代表包括貝納祺（主席）、李有旋（副主席）、梅爾（M. May）、歐文豪（M. Ozorio）、馬田（T. A. Martin）和布魯斯（H. C. E. Bruce）。除了殖民地大臣賴迪頓之外，倫敦亦派出副國務大臣（Parliamentary Under-Secretary）弗雷澤（Hon. Hugh Fraser）、殖民地部次官（Under-Secretary at the Colonial Office）柏斯堅（J. J. Paskin）和殖民地大臣的私人秘書麥金塔（A. Mackintosh）一同參加會議。[13]

會議的目的原本是讓革新會與殖民地部商討香港面對的所有問題，但在會議開始時，貝納祺便直接表示他和所有革新會的委員今天只想討論政制改革問題。他以一貫自信的語氣告訴殖民地大臣說：「如果沒有中國人的合作……（英國）是不可能維繫殖民地的統治。」他進一步批評說：「用目前世界政治局面為藉口去否決政制改革是錯誤的。」貝納祺指出革新會是代表全香港市民的政治團體，所以他期待殖民地大臣可以就香港會否推行政制改革給予一個肯定的答覆，令革新會可以向全港市民有所交代。

革新會自創黨的第一天起，便已經把自己視為代表香港不同界別甚至不同族群的政黨，因此革新會當天派出了不同國籍的成員去代表自己的群體。作為以香港為家的中國人，李有旋向殖民地大臣形容大部分一直生活在香港的市民都是忠於殖民地政府

---

13 *South China Morning Post*, 13 December 1951.

的，他們的忠誠跟任何種族相比都不會低，他們絕對不會希望香港脫離英國的統治。香港這個殖民地有超過九成人口是中國人，而且它是那麼接近中國大陸，如果生活在香港的中國人對英國統治沒有歸屬感的話，這個殖民地是不可能那麼安定的。他重申，如果香港能夠實行代議政制，這地方將不僅可以成為一個能夠比美西方的商業發達城市，而且還能成為展示英國民主的另一個範例。

代表葡萄牙裔英國籍而長期居住在香港的歐文豪女士表示，大多數葡萄牙裔的香港居民都選擇在這裏永久定居，他們可以說是香港最大的少數族裔。她接着說：「如果沒有一個真正民選的代議政府，我們不能自豪地說一聲——我的政府。」她甚至聲稱在世界任何地方都不可能找到類似生活在香港的葡萄牙人，因為他們大多不僅可以講流利的廣東話，而且也熟悉中國的習俗和傳統。作為一個以香港為家的葡萄牙裔居民，她希望可以驕傲地說香港是「我的家」以及形容殖民地政府為「我的政府」。

另一位革新會的委員馬田代表在香港居住的英國人，他向殖民地大臣表示其對於香港政治環境的無奈。他說殖民地裏有大量對於民主制度非常熟悉的忠實公民。他質疑為什麼他的「家鄉」至今仍然剝奪他們選舉的權利。更令他覺得沮喪的是，英國其他的殖民地大多已經開始發展代議政制，但為何香港是個例外？香港的政治制度已經停滯了一百多年，現在是適當的時機去改變。他認為香港現在必須在民主、政治及經濟上作出改善。民主改革可以令香港人的願望得到滿足，政治改革可以令香港和世界接軌，而經濟上的改革則可以更大地發揮香港人的潛力。

革新會的代表團可以反映在殖民地中各民族的不同意見，無論他們是來自中國、英國還是葡萄牙，他們都認為自己是「香港人」。他們希望所有香港人，不論其種族背景，均可以驕傲地

自認他們是真正的「香港人」。革新會認為政制發展將有助增加香港人的歸屬感。既然民主制度已經在所有文明國家普遍實行，該黨質疑為何香港仍然沒有代表性的政府。革新會的代表團成員在指出了香港政治環境的落伍並表達了他們對政制改革的願望後，主席貝納祺便向殖民地大臣提交革新會所撰寫的政制改革方案。[14]

二、政制改革的落實

可能受到革新會的感動，殖民地大臣似乎不反對在香港推行政制發展。因此葛量洪向所有立法局非官守議員表示，他將會在 1952 年向立法局提交政制改革的議案。他建議改革之後的立法局將會有包括總督在內的五名當然官守議員，另外將會有十一位非官守議員，當中包括由太平紳士所選出的兩名成員，而另外兩名議員分別由香港總商會和香港中華總商會選出，以及兩名市政局議員和五名由港督委任的人士。當然，所有立法局的議員必須是英國籍，但選民則可以包括非英籍人士。對於市政局的改革，民選議員將會由兩名增加到四名。這些改革正是葛量洪於 1951 年所提出的，但為什麼港督要待 1952 年初才決定推行這些改革？其中一個原因可能是因為政治局勢的變化。朝鮮戰爭已經進行了一年半，並在 1951 年陷入了僵局。[15] 雖然香港仍然受到戰爭的影響，但只局限於經濟方面，因為美國仍然對中國大陸實行

---

14 *Hong Kong Standard*, 15 December 1951.

15 Stokesbury, James, *A Short History of the Korean War*, New York: Harper Perennial, 1990, pp. 175-177.

禁運，但在政治上對殖民地的影響其實並不顯著。儘管殖民地政府偶爾會受到共產黨的批評，但並沒有對英國的統治造成嚴重威脅。另外，葛量洪認為港府已經就政制改革作出了公開承諾，若果反口，將會對政府的誠信造成不良影響。而且他有信心就算非官守議員在立法局佔多數席位，這仍然是一個「安全」的改革，因為他提議所選出的非官守議員均效忠於英國，所以不會對殖民地的統治造成威脅。葛量洪亦可能已經開始感覺到如果政制改革沒有取得任何進展，將會導致社會不穩。他曾經向殖民地部大臣訴說覺得愈來愈難拖延改革的進程，因為這可能會留下一個讓中國共產黨去攻擊殖民地政府的藉口。[16] 再者，革新會與殖民地大臣的會面亦可能令他減少了對政改的憂慮。因此，現在似乎是一個合適的時機去推行這個讓葛量洪認為「安全」的政制改革。港督的決定也獲得殖民地部的支持，並且在 5 月 20 日得到倫敦內閣的批准。這個漫長的故事本來應該結束，因為改革派似乎已經在民主爭鬥中贏得了勝利。然而，突然發生了一段小插曲，導致故事的發展出現了急劇轉變。

三、1952 年市政局選舉：一個轉折點？

當港督葛量洪已經決定推行政制改革並得到英國各部門的同意後，一件本來應該是微不足道的事件，卻意想不到地令香港政制發展出現戲劇性的轉變，這就是 1952 年 5 月 30 日舉行的市政局選舉。[17] 是次選舉有九名候選人爭逐兩個民選議席。除

16　CO1023/41, Paskin's Summary of Statements, issue date unknown.

17　市政局成立於 1883 年，最初的名稱是潔淨局，它於 1888 年舉行了第一次選舉。

了史金鈍（G. S. Kennedy-Skipton）是一名前政府官員及在戰前曾任市政局主席之外，其餘所有八位候選人都是專業人士或商人。[18] 貝納祺和胡百全代表革新會出戰市政局選舉。由於只有35％的投票率（9,074 名登記選民中有 3,368 作出投票），劉潤和在他的市政局歷史研究中形容：「這個選舉結果，令港督葛量洪和他的行政局成員大敲香港憲政改革的退堂鼓。他們都覺得香港人實在對政治毫無興趣，在如此的氣氛中，任何憲制改革都將是徒勞的。」他也為港督的轉變作出解釋：「葛量洪的憂慮未必毫無根據，因為投票選民如此之少，操控選舉便變得十分容易，這可能是他心目中的危機所在。」[19] 不過，這樣的解釋可能是被港督所誤導，因為他正是以這個藉口去否決已經通過的政制改革方案。

毫無疑問，1952 年的市政局選舉，對香港的政制改革產生了很大影響。由於該次選舉投票率低，導致大部分學者認為香港市民都對政治冷漠。但是只要細心觀察便可以發覺，這次選舉的投票率低是殖民地政府所預先安排的計劃。首先，雖然選舉在 5 月 30 日舉行，但政府卻在 4 月 9 日才公佈。在不到兩個月的時間裏，試問哪一位參加選舉的人士可以有足夠時間去為自己作宣傳？同樣地，政府亦沒有積極地去為該次選舉作宣傳，這怎樣能刺激選民的投票意欲？此外，在選舉日當天，整個殖民地只安排了一個在中環的投票站，這意味着所有居住在九龍或新界有資格投票的選民，不得不長途跋涉地到香港島去投票。[20] 當時沒有海底隧道和現在的鐵路系統，交通所需的時間比現在要長得多。

---

18 Tsang, Steve, *Democracy Shelved*, pp. 158-159.

19 劉潤和：《香港市議會史 1883－1999：從潔淨局到市政局及區域市政局》，頁 90。

20 Tsang, Steve, *Democracy Shelved*, p. 159.

再者，1952 年 5 月 30 日是星期五，縱使一些選民有意欲去投票，也可能無法這樣做，因為投票的時期設在上午 8 時至晚上 7 時，那些不在香港島工作或放工時間遲的都不容易去投票。[21] 另外當天天氣惡劣並長時間下着大雨，無疑亦會對投票率有一定的負面影響。[22]

雖然葛量洪曾表示投票率低反映了香港人政治冷感，但低投票率正是政府一手造成的。一般選舉通常都會有一段較長時間去讓有意參選的人士作出準備，不計如美國或英國等民主國家，參選人通常會用多於一年的時間去作競選活動。即使現在香港不同界別的選舉，均有最少數個月時間去讓參選人有所準備，而政府亦會在不同的媒體為選舉作出宣傳。但是在 1952 年的市政局選舉中，政府竟然只在投票日的一個多月前才公佈選舉事項，這絕對有理由令人懷疑政府是否有誠意鼓勵市民參與是次選舉。再者，當政府公佈只得一個投票站後，不少市民及報章紛紛作出投訴和批評。但無論多少人投訴，政府還是無意在九龍或新界增加額外的投票站。[23] 而且政府更選擇了一個工作天而非公眾假期作為投票日，這絕對令人有理由相信政府不希望看到市民對選舉非常投入，所以才選擇了一個工作天去作為投票日，並且只設立一個投票站。因此市政局的低投票率可以成為政府最好的藉口，從而減低將來對於政制發展的壓力。最後連上天亦幫助了香港政府，因為惡劣的天氣進一步減低市民的投票意欲。

本來在市政局選舉後便應該在香港落實推行政制改革，但選

---

21 《華僑日報》，1952 年 5 月 9 日。

22 *South China Morning Post*, 31 May 1952.

23 《星島日報》，1952 年 4 月 24 日；*South China Morning Post*, 24, 27, 31 May 1952.

舉的結果可能令港督和非官守議員非常震驚，從而使他們開始擔心立法局改革所帶來的後果。因此，儘管英國政府已經批准了香港的政制改革議案，但當市政局選舉結果出現之後，葛量洪便向殖民地部「強烈建議……我們不應該繼續在香港推行這些政制改革」。港督突然的轉變令到殖民地大臣賴迪頓「非常尷尬」，因為他曾經向革新會表示他正認真地考慮政改的落實可能性，而更重要的是不單他已經批准了這個政改方案，而且亦已得到內閣通過。因此突然的政策逆轉必須向國會及內閣作出解釋。[24]

不同學者對於港督和非官守議員的突然變卦而導致這一次政改的失敗作出了不同解釋。邁樂士（Norman Miners）認為非官守議員擔心，如果立法局的改革獲得通過之後，將會給予左翼團體去「引發破壞性的政治活動」[25]。另一位學者余嘉勳（Gavin Ure）作出了類似的結論。他指出 1952 的市政局選舉，令港督開始擔憂未來立法局選舉將會發生問題的可能性。葛量洪感覺到政制改革比他之前所預期的「危險」，他擔心左派可能會利用立法局作為共產黨干預殖民地的一個平台。[26] 然而，當細心分析當年市政局選舉的結果，便可了解港督所擔心的並非中國共產黨的干預。參與該次市政局選舉的九位候選人當中，有一位和共產黨關係頗為密切，他就是當時的知名人士陳丕士。他是華人革新會的主要創始人，由於聲望高，他的見報率和在收音機出現的次數比一般參選者高。[27] 但儘管有高知名度，他只能得到 461 票，在九位候選人中排在第六位。陳丕士在市政局選舉的結果可以説明

24　CO1023/41, note of a discussion with the Governor of Hong Kong, 11 July 1952, CO1023/42, Letter to Sidebotham from Grantham, 26 June1952.

25　Miners, Norman, "Plans for Constitutional Reform in Hong Kong, 1946-52", p. 480.

26　Ure, Gavin, *Governors, Politics and the Colonial Office*, p. 132.

27　*South China Morning Post*, 27 May 1952.

港督並非憂慮左派勢力的干預。事實上，左右兩極的勢力在香港都不受普通市民所歡迎，因為選擇由大陸到香港定居者所希望的是安定的生活，這正可以解釋儘管以陳丕士的知名度和頻密的見報率，他還是在選舉中大敗。因此，如果港督和非官守議員在早前決定落實政制改革時也沒有擔心左派可以干預立法局的話，市政局選舉的結果應可進一步緩解他們的擔憂。

學者曾銳生指出，1952年的市政局選舉是戰後香港政制發展的一個「轉折點」，[28] 因為該選舉投票率低，並且中文報章也沒有對選舉作出大幅討論。這令港督及一眾非官守議員認為即使取消政制改革，市民的反對聲音亦不會太大。

1952年的市政局選舉毫無疑問是戰後香港政制發展史的一個「轉折點」。然而，低投票率似乎並不是真正導致港督和非官守議員突然改變其對政制改革態度的主要原因。低投票率不僅是政府所預期的，更是它一手造成。由公佈選舉到投票日只得一個多月，選舉當天只設置一個投票站，並且更刻意選擇一個工作天舉行選舉，可以顯示政府無心鼓勵市民積極參與投票活動。筆者認為如果港督無意在市政局選舉之前撤銷政改方案，選舉結果則可能直接影響了他的想法。

是次市政局選舉的結果，很大程度上是反映了革新會的成功。雖然胡百全不幸落選，他卻只跟第二名候選人雷瑞德（William Louey）相差37票。該黨主席貝納祺則排名第一，並獲得大比數的1,168票。反之和政府關係密切的候選人史金鈍卻只能得到386票，排在最後。[29] 這可以顯示合資格的選民中有相當大部分認同革新會和它的目標，但與政府關係密切的候選人似

28　Tsang, Steve, *Democracy Shelved*, p. 161.

29　*South China Morning Post, Hong Kong Standard*, 31 May 1952.

乎不太受歡迎。革新會的受歡迎可能是一個令殖民地政府擔憂的現象，因為政府未必樂意看到批評的聲音不斷增長。此外，如果立法局開放選舉，哪怕只是間接選舉，革新會的成員仍然極有可能通過市政局的代表門票進入立法局。港督應該不會喜歡每個星期都在立法局的會議上受到貝納祺的批評。眼看政制改革後革新會成員將會有很大機會通過市政局的席位而間接進入立法局，葛量洪在年初決定推行的政制改革方案已經不再「安全」。立法局的非官守議員也感覺到革新會日益增加的聲望對於他們是一個威脅。他們一向認為自己是社會領袖，並且是市民與政府之間的橋樑，所以當他們知道市政局選舉的結果之後絕對不會高興，他們不會願意其地位被革新會取代。[30] 諷刺的是，雖然革新會一直以來都全心全力去追求政制改革，但它的「成功」可能在一定程度上導致了政制發展的「失敗」。

四、向英女皇投訴

由於港督葛量洪和非官守議員態度的轉變，自 1946 年開始討論的政制改革方案最後無疾而終。為了可以較有「體面」地發表公開聲明，殖民地部安排了國會議員布賴納（Mr. Braine）於 1952 年 10 月 20 日在下議院向殖民地部詢問有關香港政制發展的情況。[31] 然後殖民地大臣賴迪頓宣讀他預先準備好的答案說：「目前的一刻是不適宜作出重大的憲政改革」，不過為了避

30　當殖民地大臣訪問香港期間，非官守議員向他表示革新會並不能代表公眾。這無疑可以反映他們對革新會的妒忌態度。

31　CO 1023/41, Notes by Sir T. Lloyd, 17 September 1952.

免原地踏步，市政局的民選議席將會由兩席增加到四席，以作為對否決政制改革的補償。港督葛量洪則於 10 月 22 日在立法局會議中發表相同的聲明。否決整個政改計劃令革新會非常失望。主席貝納祺馬上於 10 月 28 日致函殖民地大臣，重新要求在立法局增加兩個民選非官守的議席。[32] 在不到一星期的時間，葛量洪的繼任人而當年是輔政司的柏立基（Robert Black）重申了殖民地大臣在下議院所作的聲明。[33] 當然革新會一早便預料到這種官式的回答，但該黨似乎仍然不想放棄。在 1953 年 3 月 22 日，革新會展開了一個請願活動，目標是收集 10,000 個簽名支持在立法局增加兩個額外的民選議員，並在收集簽名後向英女皇依利莎伯二世請願。在大約五個月的時間內，革新會便收集到超過 12,000 個簽名。經過釘裝後，該簽名名單連同署名者的地址已超過五百多頁，厚約三寸半。該黨於 1953 年 10 月 13 日將請願書連同簽名名冊一併交由港府轉遞給英女皇。

革新會的請願書表示，香港市民自 1849 年以來已經一直要求進行政制改革，但是香港的政制發展非常有限，當中只增加了小量的立法局委任議員。當楊慕琦在 1946 年提出其市議會計劃後，香港首次有機會就政制發展作出檢討。貝納祺承認一些市民在當時對於政制改革並非很感興趣，因為他們大多忙於戰後的經濟問題。經過多年的公開討論，革新會及立法局非官守議員均主張在局內增加選舉元素以及非官守議員成為大多數。儘管革新會及其他團體不斷提出要求，政改方案最終還是被拒絕了。因為行政局及立法局均沒有民選議員，在這種政治框架下，沒有人可以

32　CO 1023/41, Letter from the Brook Bernacchi to the Colonial Secretary, 28 October 1952.

33　CO 1023/41, Letter from the Robert Black to the Brook Bernacchi, 3 November 1952.

革新會及公民協會代表
向殖民大臣致備忘錄
提改革政制及市政意見

【本報訊】香港革新會主席貝納祺大律師，昨（星期二）日下午三時，率領七人代表團，晉臨刻在逗留本港之英國殖民地部大臣諾斯波德，就有關香港問題，並向殖民大臣提出十項問題。此七人代表團包括貝納祺大律師、區域年、李有璇、布羅斯、奧流利女士及潔芝之女士。談會並整備向殖民大臣遞致一份備忘錄，以便大臣參閱。昨晨途送入輔政司署。

查香港革新會所提出之問題，包括英國政府能否同意香港之立法局及行政局，設有民選席？香港現時學校可否致大多數適齡兒童是否能有一間道發生一九四七年時之市議會，以實行前任總督楊慕琦爵士在一九四七年時之市議會計劃？此計劃至今，已有六年，而目前當局仍未使用。至今，目前香港公共運輸業及其他公用事業之收費，較諸一九四九年飽漲時更為高漲，英政府能否予以減少？英政府能否考慮實行市民之健康保險制之可能性？

本港公民協會昨向公爾呈遞前民地大臣諾斯波德，兩申提出改善本港政制之意見，主張從速推廣小學教育，能使中英文。此外。

殖民地部大臣對於上述連串問題，未有即席切實答覆。諾斯波德表示：在現階段中，恕難作答，但要於接受所提呈之備忘錄及各項問題，作為諮詢及參考之意見，將來必慎予考慮。

《工商日報》1955年7月27日有關革新會及
公民協會向殖民地大臣提交政改意見的報道

在局內代表 250 萬普通市民。因此，革新會要求在立法局增加兩個有代表性的民選議席，鑑於政府擔心直接選舉的危險性，該黨要求由市政局的民選議員中挑選兩位進入立法局。貝納祺認為這是一個非常溫和的改革，因為有民選成分的議席只佔兩票，根本不能影響到立法局的穩定性。但最重要的是，民選議員才可以真真正正代表香港普羅大眾。如果英女皇接納革新會的請求，香港人才會對身為本殖民地的公民感到自豪。[34]

其實革新會的要求非常溫和，它並沒有要求直接選舉，而只是在市政局的民選議員中間接選出兩名代表進入立法局，這個要求甚至比葛量洪之前打算通過的溫和得多，因為革新會並沒有要求非官守議員佔局內的大多數，所以政府仍然可以壟斷議會。然而，因為革新會於 1953 年以全勝姿態贏得了市政局的全部民選議席，很容易令人感覺到革新會的建議其實是為自己而設。所以當葛量洪去信殖民地大臣時，便指責革新會「除了代表自己之外，並不代表任何人」。[35]

為了表示對革新會的鄙視，葛量洪拒絕親自領取請願信。雖然楊慕琦所提出的政改方案在 1952 年遭葛量洪否決後便應告一段落，但革新會的請願書現在卻令平靜的湖水牽起一絲漣漪。在收到來自革新會的請願信及簽名後，葛量洪馬上致函殖民地大臣，駁斥革新會的要求。他說該會需要花六個半月（而不是貝納祺所說的五個月）的時間才能收集到足夠簽名，可以顯示出「政制改革沒有廣泛的需求」。為了貶低革新會在市政局選舉贏得所有席位的成就，港督聲稱，在 10,798 個註冊選民中只有 2,551

34　CO 1023/41, Note from Reuter, 3 October 1953; CO 1023/41, Letter from the Reform Club to the Queen Elizabeth the II, issue date unknown;《工商日報》，1953 年 10 月 15 日；《華僑日報》，1953 年 10 月 15 日。

35　CO 1023/41, Letter from the Governor to Oliver Lyttelton, 28 October 1953.

人出來投票，就算革新會贏盡所有民選議席，亦不能稱之為成功。葛量洪亦向殖民地大臣指出其中一部分參與簽名運動的人只是小販，因此相信他們是「不太可能對該問題有真正的理解」。[36] 在接到葛量洪的公函後，殖民地部便向女皇的秘書解釋簽名請願活動的原因。[37] 當然，英女皇在二十世紀時已經不再是英國政策的決定者，因此白金漢宮只作出形式上的回答，並指示女皇已經批准由殖民地大臣去處理請願信一事。[38]

革新會的請願引起了英國下議院一些議員的關注。議員蘭金（John Rankin）要求殖民地大臣解釋為什麼拒絕了這份包括 12,000 簽名的請願信。由於葛量洪曾經提到有部分在請願書簽名的是沒有知識的小販，殖民地大臣賴迪頓在下議院亦以同樣的藉口回答蘭金。葛量洪在致殖民地部的內部公函中作這些評論當然沒有問題，但公開在議會以這種傲慢的態度作出回答，則立即引起了香港各界的批評。《香港虎報》評論道：「無論是否贊同革新會的政改建議，我們不能接受賴迪頓先生以這樣的態度來貶低請願信……殖民地大臣的解釋如果不是一個非常之差及不合時宜的玩笑，便是反映了他對於香港的情況一無所知。」[39] 革新會主席貝納祺則形容「賴迪頓的答覆令香港市民覺得非常反感」。意識到自己犯下大錯，賴迪頓馬上向葛量洪道歉說，希望這不會為港督帶來太大麻煩。

錯誤已不幸造成，現在殖民地部和香港政府可以做的就只是回應批評，以及尋找更好的藉口去否定革新會的努力。葛量洪

36　CO 1023/41, Despatch on Reform Club Petition, 6 November 1953.

37　CO 1023/41, Explanatory Note from the Colonial Office, November 1953.

38　CO 1023/41, Reply from Buckingham Palace, 16 November 1953.

39　*Hong Kong Standard*, 18 December 1953.

似乎繼續有意貶低請願行動，殖民地政府出動了警察部門的專家去核實所有簽名的真實性。審查完成之後，港督便立刻寫信給殖民地大臣，表示懷疑當中的 3,327 個簽名只是來自 63 個人，而一些簽名似乎是虛構的，他們分別來自中國流行小說，甚至有一些是日本軍國主義政治家的名字。[40] 筆者在英國的檔案館未能尋找到這 12,000 簽名及請願信，所以不能證明葛量洪所形容的是否真實。但是筆者認為他的質疑非常值得懷疑。首先，日本和中國的名字有很大分別，如果革新會真的就此事有所「種票」，相信它不會那麼愚蠢採用日本名字。此外，香港市民在數年前曾遭受日本軍國主義的禍害，這很難令人相信當時的市民會採用他們敵人的名字。革新會原本的計劃是要收集 10,000 個簽名，現在竟多出了 2,000 個，所以它沒有必要以 63 個人去冒認 3,000 多個不同的簽名。筆者懷疑葛量洪的指控未必屬實。正因為如此，他才建議殖民地大臣不要公開這些「證據」去反駁請願書，而只需解釋 12,000 人在全港 200 多萬人口中只佔一小部分。由此可見，儘管殖民地部理論上是香港政策的最終負責人，但實際上從整個政改過程可以看到，港督葛量洪才是最終的「話事人」。

　　從香港政府和殖民地部的公函中，可以看到殖民地部亦承認革新會的請願書並非不合理的，因為立法局的改革曾經得到港督及殖民地部的批准。但是政制改革最終不能落實，根據官方的語氣，主要是因為當殖民地與中國大陸的關係緊張時，非官守議員若佔立法局多數議席，會令英國政府擔心他們對殖民地的忠誠。此外，英國方面亦擔心如果選舉的權利只賦予那些擁有英國籍的市民（儘管其中包括許多在香港出生的人士），會導致中華人民

40　CO 1023/41, Telegram on Reform Club Petition from the Governor of Hong Kong to the Secretary of States for the Colonies, 28 December 1953.

共和國政府有藉口去抨擊港英政府。然而,殖民地部的公函曾經表示,如果香港人對政制改革的要求「太強大以至不容忽視的地步」,政改絕非沒有可能。[41] 可惜香港政制改革的要求從來沒有像印度或緬甸等其他英國殖民地一樣強烈,所以港英政府從未面對這方面的巨大壓力。但是,如果當時有更多人或組織去和革新會一同爭取改革,香港政治發展的歷史可能已經有很大分別了。

五、公民協會的崛起:打破大米進口壟斷的運動

公民協會在 1954 年成立的時候,還只是一個寂寂無名的新組織。為了成為革新會的真正對手,公民協會必須代表市民以獲得廣泛的支持。然而,一個偶然的機會讓協會在成立的早期便一鳴驚人,這就是它在 1954 年與政府在大米進口壟斷政策中的角力。

超過 95％的香港居民是來自中國內地,他們最根本的食物是米飯。如果大米在香港出現短缺,便很容易對殖民地的安定造成嚴重威脅。例如,在第一次世界大戰時香港的大米供應短缺,價格因而大幅上升到當時很多人都買不起的水平。有些人非法闖入米店偷走大米。暴亂持續了幾乎整整一個月。[42] 為了避免今後發生類似情況,政府在 1919 年 8 月提出了大米條例,使政府在有需要的時候可以轉售大來,以防止價格在緊急時期出現異常暴升。[43] 雖然該條例獲得通過,但其實仍然沒有對市場造成太多控

41　CO 1023/41, Letter from I. H. Harris to Sidebotham and Paskin, 9 November 1953.

42　鄭宏泰、黃紹倫:《香港米業史》,香港:三聯書店,2005,頁 57－67。

43　*Hong Kong Hansard*, 28 August 1919, p. 60-61.

制。因此，在第二次世界大戰之前，香港政府對米業的控制其實是微不足道的。[44]

由於受到日本侵略的威脅，政府開始在 1941 年 6 月對大米的供應實施專賣管制，以確保價格不會被奸商嚴重抬高，影響殖民地的穩定。1945 年戰爭剛結束的時候，大米正出現短缺的情況，因此殖民地政府繼續維持大米的專賣業務，以保證足夠的供應。到 1950 年，大米供應漸漸穩定，政府便打算打開市場，局部允許商家從泰國進口大米。[45] 但是由於政府存儲大米的成本過高，導致其價格在香港比周邊國家更加昂貴。因此，殖民地政府在 1954 年 7 月宣佈將會正式開放市場，讓私人米商承擔業務。當時市民對政府的公佈感到非常高興，他們認為開放市場將可以大幅降低米價。不過，殖民地政府並未真正開放市場。雖然有 169 個合資格商人申請，最後只有 29 個被允許參與業務。[46] 這一決定再次導致了另一種形式的壟斷，因此當政府的公告一出，便招來很多批評，要求真正打開米業市場。而爭取政府開放米業市場運動的旗手，正是僅僅成立了數個月的公民協會。[47]

針對殖民地政府所提出有關解除控制大米的方案，公民協會公佈了一份備忘錄，以期引起廣大市民對新政策的關注。[48] 備忘錄指出高昂的價格會影響到殖民地每一個市民，尤其是勞動階層，因為他們的工資有一半以上是用於購買糧食。公民協會因而

44　Hong Kong Government, *Background Information on the Hong Kong Rice Trade Together with a Statement by the Hon. T. D. Sorby in Legislative Council on 1st February, 1967*, Hong Kong: The Government Printer, 1967, p. 1.

45　鄭宏泰、黃紹倫：《香港米業史》，頁 159.

46　鄭宏泰、黃紹倫：《香港米業史》，頁 161－164.

47　鄭宏泰、黃紹倫：《香港米業史》，頁 179.

48　備忘錄刊登在各大報章。

認為，價格高昂的大米是導致生活成本過高的主要因素。如果大米的價格沒有回落到正常水平，老百姓的生活質素便不會提高。[49]

　　公民協會的備忘錄主要批評將於 1955 年 1 月 1 日開始實施的大米進口政策。根據該項計劃，任何能夠保存至少 1,200 噸大米並且能購買政府現有一部分庫存的商家，將可獲得政府批准允許進口大米。但是，雖然有 169 個合資格米商申請進入市場，最後只有 29 個被授予特權。公民協會認為這個決定違反自由貿易，更重要的是政府沒有就為何只授權該 29 個米商作出解釋。當時除了中國之外，其他國家如泰國、緬甸、錫蘭和印尼都出產大量大米。隨着供應增加，大米的進口價格已經由 1948 年的每噸 80 英鎊下跌至 1949 的每噸 33 英鎊。雖然進口成本已經大幅下降，但香港市民仍然要支付高昂的價格。根據公民協會的調查，每個香港人平均每年所付的米價，比他們原本應該付的高出約 50 元，如果一個五口之家，每年多付的費用便增加了 250 元。由於大部分香港市民在五十年代的生活條件都是比較差，高昂的米價無疑嚴重增加了他們的負擔。公民協會指出，香港的消費者所付出的米價可能是世界上最高的，究其原因，是他們必須每擔額外支付 20 元至 30 元的行政費用。[50] 根據《南華早報》的資料顯示，將香港的大米價格與澳門相比，香港社會每年要支付 1.2 億元到 1.8 億元的額外費用。該協會評論說，如果該額外的資金是用在社會服務或殖民地的其他發展方面，香港市民將會有更大裨益。

　　除了令本地居民付上沉重負擔，由於香港的大米價格較澳

49　公民協會的備忘錄表示，每年本港大米的營業額是介乎大約 3 億元至 4 億元，這亦是香港最大的單一貿易。如果比較殖民地每年的財政預算約為 3.8 億元，大米貿易無疑是非常巨大。

50　擔是東南亞通用的單位，一擔約有 60 公斤。

門高出大約每擔港幣 20 元至 30 元，吸引了由澳門走私大米的活動。一份香港的官方報告指出，每個月的大米走私量為 3,000 至 5,000 噸。這不僅造成了非法罪行，也導致了香港政府減少稅收。公民協會認為整個現象是由於壟斷所致，香港政府只授權 29 個大米進口商，而隨着對這種壟斷的保護，進口商很容易控制價格。因此，即使國際的大米市場價格已顯著下降，香港人仍需付出不合理的價格。此外，該協會更擔心由澳門所走私的活動會導致行賄，最後會引致貪污與腐敗。

　　當備忘錄發表之後，公民協會便在 12 月 17 日組織了一次公開大會去討論這個問題。[51] 在該會委員的發言中，我們不難看到他們對殖民地政府的態度與革新會有很大差別。協會主席在會議的開場白便表明，他們基本上是贊成政府的大米貿易政策，只是對壟斷制度有所保留。當馬文輝在會議期間批評政府時，協會的一些委員竟然為政府解話。懷吾（P. A. L. Vine）說他認為殖民地政府所做的確實很不錯，雖然有人指責它不願聆聽批評，但他從觀察最近發生的事件中，卻認為政府相當重視市民的意見。另一位委員簡道爾（M. Kendall）說：「我們必須給予政府肯定。」

　　雖然公民協會在一般情況下是支持殖民地政府的，但它建議政府應該允許合資格的米商加入進口行列，從而打開大米市場。該會主席加斯恩修士說：「我們認為西方經濟的兩大特點是自由競爭和利潤。我們決不允許自由競爭的社會萎縮至幾個人的專利。」公民協會建議香港政府可以向新加坡學習，因為香港的情況與新加坡相似：兩者都需要保持大米的儲備以確保社會安定。新加坡的政策是政府主導，從最便宜的來源購買大米，以保持足

51　*South China Morning Post, Hong Kong Standard*, 18 December 1954.

夠的儲備，而任何有興趣的進口商都可以參與行業，前提是他們必須從政府處購買指定的比例，以確保大米不會過度囤積。[52] 新加坡的政策因為有自由競爭的元素，因此大米價格比香港便宜。該協會隨後列舉了一系列的建議，包括：

1）必須開放市場（獲得進口許可證者）給所有合資格申請的米商。

2）政府必須維持最低 35,000 噸的庫存。

3）每個被授予進口許可證的進口商必須由政府囤貨中購買一定的比例。

4）政府必須以公開市價出售其庫存。

5）如有更多合資格的進口商參與行業，便可以減少進口商向政府購買庫存的比例。

6）政府只須購買足夠的大米，以免造成過量囤貨。

7）香港的大米儲備最少要有 35,000 噸，其儲備量必須由政府監管。

8）之前被拒之門外合資格的大米進口商可以重新進入市場。

9）自由競爭應該把大米價格下降至澳門的水平，這將消除走私的情況。[53]

公民協會認為雖然它提出的想法並不完美，但一定比現在的更好。它呼籲香港市民支持其建議，並預期如果政府採納了這些方法，大米價格將會大幅下降。

公民協會的備忘錄及其組織的公開大會備受注目。《香港虎報》的社論感謝協會向一般市民披露大米問題所付出的努力，並

52　*South China Morning Post*, *Hong Kong Standard*, 18 December 1954.

53　*South China Morning Post*, *Hong Kong Standard*, 18 December 1954.

讚揚協會非常認真地調查此事。[54] 同報的另一則社論評論説，公民協會所做的工作非常值得稱頌，因為它令人們開始關注這個重要問題。該評論認為公民協會的建議「顯然比目前的官方方案更加優勝」[55] 本地居民唐紹倫寫了一封信給《南華早報》的編輯，指出他支持公民協會所提出向新加坡政府學習的建議，他更評論説：「任何類型的壟斷都會直接威脅到市民的生活水平，因此愈早放開市場，便愈容易提高市民的生活水平。」[56] 另一位自稱為「香港公民」的讀者在《南華早報》中説他參加了公民協會所組織的公開大會，他完全支持該協會所提出的建議。[57] 僅授權 29 間進口商明顯不受一般市民的歡迎。

鑑於公民協會的批評，殖民地政府在 1955 年 1 月 4 日發表了一份聲明去回覆協會的意見。聲明批評公民協會「對大米貿易的複雜性是沒有經驗的，並且不能全面理解事實之全部」。[58] 它宣稱香港的大米貿易並非像公民協會所形容的那麼大，1954 年大米的營業額只有 2.5 億元，而不是公民協會所宣稱的 3 億至 4 億元。而且每年進口的消費量亦只有約 23 萬噸，而不是 36 萬 5 千噸。政府還批評公民協會所比較的數據不恰當，因為大米有不同的類型、檔次與品質。如果只計算一種類型或在一年中某一天的價格，這種計算是不準確的。政府承認大米的價格自 1953 年以來在曼谷和胡志明市均略有下降，但它聲稱公民協會的報告所指從 88 英鎊降至 33 英鎊是錯誤的。[59] 它認為該協會只是用最高

54　"Rice and Government Secrecy" in *Hong Kong Standard*, 18 December 1954.

55　"Rice Solution" in *Hong Kong Standard*, 19 December 1954.

56　"Rice Control" in *South China Morning Post*, 4 January 1955.

57　"Letter to the editor" in *South China Morning Post*, 20 December 1954.

58　*South China Morning Post* and *Hong Kong Standard*, 4 January 1955.

59　公民協會的備忘錄所寫的是 80 英鎊，而不是 88 英鎊。

質素的大米去比較最差的碎米。

聲明承認在 1952 年至 1953 年期間購買了一些價格比較高的大米。然而，政府認為在米價下跌的時候去批評其政策是不公平的，因為價格上漲的時間通常比下跌的長得多。政府之前的大米政策令殖民地在緊急時期能確保有足夠的儲備，並且保持香港的大米價格就算呈上升趨勢時，仍然能低於世界其他地區。與公民協會的備忘錄完全相反，政府的聲明反指香港的大米價格低於世界其他地區。另外政府亦反駁了公民協會所指的大米跌價導致香港政府賠錢的說法，反之在 1951－52 年度和 1952－53 年度更錄得 1,400 萬元的盈餘。香港的米價相對較高，主要是由於本地消費者願意付出較高昂的價格去選購優質的大米，而不是購買一些低質素的平價米。在回應只允許 29 個進口商進入業界的批評時，該聲明指最初申請的 169 個商家中大部分都是「明顯是不負責任的」，經過對所有申請者仔細審查後，只有 29 間是適當的選擇。政府表示有信心去避免官商勾結而引致米價高昂的情況，如果證據顯示有該情況發生，政府將會立即採取行動。聲明最後更讚揚政府的政策說：「它使大米貿易可以完全回到擁有專業知識的商人手中，並且使政府可以自 1945 年以來第一次放鬆對大米的控制。」

就着政府的反駁，公民協會亦在各大報章作出回應。在評論政府發表的聲明之前，該協會重申沒有反對那 29 間認可的入口商，它所反對的是政府只允許 29 間入口商從事業務而引致壟斷的情況，這正正是造成香港的米價遠高於其他鄰近地區的主要原因。港督葛量洪曾經於 1955 年 1 月 6 日亞洲和遠東經濟委員會的貿易小組委員會就職典禮中宣稱「香港是自由貿易的堅定信仰

者」，[60] 現在政府為什麼在大米政策上違反了它的信念？公民協會更清楚地指出政府所提供的資料是誤導性的。[61]

公民協會的聲明顯示新加坡、泰國和馬來西亞都因為政府取消了對大米的控制而令到米價大幅回落。它批評香港在 1955 年 1 月所實施的新大米政策無疑是另一種管制，因此當政策落實之後，香港的大米價格仍位居世界前列。而且從澳門走私大米的活動亦不會停止，因為香港的價格仍然比澳門高出 20 元至 30 元。該協會最後敦促政府盡快重新檢討，就如何開放市場提出建議。

公民協會或殖民地政府都不希望在這次大米政策辯論中落後，因此他們不停地反駁對方。當協會在 3 月向政府提交了一份米價報告後，[62] 布政司署工商科立即在 4 月發表聲明，批評公民協會的報告。[63] 從協會和政府之間的爭論，揭示了殖民地政府有趣的一面。一方面可以顯示出政府的傲慢和不願意聽取相反的聲音，但另一方面，雖然拒絕了公民協會的建議，政府仍一直就所有的批評不厭其煩地作出詳細解釋，其回覆之認真，可能連現今政府亦有所不及。此外，這亦反映出公民協會的大米小組委員會就深入了解香港的大米情況作出了很大的努力。自從第一次會議於 1954 年 12 月 16 日召開（成立不到兩個月），該小組委員會

60　*South China Morning Post* and *Hong Kong Standard*, 10 January 1955.

61　該協會聲稱政府所反駁的 23 萬噸大米是一個不實的數字，因為它沒有考慮到新界出產的 2 萬噸，而且還忽略了那些從澳門所走私的，因此實質的大米貿易是接近 36 萬 5 千噸。

62　公民協會小組委員會的報告主要回應了政府所提供的統計數據，並指出協會並非像政府所指的用優質稻米價格去比劣質米，而是用由泰國售予新加坡、澳門和香港的同質量大米去作出比較。該報告發現無論是哪一級的大米，香港的售價均比新加坡每擔最少高出 10 元。*South China Morning Post*, 25 March 1955.

63　該聲明的目的是反駁公民協會所指的香港和新加坡之間的米價差異。政府聲明羅例出一月至三月期間的四種類型的大米價格作比較。*South China Morning Post*, *Hong Kong Standard*, 1 April 1955.

花了三個多月去作詳細調查。這可以解釋為什麼公民協會可以不斷向政府施加壓力。

　　雖然大米的價格在該年 5 月已逐漸回落，公民協會仍然沒有放鬆對大米市場的關注。1955 年 5 月 7 日，協會寫信給《南華早報》的編輯，披露了那 29 間獲政府授權進口的大米商打算在未來一季減少 15,000 公噸大米的進口配額。[64] 雖然這些進口商聲稱減少進口是由於大米在當時有過剩的情況，但公民協會發現它們的真正目的是為了慢慢造成大米的短缺，從而令價格上漲。該協會因此要求政府介入，並禁止進口商以限制進口數量去人為地抬高價格。公民協會更以這次事件指出政府只批准 29 個進口商是很容易會導致壟斷。該會再次重申要求打破大米進口壟斷，而這是最好的方法去打破價格控制。由於公民協會對事件的揭露，一些大米零售商雖然馬上提出強烈反對，政府最終亦拒絕減少大米的進口配額。[65]

　　由於公民協會在大米政策上的努力，它漸漸開始受到市民歡迎。一個稱呼自己為 A.B.C. 的市民致信《南華早報》稱讚公民協會，他認為這次進口商的失敗在很大程度上是由於由公民協會的努力。這個 A.B.C. 似乎是米業的行家，他指出目前每年進口的 24 萬噸大米只能勉強足夠全港市民的需要，如果減少 25% 必定會導致短缺。他非常支持協會要求打破大米貿易壟斷的呼籲。儘管如此，29 個認可進口商很快又再向政府申請要求減低進口配額，更不妙的是工商司今次可能會允許其要求。[66] 有鑑於此，公民協會宣佈舉辦一個請願計劃，希望獲得超過一萬個不同本地

64　*South China Morning Post*, 7 May 1955.

65　鄭宏泰、黃紹倫：《香港米業史》，頁 183。

66　*South China Morning Post*, 25 August 1955.

組織的支持。[67] 當然，這是一個誇張的數目，因為當時香港根本還沒有這麼多個註冊組織，但協會仍不斷尋找那些要求終止大米進口壟斷的人士及團體的支持。兩週後，有包括香港及九龍居民協會、南北行、九龍總商會以及國際基督徒領袖（香港）等大約一百個組織回覆公民協會，展示它們的支持。[68] 在收集到所有的支持後，公民協會便在 11 月 11 日向港督致送一封有 111 個組織聯署的請願信。[69] 與公民協會的一貫作風不同，今次該協會所寫的請願信語氣相當強硬：「我們要求將目前的大米進口專賣制度廢除，並讓所有對大米貿易有興趣的人士加入市場。」作為自由經濟學的信徒，該協會重申：「一個健全的社會經濟需要健康及良性的競爭，而健康及良性的競爭則需要有更多數量的競爭者。壟斷必須廢止。」

遞交請願信後不久，公民協會再次發表一份對新加坡大米制度進行全面研究的詳細報告。協會的研究員不單訪問新加坡和曼谷的大米進口商，並且與新加坡的首席部長戴維・馬歇爾（David Marshall）會面。研究顯示新加坡和香港的大米政策最主要的區別是大米的庫存是由新加坡政府，而不是當地商人所負責。其優點是政府囤貨的成本通常比私人便宜，因而不會有高昂成本轉嫁到消費者身上。另一個更重要的區別是每個商人都可以在新加坡進口大米，因為當地並沒有配額制度，因此米價不會容易被人為地抬高。該報告最後評論說，新加坡的系統已經進行了多年測試，大米進口商及普通市民均感到滿意。公民協會因而促

請香港政府立即研究新加坡的模式及檢討有關政策。[70] 除了將報告遞交政府，該會亦一貫地在報章上刊登報告內容及發表聲明。協會委員亦到倫敦訪問，與殖民地部的官員討論大米問題。協會的名譽秘書張有興在 10 月 12 日及 13 日會見了殖民地部的官員麥金塔，彼此對香港的政治和社會問題作出了不少交流。[71] 可惜官員似乎對香港的大米問題不大感興趣。可能因為殖民地政府一早便知會了殖民地部，所以麥金塔只對張有興重複香港政府之前所回應的答案。[72]

最不樂意看到公民協會愈來愈受廣大市民歡迎的，可能是革新會了。雖然革新會也意識到政府大米政策的不公平，但它似乎不願意在事件中和公民協會站在同一陣線。如果公民協會在創會初期便能夠輕易地在和政府的角力中取得成果，它將必定受到市民的愛戴，而這將嚴重影響到革新會在普羅大眾中的地位。此外，如果革新會支持公民協會所一手策劃的活動，它將無可避免地成為從屬角色。因此，當革新會在被問及有關打擊大米壟斷政策的觀點時，貝納祺便回應說他對於公民協會的請願書有很大保留。[73] 革新會主席的言論立即引起了公民協會的注意，並在報章上表達該會對革新會的失望。公民協會的領導人聲稱自己把公眾利益放在首位，視政治得失為其次，而革新會似乎在玩弄政黨政治，因此該協會要求革新會應該向公眾清楚交代其對於殖民地大

---

70 *Hong Kong Standard*, 18 November 1955; *South China Morning Post*, 18 November 1955.

71 CO1030/327, Despatch from Grantham to the Secretary of State for the Colonies, 3 October 1955, CO1030/327, Despatch from the Secretary of State for the Colonies to Hong Kong, 3 October 1955.

72 CO1030/327, Despatch from Secretary of State for the Colonies to Hong Kong, 2 December 1955.

73 *Hong Kong Standard*, 16 November 1955.

米問題的看法。[74]

　　過了大約一個星期，革新會發表一份聲明，聲稱由於政府放棄了它對大米貿易的壟斷而米價已經有所回落，因此目前殖民地的大米價格是「相當合理」。[75] 它更警告説，公民協會所建議的完全自由市場可能會導致被個別不法投機者甚至香港以外的組織所操控。革新會也批評公民協會請願信其中的十五個要點「完全不足夠向政府反映目前的問題」，該會宣稱「最好的解決辦法是大致上保留目前的體制，不過應增加授權進口商的數量，並定期重新擴大和審查名單」。它也提出了成立一個由政府官員、大米進口商和大米經銷商的代表、革新會以及其他公共機構所組成的大米管理委員會。

　　形容當時香港大米價格合理的革新會明顯地如公民協會所批評的：將政黨政治凌駕於公眾利益之上。不論是公民協會或其他組織所提供的資料，香港的大米價格確實相比周邊地區為高。革新會早前的聲明很可能為其帶來負面形象，所以該會在 11 月 24 日馬上發表另一份聲明，澄清其先前的説法，並承認本地居民因為政府的政策而被迫購買更昂貴的大米。[76] 雖然承認大米的價格昂貴，但革新會卻歸咎為其他原因。它認為那 29 個持牌大米進口商通常只向大約 39 個批發商供應大米，其他供應商則不容易獲得分配，正是這個原因導致香港的米價高昂。因此，革新會建議獲授權的 29 個進口商必須出售大米給任何一間經銷商，「無論它是從事批發或零售」。

74　*Hong Kong Standard*, 17 November 1955.

75　*Hong Kong Standard*, 19 November 1955; *South China Morning Post*, 19 November 1955.

76　*Hong Kong Standard*, 24 November 1955; *South China Morning Post*, 24 November 1955.

　　11 月 29 日，公民協會收到輔政司的來信，告知政府已決定於 1956 年繼續當前的大米進口制度，信中再次重複殖民地的大米進口政策不會導致壟斷，而且充分滿足了公共利益。知道了政府維護其政策的決心，該協會主席只好承認他們的運動失敗，但他仍然呼籲政府在其他事務上應該更加尊重民意。[77]

　　事實上殖民地政府亦了解到當時的大米進口政策是不受歡迎的，但是為何它仍然要堅持和民意作對？或許我們可以從英國的解密檔案中窺探到當中的原因。在致英國殖民地部的公函中，香港政府承認：「我們同意現時的進口大米制度並不理想，但它已經是目前最切實可行的安排。」殖民地政府不敢將大米市場公開的最主要原因，是擔心中共政府會有機會不擇手段地控制香港的大米市場，因為大米是香港居民最重要的糧食，因此，「這個風險顯然是我們所不能承擔的」。[78]

　　然而，殖民地政府似乎是過分敏感。根據政府的報告顯示，當時大米從中國大陸進口的比例僅為 18% 左右，只佔市場的一小部分，大部分大米是從其他東南亞國家進口。[79] 再者，沒有任何跡象顯示中國政府有計劃控制香港的大米市場。然而，殖民地政府可能誇大了大陸對香港的威脅，而在之後的章節將會經常提到，這個藉口是最容易令英國的殖民地部及香港本地人就範。有趣的是，殖民地部似乎對這個論調毫無保留的接受。因此當公民協會的張有興會見殖民地大臣時，他所得到的回覆根本和香港政府的回覆是一致的。這可以反映出殖民地政府過於敏感的態度。另外，從該事件當中也可以了解到殖民地政府與英國殖民地部之

77　*South China Morning Post*, 26 November 1955.

78　CO1030/327, Despatch from E. B. David to the Colonial Office, 4 October 1955.

79　CO1030/327, Despatch from E. B. David to the Colonial Office, 4 October 1955.

間的關係。由於宗主國與香港的距離甚遠,它只能依靠殖民地政府所提供的資料。由於在英國政府心目中,香港最大的隱憂是與中國大陸的關係,因此只要殖民地政府將大米問題和中國大陸對香港的威脅連上關係,殖民地部都必定會相信它在香港的工作人員,而不會作出干預。所以儘管大米進口政策在本地不受歡迎,殖民地部及香港政府都不願意冒任何風險,對政策進行修改。[80]

在這場打開大米進口市場的運動中,公民協會不遺餘力地撰寫包括了詳細建議的報告,遞交給政府,而所有報告以及協會與政府之間的交流均向公眾披露。當發覺到大米政策已經令不少市民不滿,該協會便召開公眾大會,並組織請願活動,向政府施加壓力,要求開放大米市場。當那 29 個認可的大米進口商試圖聯手靜靜降低大米進口的數量時,公民協會立即洞識其背後動機,並成功地引起了公眾的注意。這很大程度上令到政府不得不拒絕這個請求,否則大米價格很可能進一步上升。最後,協會更直接與英國殖民地部的官員會面商討問題。雖然公民協會並未能成功迫使政府打開大米的進口市場,但因為它在整個運動中起了主導作用,這不僅鞏固了它成為殖民地的市民代表,而且還令其知名度大大提升,從而令它在一年之後的市政局選舉中獲得議席。公民協會明顯地希望繼革新會之後成為本地另一個政黨。當革新會的委員布魯斯(Harold Bruce)辭去該黨職務後,公民協會便立即接觸他,邀請其加盟。[81] 而這並非公民協會邀請革新會委員「過檔」的唯一一次。[82] 隨着協會的政治野心和作為民間領袖的能力,

---

80 1955 年的大米進口政策與 2013 年的電視牌照申請成一個有趣的對比,雖然大多數香港市民反對特區政府拒絕發牌給香港電視,而香港電視也符合申請資格,政府仍然不改其強硬立場。

81 *Minutes of the Committee of the Reform Club of Hong Kong*, 3 November 1957.

82 訪問楊勵賢,2012 年 9 月 11 日。

它在 1957 年便成功地在市政局發展了雙黨制，直到七十年代，公民協會成功地與革新會各自瓜分了市政局一半的民選席位。

然而，這一次運動亦有其局限性。雖然大米價格高昂的確對升斗市民的生活帶來了負面影響，但公民協會今次卻未能給予政府實質性的壓力，最主要的原因是大米業務非常龐大，而且牽涉到多個界別，包括進口商、批發商和零售商，他們往往有自己的打算。[83] 由於他們都不願意放棄自身的利益，因此不容易取得一致行動。此外，革新會擔心如果公民協會能成功迫使政府讓步，便會威脅到它作為市民代表的角色。因此當公民協會取得一定的成績時，革新會便似乎心有不甘，希望作出阻撓。貝納祺通常會毫不留情地批評政府的政策，但今次卻竟然「感謝」政府的大米政策，並聲稱目前的米價是「相當合理」。[84] 革新會亦支持政府所宣稱的一個完全自由的市場可能會引起來自香港以外的地方或組織所控制。革新會的言論似乎正如公民協會所批評的：將政黨政治凌駕於公眾利益。如果這兩個組織以及其他的批發商和零售商能團結一致，必定能給予政府更大的壓力，那麼這個故事的發展可能已經有所不同。

由於未能迫使政府馬上修改政策，公民協會當時企圖打破大米進口壟斷的行動似乎不太成功。然而，可能協會的行動令政府明白到市民對米業政策的不滿，所以政府逐漸打開市場，讓更多大米進口商進入該領域。在 1976 年，獲授權的大米進口商已經增加到 45 間。[85] 更重要的是，這次行動提高了公民協會的知名

83 鄭宏泰、黃紹倫：《香港米業史》，頁 183－186。

84 *Hong Kong Standard*, 19 November 1955; *South China Morning Post*, 19 November 1955.

85 鄭宏泰、黃紹倫：《香港米業史》，頁 194。

度，並深受香港市民的歡迎。它們在爭取開放市場上的努力經常獲得傳媒和廣大市民的好評。這很大程度上導致該協會在 1957 年市政局選舉的成功。無可否認，公民協會已漸漸成功地確立成為香港最重要和最受歡迎的政黨。

六、一次成功的反抗：反對放寬租金管制的運動

在打擊大米進口壟斷活動結束後僅僅一年，殖民地政府提出了一個對民生影響更大，並刺激起更多組織一同呼籲停止的法例修訂。這個法案定名為「一九五六年業主與住客（修正）條例」。[86] 與打破大米進口壟斷的行動不同，革新會和公民協會今次聯手與其他組織一同合作。由於這次運動引起了廣大市民及大部分組織的一致反對，最終的結果與大米問題有所不同。這可以反映出如果廣大市民與組織能夠團結一致，是有可能促使殖民地政府修改其政策。更重要的是，該運動顯示出革新會與公民協會都願意繼續為弱勢社群服務，它們作為政府和市民之間的橋樑亦漸漸鞏固，並且更加為廣大市民所接受。

其實在 1956 年的租金管制修訂提案之前，香港的租金自第二次世界大戰結束之後已經因為政府的政策而大幅提升。1947 年的業主與租客條例允許私人房屋及商業大廈的租金分別增加最多 30% 及 45%，而 1949 年的業主與租客（修訂）條例更進一步容許商業大廈租金提升 55%。1951 年 12 月，政府再次建

86　*The Hong Kong Government Gazette, Supplement No. 3*, 27 July 1956, p. 189.《工商日報》，1956 年 7 月 28 日。

議逐步放寬租金控制，允許住宅及商業樓宇分別加租 70% 及 100%。[87] 當時革新會已經成立並成功解決了內部問題，因此政府不會再像 1947 年及 1949 年般容易地通過法例。當革新會了解到政府的建議將會令大部分殖民地市民生活更加艱難之後，它便在 1952 年 1 月 6 日組織了一次公開大會，吸引了超過三百個市民參加。由於革新會的壓力，政府於 1 月 9 日承諾委任一個房屋委員會去研究加租和放鬆管制的問題。當政府在 1953 年接受麥克尼爾報告（McNeill Report），決定向立法局提交容許加租的法案，革新會便馬上舉行另一個公眾諮詢大會以示反對。[88] 該會的租約和租金小組委員會向政府提交了一份詳細報告，顯示租金上漲將會令廣大市民的生活更加困苦。[89] 革新會主席貝納祺也向殖民地大臣發出電報，希望他對香港政府的租金建議提出反對。[90] 除了革新會外，數以百計其他組織也反對加租。[91] 作為妥協，政府於 1953 年在立法局所通過的最後修訂條例，允許私人房屋與商業大廈的最高租金升幅分別是 25% 和 50%。儘管如此，住宅和商業樓宇的加租幅度，自 1945 年以來已經最多上升了 55% 及 150%。[92]

雖然在短短十年之內租金已經大幅增加，殖民地政府仍然於 1956 年中提出租金修訂條例，建議住宅和商業樓宇的租金在

87　Lam, Wai-man, *Understanding the Political Culture of Hong Kong: The Paradox of Activism and Depoliticization*, London: M. E. Sharpe, 2004, p. 66.

88　*Far Eastern Economic Review*, 14 May 1953.

89　Reform Club of Hong Kong, *10th Anniversary, 1949-1959*, Hong Kong: Reform Club of Hong Kong, 1960.

90　CO1023/195, *Despatch from the Secretary of State for the Colonies to Grantham*, 11 May 1953.

91　Lam, Wai-man, *Understanding the Political Culture of Hong Kong*, chapter five.

92　*South China Morning Post*, 28 July 1956.

1956 年 10 月 1 日分別可以上升最多 20% 和 25%，而在 1957 年 4 月 1 日兩類大廈的租金均可再次調升最高 25%。政府更建議在 1959 年 4 月 1 日全面取消租金管制。這一提議立即引起了革新會和公民協會的強烈反對。政府的條例草案在憲報刊登後第二日，革新會的租約和租金管制小組委員會便發表聲明，反對該政策。聲明寫道：「關於允許租金進一步上漲的建議，委員會認為目前這個建議是不合適，並且完全沒有道理的。」[93] 革新會指出以前政府批准加租是希望這樣可以鼓勵房東修葺舊房舍，但調查顯示，那些戰前的樓宇根本沒有進行維修。相反，租金的上升只是去了業主的口袋裏。

革新會的聲明也提及到香港的經濟自 1953 年以來已變得更差，而且政府在 1953 年所容許的租金增長已經為他們帶來沉重負擔，現在再次增加租金，只會令大部分沒有物業的商家百上加斤，導致香港經濟進一步惡化。革新會宣稱會以最大努力去阻止政府通過這一提議。該黨建議政府在提出修訂議案之前，應該先做一個詳細的住戶與租金的調查，因為政府似乎對實際的租金情況並不了解。革新會認為除非政府已經完成適當的調查，否則現在任何有關放鬆租金管制的建議都是時機不成熟的。

革新會亦向英國國會議員索倫森牧師（the Rev. Sorensen）發送電報，要求他在下議院辯論時，向殖民地部詢問為何香港政府會提出這樣不受歡迎的建議。[94] 索倫森是 1954 年英國國會來港代表團的其中一位成員，他對香港的居住問題特別感興趣。為了希望英國下議院可以向殖民地政府施加壓力，貝納祺告訴索倫森，增加住宅樓宇的租金會影響最少幾十萬香港人。

93　*South China Morning Post*, 28 July 1956.

94　*Hong Kong Standard*, 3 August 1956.

另外，革新會在 8 月 6 日於九龍總商會的禮堂舉辦了一次公眾大會，以商討有關租金管制事宜。[95] 當日有二百多名代表參加會議。會議開始時，革新會租約和租金管制小組委員會主席胡百全首先彙報該黨對本地租金的調查。革新會發表報告之後，港九居民聯合會、私立中文學校聯合會、港九工團聯合總會、港九住客聯合會、香港米行協會、香港華人革新會、油蔴地及西環街坊會、九龍中醫會、九龍金飾商會、傢俬商會、石油商人協會、中國健身協會、樹膠商會等代表均陳述了自己的觀點。它們的意見如下：一、反對任何加租，不允妥協加租，加租之議必須被制止；二、加租勢將引起加薪之要求，但香港商場不景氣，加薪實無可能，故加租尚非其時；三、撤銷租務管制，必使工商百業受到摧殘，學校被加租後，學費必然提高，窮家子弟無就讀機會；四、新樓索貴租，寧使空置不租與人，使屋荒更加嚴重。為了掃除這種畸形現象，港府應限新樓只許空置三月，逾期照納差餉地稅。[96] 另外有二十多個組織也希望發言，但由於時間有限，它們便在會後將自己的意見轉寄給革新會。最後，代表們一致反對政府的放寬租金管制政策，並通過以下四項決議：一、目前不應允許樓宇租金上升；二、現在並非立法解除租金管制的良好時機；三、敦促政府着手研究樓宇租金事宜；四、在未有研究報告之前，任何修訂建議都不應進行。

當革新會組織民眾大會、去信政府反映市民意見，以及聯絡英國國會議員向政府施加壓力的同時，公民協會則游說立法局的非官守議員，勸他們向政府要求該撤銷有關租金管制的法案。[97]

95　*Hong Kong Standard*, 7 August 1956; *South China Morning Post*, 7 August 1956.

96　《大公報》，1956 年 8 月 7 日。

97　*South China Morning Post*, 15 August 1956.

協會也建議非官守議員成立一個特別委員會,以調查該法案對社會不同階層的影響。公民協會認為,如果所有非官守議員能聽取市民的聲音,並表明他們反對該法案,政府便可能把它撤回。如果政府堅決違背大多數香港市民的意願,將法案提交立法局進行二讀,公民協會便考慮向英女皇作出請願。相信因為知道公民協會和革新會之間的競爭,《南華早報》記者問及如果公民協會將來組織請願活動,會否邀請革新會一同參加。該協會的發言人便回答說,租金問題是關乎民生的大問題,應該凌駕於政黨的爭鬥,如果公民協會決定組織請願活動,它當然希望革新會可以參與。由此我們亦可見公民協會已經視自己為香港的政黨。

公民協會在三個星期之後再次致函立法局非官守議員,信中重申建議政府或議員應該對於住宅及商業樓宇的租金進行全面調查。該協會認為由於住宿已經嚴重不足,增加樓宇租金只會從二房東轉加至三房客身上,從而令低收入人士百上加斤。公民協會擔憂在未進行放寬租金管制對香港市民之影響的調查前便草草通過法例,可能會導致嚴重的經濟衰退和增加失業率。所以公民協會的結論是在未有就住房問題進行深入研究時,政府應該馬上撤回議案。[98]

由於加租的提案將影響到幾乎每一個生活在香港的居民,許多不同的組織都樂意與革新會和公民協會合作,以表達它們反對該政策。除了那些曾經參加革新會所舉辦的公眾大會之組織外,九龍總商會及其附屬的組織、香港布廠商會、中區街坊福利會、香港華人文員協會、香港旅業商會等團體均向政府表示反對

第四章　五十年代:革新會及公民協會的成長期

98　*Hong Kong Standard*, 8 September 1956.

草案。[99] 公民協會亦再次聯同其他組織一起會見立法局非官守議員，以表達對議案的意見。[100] 雖然其中一些代表的是業主，他們仍然反對撤銷租金管制，因為他們更為擔心法案對於香港經濟所造成的傷害。

與大米進口的情況不同，今次殖民地政府決定撤銷議案，並宣佈業主與租客（修訂）條例草案的二讀無限期推遲。[101] 政府肯讓步的主要原因，是由於議案已經引起了大部分市民的強烈反對。雖然無論大米價格或租金管制均對廣大市民有深遠影響，但租金管制議案所引起的關注層面似乎更廣。另外由於大米批發及零售商各有不同打算，不容易團結一致。反之在租金管制的議題上，不同組織都向政府表示強烈不滿。所以革新會和公民協會所安排的抗議活動能吸引不少團體及市民參加。再者，由於立法局非官守議員感覺到香港市民差不多一面倒反對議案，因此他們也不太願意再毫無保留地支持政府。葛量洪在其自傳中說：「在我作為港督任內唯一一次令立法局進行激烈的辯論，便是期望減低不公平的租金管制議案。」[102] 反對取消租金管制的行動可以算是相當成功，不僅是因為它令殖民地政府作出讓步，而且更令這個棘手的議題到七十年代末仍沒有被再次提出來。[103]

在今次反對撤銷租金管制的行動中，革新會不單舉辦公眾大

---

99 《工商日報》，1956 年 7 月 28 日、29 日，8 月 2 日、3 日、15 日，9 月 7 日、14 日；《大公報》，1956 年 7 月 29 日，8 月 6 日、7 日，9 月 7 日；*Hong Kong Standard*, 1 August, 14 September 1956.

100 *Hong Kong Standard*, 18 September 1956.

101 HKRS394-13-2, Memorandum from the Colonial Secretariat to Attorney General, 30 November 1956. 另見 *South China Morning Post*, 10 December 1956.

102 Grantham, Alexander, *Via Ports: From Hong Kong to Hong Kong*, Hong Kong: Hong Kong University Press, 1965, p. 109.

103 Lam, Wai-man, *Understanding the Political Culture of Hong Kong*, p. 68.

會，更向政府遞交研究報告。該會亦向英國國會議員作出投訴，從而希望給予殖民地政府更大壓力。發表研究報告和舉辦公眾大會，令普通市民對議題有所認識，所以能夠引起更多噪音。公民協會則直接要求立法局非官守議員投票反對該法案。在反對大米壟斷和撤銷租金管制的行動上，手法雖然相似，結果卻有所不同。最重要的原因是差不多所有組織都立場一致，而革新會和公民協會更能團結一致，反對法案。這兩個政黨的主要貢獻是令更多人了解到議案的存在，刺激了更多人去表示反對。從今次事件中可以充分反映出兩黨在民生議題上積極參與的態度。此外，這次行動的成功，為它們帶來不少鼓舞，也令它們有更大信心繼續在民生議題上向政府給予建設性的批評，以及確保自己能成為政府與市民之間的橋樑。

七、市政局選舉：兩黨的戰場

　　由於革新會和公民協會在政治、社會和民生問題上的貢獻，它們在香港人心目中的位置已漸漸鞏固。這可以解釋為何它們能夠在市政局選舉中成功獲得不少支持。作為二戰後香港的政黨，革新會和公民協會全力投身到香港唯一的選舉中。正如前面所提到，革新會於 1952 年參加了戰後第一次市政局選舉。該黨在那次競選中成積超卓，主席貝納祺得到了最高票數，而另外一位委員胡百全亦只是僅以 36 票敗於上屆的議員。當選為市政局議員後，貝納祺試圖改變議會的文化。市政局的會議紀要顯示在 1952 年之前議員一般都很少作出發問。但他當選之後，他從來不會浪費發問的機會。貝納祺認為在議會中提出問題是至關重要

的，因為這是令負責人士作出回應的最佳途徑。[104] 除了提出問題外，革新會主席也常常在市政局會議中提出不同議案。例如，他曾經在 1952 年要求政府讓市政局的財政獨立，可惜因為沒有附議人，他的議案大多不能獲得通過。然而一年之後，情況漸漸有所改變，因為革新會的另外三名成員均成功通過選舉進入議會。

　　如果說革新會在 1952 年的市政局選舉是成功的，那麼在 1953 年的選舉便可以算是獲得壓倒性的勝利。為了吸引選民投票支持革新會，貝納祺不厭其煩地解釋投革新會「全票」的好處。他指出官守議員通常在具爭議性的議案都會投棄權票，所以投票的重任便落在六位委任非官守議員和四位民選議員中。由於委任議員的投票意向未必一致，所以只要有兩位支持革新會便可以跟隨民意去投票。此外，由於革新會的四位成員意向一致，政府便沒有藉口說市政局議員內訌。[105] 由於該黨成功的競選策略，以及得到廣大媒體支持，再加上貝納祺去年在市政局的貢獻，1953 年的四個空缺席位均由革新會成員成功奪得。[106] 四位當選候選人分別是貝納祺（2,100 票）、胡百全（1,746 票）、李文俊（1,304 票）及區達年（1,224 票）。[107] 貝納祺獲得了 83% 的選票支持，而最少票數的區達年亦有 48% 選民的支持。相對於革新會的成功，另外兩個候選人則似乎不太受歡迎。代表九龍居民協會的雷瑞德（William Louey）得到了 745 票，而代表華人革新會的陳丕士則只獲得 456 票。[108]

---

104 *Sunday Tiger Standard*, 27 April 1958.

105 *Hong Kong Standard*, 20 May 1953.

106 *Hong Kong Standard*, 20 May 1953.

107《華僑日報》，1953 年 5 月 21 日。

108《工商日報》，1953 年 5 月 21 日。

　　革新會在 1953 年市政局選舉的巨大成功並不令人感到意外，因為在選舉前的民意調查已經顯示，選民的「最後選擇」很大機會會落在革新會的所有候選人中。[109] 根據調查顯示，香港的選民希望對自己的事情有更多發言權，因此他們希望獲選的市政局議員不會只是關注衛生和健康等問題，而是更願意去為廣大市民爭取有一個更大代表性的政治環境。民意調查報告的撰寫人聲稱革新會似乎是唯一的選擇。他稱讚革新會已經在爭取民主改革、窮人居住環境、小販問題以及幫助弱勢社群方面作出了很大貢獻，如果該黨在選舉中大勝，亦不足為奇。

　　雷瑞德是在任的議員，並在一年前以 1,068 票成功擊敗胡百全而獲得議席。但在 1953 年的選舉中，他失去了 323 票。而上次落敗的胡百全在今次的得票竟然超過雷瑞德的一倍，即使革新會的新面孔亦輕易獲得超過 1,000 張選票。這可以顯示出以政黨的名義參與選舉有一定優勢，並受到香港選民的支持和歡迎。香港早期的政黨雖然不能直接參政，但它為老百姓提供了一個方便的平台，去向政府官員表達自己的訴求和意見。上述民意調查也清楚反映出香港的選民不只是僅僅關注衛生和健康問題，他們對革新會所爭取的政制改革有更大的認同感。這可以解釋為什麼九龍居民協會在市政局選舉中並非革新會的對手。如果殖民地政府擔心選舉制度會導致左派進入議會並影響殖民地運作，1952 年和 1953 年的市政局選舉應該可以令政府放心，因為儘管和左派有密切關係的陳丕士在兩次選舉中均有作出精心部署，但最後都慘敗，這無疑清晰地表明，有左派組織支持的候選人是不受香港選民所歡迎的。

---

109 *Hong Kong Standard*, 20 May 1953.

　　直到香港公民協會參選之前，革新會的候選人在市政局的選舉可謂戰無不勝。在 1954 年的選舉中，李有旋和區達年成功擊敗其他三位候選人，再次當選為市政局的民選議員。[110] 該黨在是次選舉表現非凡，區達年和李有旋分別得到 3,943 和 3,830 張選票，而其他落敗候選人所得票的總和竟然不足 2,000。[111] 在選舉公佈後當天，《香港虎報》向一些市民作選戰結果的調查訪問。一位本地會計師回答說他對選舉結果非常滿意，因為革新會的議員現在可以繼續在局內為市民爭取權益。另外一位受訪問的保險經理說他沒有投票是因為忘記帶身份證，但他聲稱兩位革新會當選的議員都是他的心頭好。他形容說：「雖然我未必完全認同他們的政策，但我認為他們是真心想為香港市民服務，因此他們應該得到公眾的支持。」[112] 他的說法正正可能反映了不少當時選民的意見。有選民聲稱他們不投票是因為他們不認為市政局可以對香港事務有很大影響。但他們強調如果是立法局的選舉，他們肯定會出來投票。這可以反映出戰後香港人並非不關心政治，而只是太務實而已。

　　當公民協會開始參與市政局的選舉之後，革新會在市議會選舉的壟斷便告一段落。前文已經提及，公民協會成立的目的明顯是作為革新會的對手。無論創黨時是否有意成為政黨或只是論政團體，但從它開始參與市政局選舉以及明確顯露出其政治取態後，它似乎期望成為一個可以與革新會有所競爭的政黨。在 1956 年的市政局選舉中，公民協會派出六名候選人參選，分別

---

110 由於貝納祺和胡百全在 1953 年的選舉中排名前兩位，因此他們的任期為二年。而李有旋和區達年排在第三位和第四位，他們的任期只有一年，故要在 1954 年重新參選。

111 *South China Morning Post, Hong Kong Standard*, 25 March 1954.

112 *Hong Kong Standard*, 26 March 1954.

是胡百富、張有興、張奧偉、李耀波、馬麥（Victor Mamak）
及葛倫洪（John Grenham）。雖然是次選舉有六個議席，革新
會只提名了區達年、李有旋、陳樹桓、鍾愛理遜四位委員去和公
民協會競爭。報章透露革新會只提名四名候選人的原因，是希望
留下兩個議席給予港九居民協會和街坊會去提名自己的參選人，
從而希望得到它的支持。但貝納祺在一年之後向傳媒表示，革新
會在 1956 年只派出四名候選人的主要原因，是因為有市政局委
任議員曾向他暗示，如果革新會只派出四名候選人而不是全數六
位，則政府將會考慮該黨在市政局增加兩個民選議席的要求。然
而此話一出，政府便馬上否認。[113] 今天似乎不可能了解到真正的原
因，我們當然不能排除可能有官守議員曾向革新會發出錯誤的訊
息，但這也可能只是貝納祺作出了錯誤決定後的藉口。

如果革新會當時的意圖真的是希望獲得港九居民協會和街坊
會的支持而讓出參選議席，這便反映了該黨可能已經感受到公民
協會潛在的威脅。雖然這是公民協會第一次參與市政局的選舉，
但由於它之前在打破米業壟斷的抗議及租金議題上的貢獻，它已
成功爭取到不少市民的支持。革新會的決定無疑是失敗的，因為
最終港九居民協會和街坊會的領導人都沒有派代表參選。由於革
新會只提名四名候選人，公民協會作為另外一個政黨便可以毫無
難度地令到兩名成員進入市政局，這應該是革新會最不希望看到
的結果。

也許有人會認為市政局選舉無關重要，但無論革新會或公民
協會都非常重視該選舉，並且投入不少資源在競選活動中，所作
出的準備和今天候選人參加立法會和區議會選舉無太大分別。兩

第四章　五十年代：革新會及公民協會的成長期

---

113 *Hong Kong Standard*, 8 March 1957.

選舉議員今投票

晨八時起下午五時止截
預料塲面將較去年熱鬧

（革新會競選議員四名候選人）

（公民協會競選議員六名候選人）

《工商日報》1956 年 3 月 7 日有關市政局選舉的報道

黨均向選舉名冊中的所有選民派發傳單。[114] 它們也分別組織了多次公開的諮詢大會去收集市民意見，並且宣傳參選理念。廣播電台和各大報章也成為兩黨表述競選政綱的場地。由於今次選舉有兩個政黨的參與，一般都預期選舉將比以往更激烈。據《工商日報》報道，雙方都在競選活動中付出很大努力。由於政府剛剛宣佈所有合資格的教師都能成為選民，身為教師的公民協會委員李耀波預料會得到不少支持。此外，由於該黨的張有興是聯合國香港分會的其中一位創會人，他也受到該會全力的支持。[115] 所以報章預計今次公民協會的成員將有能力挑戰革新會。

兩黨的委員都認為 1956 年的市政局選舉是香港政治史上的一個里程碑。公民協會的張奧偉形容這是「第一次由兩個政黨所參與的市政局選舉」，[116] 革新會主席認為這次選舉「代表香港公民意識進入一個新的階段，因為是第一次有兩大政黨競爭市政局的席位」，[117] 因此，他認為現在香港的政治生態已見成熟，殖民地政府應該重新考慮將市政局重組成一個類似倫敦的市議會，從而使市政局能更直接地為香港市民服務。[118]

事實上，兩黨的政綱其實分別不大。在它們的政策宣傳中，均表現出對殖民地的住屋和教育問題非常關注。兩黨都承諾如果成功當選，它們將就房屋和教育政策向政府提出進行全面改革的建議。除此之外，兩黨候選人也有討論如小販、衛生、公園、遊樂場及公共浴室的擴張等問題。它們的政綱中唯一最明顯的分

---

114 *Hong Kong Standard*, 7 March 1956.

115 張有興在六十年代便辭去了聯合國香港分會的職務。《工商日報》，1956 年 2 月 15 日。

116 *Hong Kong Standard*, 1 March 1956

117 *Hong Kong Standard*, 2 March 1956.

118 *Hong Kong Standard*, 27 February 1956.

別，便是對於香港憲制改革的主張。革新會認為落實普選可以令香港市民對他們的城市有更大的歸屬感和責任感。反之，公民協會則不主張激進的政治改革。它認為保持殖民地繁榮的唯一辦法是與英國保持緊密聯繫，如果實行普選，可能會嚴重地影響到本地的繁榮安定。因此，當革新會在其競選活動中不斷強調憲政改革的重要性，公民協會則將所有專注放於社會及經濟發展上。

由於這是香港第一次有兩個政黨爭取民選議席，因此革新會和公民協會在 1956 年的市政局選舉競爭非常激烈。是次選舉打破了香港選舉史的紀錄，該年的投票率高達 40% 以上，總投票人數有 6,048 人，是上屆投票人數的三倍。[119] 因為氣氛熱烈，吸引了包括行政立法兩局的議員、醫生、律師、建築師、教師、牧師、記者、銀行家、商人、白領工人及家庭主婦等不同人士前去投票。[120] 選舉結果並不令人感到意外，革新會的四位候選人分別成功當選，而剩下的兩個席位，則由公民協會的李耀波和胡百富所奪得。[121] 革新會可以說是再一次獲得了壓倒性的勝利，因為它的四名候選人均分別獲得超過四千張選票，而公民協會的當選人則只獲得二千多票。選舉結果可以反映選民對革新會在市政局工作的肯定，而且也有不少人支持該黨的政治理念。

革新會在市政局選舉的佳績只能持續多一年。在 1957 年的選舉中，公民協會取得了決定性的勝利，鋒芒完全蓋過它的對手。當年的市政局選舉有四個議席，兩黨分別提名四位候選人去爭奪該四個席位。最後選舉的結果是公民協會贏得三席（李耀

---

119 *Hong Kong Standard*, 8 March 1956.

120 *South China Morning Post*, 8 March 1956.

121 與之前的選舉一樣，獲得最多選票的四名候選人將獲得三年的任期，而其餘兩位的任期為一年。

波、胡百富和張有興），而革新會只得一席（貝納祺）。[122] 更令人震驚的是最資深的長期在局內最受歡迎的現任議員貝納祺僅排名第二，他只獲得 3,923 張選票，該票數是低於革新會任何一位候選人在 1956 年所得的選票。另一個意外是胡百全竟然落馬，儘管他在上屆選舉非常受歡迎。

根據政府官員的分析，公民協會大勝是由於其競選策略的成功，以及得到大部分教師的支持。李耀波是香港教師協會的主席，所以有很大部分教師的選票都落到公民協會手中，這無疑是該黨大勝的其中一個關鍵因素。然而，即使有更多的教師投票支持公民協會，亦無法解釋為什麼革新會的支持下降。這個意想不到的結果似乎應該有其他的原因，而這正是我們值得探討的問題。

跟前一年的選舉一樣，雙方在有關社會及民生問題的政綱並沒有太大分別，它們最重要的分別是在於對政制發展的理念。革新會主席貝納祺指出，革新會希望不單納稅人、教師或其他有地位的人才有投票權，而只要是「香港的良好市民」，便應該有投票的資格。[123] 當然，他亦有就香港市民的定義作出了詳細解釋。他認為選民應包括：一、所有在香港出生並長期居港的英國公民；二、不是在香港出生，但已經居住在香港超過七年的英國公民；三、任何人無論是否英國公民，只要在香港居住了最少五年。[124] 公民協會對革新會的建議表示強烈反對，因為如果任何在香港居住了五年的市民都可以獲得投票權，這將意味着合資格的選民將驟增約五十倍，即由一萬九千人增至大約一百萬人。公民協會認為將選舉權突然擴大，對香港的穩定及安全將會有嚴重後果。該

122 *Hong Kong Standard, South China Morning Post*, 9 March 1957.

123 *Hong Kong Standard*, 2 March 1957.

124 *Hong Kong Standard*, 7 March 1957.

黨擔憂如果落實「全民普選」，選票可能會被銀彈政策所收買，使政見與民主政治相違背的候選人亦有機會獲得議席，這將會是香港人不願看到的發展。因此公民協會認為必須盡一切方法去阻止革新會的激進主張。[125] 然而，張有興重申公民協會的成員並不反對在殖民地發展政制，他們只是認為工業和商業的發展在目前是比較重要的。他聲稱急進的政制改革已經在其他的殖民地證明會導致嚴重後果。[126] 所以公民協會主張逐漸改變現行的政治制度，並在教育普通市民有關選舉的意識後才擴大選民的人數。[127]

　　擴大選舉的人數無疑會受到大部分香港市民的歡迎。但是那些本身已經是合資格的選民卻不一定會支持革新會的普選建議，他們未必樂於看到自己的特權將要和每一個香港市民共享。事實上這種現象並非香港獨有，根據利澤瑞（Alessandro Lizzeri）和珀西科（Nicola Persico）的研究，擴大選民人數一般都不受精英所歡迎，因為這會削弱他們的政治影響力和權力。[128] 麥契爾（Allan Meltzer）和李嘉德（Scott F. Richard）則指出，超過一半的精英會在增加選舉人數的議案上表示反對。[129] 因此，就算那兩萬名合資格的選民會非常支持革新會在市政局的工作，很樂意看到其代表有更多的發言權和有更大的政治參與，然而，他們大多不願意看到選民的人數突然大增。由於公民協會和革新會的

125《工商日報》，1957 年 3 月 2 日。

126 *Hong Kong Standard*, 7 March 1957.

127 *Hong Kong Standard*, 26 Februaru 1957.

128 Lizzeri, Alessandro, and Persico, Nicola, "Why Did the Elites Extend the Suffrage? Democracy and the Scope of Government, With an Application to Britain's 'Age of Reform'", *Quarterly Journal of Economics* 119 (2004): 1155-1189.

129 Meltzer, Allan, and Richard, Scott F., "A Rational Theory of the Size of Government", *Journal of Political Economy*, 89, No.5 (1981): 914-927. Quoted in Lizzeri, Alessandro, and Persico, Nicola, "Why Did the Elites Extend the Suffrage?", p. 1156.

政綱相似，但前者不支持大幅擴大選民人數，這可能導致一些本來支持革新會的人漸漸變心。再加上在 1956 年底發生的一件大事，導致不少選民希望穩定，最終令他們投向公民協會。

10 月 10 日是記念推翻滿清王朝的日子，在香港的國民黨支持者通常會在該日掛上國民黨的旗幟以示慶祝。而於 1956 年雙十節當天，有徙置事務處的人員在李鄭屋邨移除國民黨的旗幟，這激起了支持者的反感，不少人聚集在徙置事務處的辦公室前要求道歉及賠償。事件最後演變成嚴重衝突，有建築物遭人襲擊。據官方的記錄顯示，事件最後導致 59 人死亡，827 人受傷。[130]

在葛量洪向英國殖民地大臣的檢討報告中，對 1956 年騷亂的成因歸納為以下幾點：一、在政府興建的七層徙置區中的生活條件非常之擁擠和惡劣；二、因為就業困難或薪金的不公平，大部分本地市民只擁有很少或根本沒有個人財產；三、有不少在內戰時期從中國大陸逃離到香港的人都有無奈或辛酸之感，隨着生活困難及對社會的不滿，他們容易被流氓和罪犯煽動。正是在這些背景之下，原本輕微的衝突便導致了嚴重的騷亂。[131] 雖然港督在報告中不願承認，但這次事件似乎在一定程度上是因為政府和市民之間缺乏溝通。可惜的是，正因為政府不願承認這個問題，導致了六十年代兩次更嚴重的動亂，這是後話。

革新會和公民協會都沒有忽視這次騷亂。在事件發生的第二個早上，革新會的發言人區達年便舉行了一個新聞發佈會，要求當局調查是否有流氓或任何幕後組織教唆市民參加這次騷亂。此

---

130 *Report on The Riots in Kowloon and Tsuen Wan, October 10th to 12th, 1956, Together with Covering Despatch dated the 23rd December, 1956, from the Governor of Hong Kong to the Secretary of State for the Colonies*, Hong Kong: Hong Kong Government Printer, 1956, p. 44.

131 *Report on The Riots in Kowloon and Tsuen Wan*, pp. i-ii.

外，他亦表示該會將協助有需要的徙置區居民。[132] 當騷亂變得更嚴重時，區達年對記者發表了另一份聲明，敦促政府立即制止動亂。革新會希望曾經參與者可以冷靜下來，以免騷亂變得無法控制。該黨亦建議政府馬上成立一個專門的機構來解決這個問題，並要求市民與政府合作。革新會認為惡劣的居住情況是導致今次騷亂的其中一個主因，因此它建議政府應該檢討如何協助徙置區的居民。革新會的聲明還再次承諾會幫助那些有需要的人。[133] 除了在報章發表聲明外，區達年也致函市政局的秘書，要求主席解釋有關徙置事務處的工作人員為何有需要在雙十節當天移除國民黨的旗幟。

由於港府在 11 日至 14 日實施宵禁，一些在經濟上受影響的市民在閱讀了革新會在報章的聲明後，便主動尋求協助。收到求助信息後，該黨立即致函社會福利處並提出：「根據革新會在九龍騷亂中所收集到的消息顯示……由於有大量日薪工人及小販等因為受到宵禁的影響，他們至少在過去 48 小時沒有任何收入，當中更有家庭因此無錢購買食物。在這種情況下我希望閣下可以立即為受影響之居民提供免費餐等援助……。」

公民協會也敦促政府為受到宵禁影響的日薪工人、小販及其他收入的家屬提供臨時食物。協會建議受影響地區的街坊協會可以參與協助，幫助政府登記需要援助的家庭。它也建議應該立即安排這樣的食物救濟計劃，因為實在有很多人需要這種緊急援助。[134]

為了協助有需要的人士，革新會在皇后大道中的一個商業大

---

132 *Hong Kong Standard*, 12 October 1956.

133《工商日報》，1956 年 10 月 13 日；《大公報》，1956 年 10 月 13 日。

134 *Hong Kong Standard*, 15 October 1956.

廈開設了臨時辦事處，以接受請願或因騷亂所引致的求助。[135] 該辦事處是二十四小時開放，這在五十年代是不常見的。由於貝納祺是市政局內的徙置委員會委員，他試圖運用在會內的影響力，以避免今後發生類似的騷亂。革新會認為政府與市民之間缺乏溝通，尤其是不了解低收入人士在徙置區生活的需要。因此，貝納祺建議市政事務處應該加派人手到徙置屋邨定期訪問，與居民有更緊密接觸，以了解他們的實際需要。[136]

　　然而，不論是革新會或公民協會，它們在這次騷亂的角色都只是幫助受害者。有人可能會問，為什麼兩黨都聲稱自己是最能夠代表香港市民的政治組織，但卻在這次重要事件中只採取克制的態度，除了協助有需要人士及呼籲各方冷靜外，它們似乎都盡量不表達意見。一個比較明顯的原因是這次騷亂的起因關乎左派及右派的衝突，而革新會和公民協會均只是代表香港本土的地方政黨，它們跟左派或右派的意識形態是沒有任何關係的。如果在騷亂的過程中有太多的參與，可能會影響到兩黨的政治形象。事實上，戰後的殖民地政府對於左右兩派力量的潛在威脅非常敏感，而革新會和公民協會均與國民黨或共產黨完全沒有關係，因此雙方都不敢有太多參與而令自己遇到任何麻煩。這也可以解釋為什麼它們在 1967 年的暴動中也沒有直接的參與。在這次雙十節事件上，兩黨除了發表聲明以求恢復香港的穩定，並幫助那些受騷亂影響的普通市民之外，都刻意避免採取任何進一步的行動，以防止捲入意識形態的衝突。

　　這次事件表面上與市政局選舉無甚關係，但事實上它令那些

---

135 *Hong Kong Standard*, 17 October 1956.

136 *Minutes of the Resettlement and Clearance Policy Select Committee meeting*, 31 October 1956.

合資格的選民更擔憂擴大選舉人數的後果。當時香港嚴重地受着左派和右派勢力的影響，而大部分市民都不願捲入兩派的鬥爭，精英們對此尤其擔憂。這次暴亂正可以反映出兩派鬥爭的破壞力。如果實施全民普選，難免會有兩派人士成功當選。再加上革新會不單要求擴大選民人數，更提倡增加民選議席，這難免令合資格的選民擔心市政局會被兩派所操控，影響到殖民地的穩定。這正好是公民協會反對革新會所提出的政制改革的原因。暴亂無疑令一些選民對公民協會的說法產生共鳴，最後導致他們的轉向。

由二戰後市政局重開選舉至六十年代末，民選議席已由兩個增加到十個，而任期也由一年延長至四年。自公民協會開始派代表參選後，市政局選舉已成為兩個政黨測試人氣的戰場（見表4.1）。在六十年代末前，不但沒有獨立候選人能夠在市政局選舉中勝出，而且所有的民選議席都是由兩黨壟斷。[137] 革新會和公民協會的競選政綱中最主要的區別是政制發展的理念。然而，這個明顯區別在五十年代末已經開始減低。

表 4.1　市政局民選議席的分佈[138]

	民選議席	革新會	公民協會
1952－53	2	1	0
1954－55	4	4	0
1956	8	6	2
1957－58	8	5	3
1959－64	8	4	4
1964－67	10	5	5

137 CO1030/1229, Hong Kong Urban Council.

138 Leung, Yin-hung, "State and Society: the Emergence and Marginalization of Political Parties in Hong Kong", Ph.D. Thesis, Hong Kong: University of Hong Kong, 1999, p. 67.

八、公民協會的轉變

公民協會在成立初期似乎是一個頗為保守的政治組織，它反對革新會對於政制改革的要求，並且批評在立法局增加選舉的元素及推行全民普選制度。然而，當它的創會主席加斯恩修士在 1957 年離世以及三個較保守的外籍委員在五十年代末離開協會後，該會的政治觀點便逐漸有所改變，我們可以從張有興在 1957 年 10 月到英國一事中了解得到。張有興代表公民協會到倫敦訪問，會見殖民地部官員艾希頓（K. G. Ashton）。[139] 在會面中，張有興竟然向殖民地部要求在立法局增加民選議席，而這正是公民協會在 1954 年創立時明顯反對的。他向殖民地部官員分析在立法局增加選舉元素可以令香港市民覺得他們能夠真正處理自己的事務。他表示政制發展不單是回應香港人的訴求，而且對英國政府延續香港的管治有着至關重要的影響。公民協會認為中國政府將來必定會要求香港回歸，如果當地居民能夠在政府中有充分的代表，主權的移交將不會得到大部分香港人的支持。他甚至假設如果中國真的要求香港回歸，英國政府可以舉行一個全民投票，相信香港市民大多數都會希望延續殖民地的管治。但張有興告訴艾希頓，公民協會和革新會的政治取向有所不同，公民協會不支持在香港推行全民普選。張有興重申香港是不適宜作出過快的政制發展。不過，該黨向殖民地部所提出的政制改革方案，正正是葛量洪曾經批准過的政改修正議案。

1959 年 8 月 19 日，張有興再次在香港扶輪社的演講中發

---

139 CO1030/491, Ashton's letter to Grantham, 19 October 1957.

表公民協會對於政制發展的取向。[140] 在名為「擴大市政局的職權範圍」的演講中，張有興批評當時香港的政治環境。他認為香港的官員，甚至普通市民，常常覺得經濟發展比政治更重要。他們通常聲稱四大基本需求，即就業、住房、醫療設施和教育事務，均比政制發展更為迫切。他對於這種說法有所保留，他認為經濟和政治發展應該同步進行，這樣才能發揮最大的成效，令社會進步和提高生活水平。為了適應世界的發展，香港人不應該被動地接受現有的政治制度。張有興呼籲香港市民應對自己的地方事務付出更大責任，而只有政制發展才能有效激勵香港的經濟增長。

接着，張有興便提出了公民協會對於政制發展的意見。他認為在香港這麼細的地方，是不適宜同時擁有擴大權力的立法局和市政局，這樣容易導致權力不均。公民協會所設想的香港憲制框架，是類似英國的兩院制，市政局可以逐步轉變為下議院或眾議院，而立法局則發展成為近似英國的上議院，當中的成員可以由港督任命。為令市政局成為類似下議院，首先應該擴闊其管轄範圍，並且增加議員人數。因此，公民協會希望殖民地政府考慮在1961 年增加市政局議員的人數。此外，市政局的職權亦應該擴大至包括教育、醫療、社會福利和消防事務。雖然現時市政局負責徙置區事務，但張有興建議應該伸延至包括城市規劃等職權。此外，他更希望將市政局的管轄範圍擴展至新界，因為有不少合資格的選民都在那裏居住。[141] 如果張有興的建議得到實施，這意味着市政局將直接處理大部分香港市民的民生事務。然而，兩院制的想法絕不溫和。如果連立法局增加選舉元素已經難以通過，

---

140 *Tung Feng (East Wind): Weekly Bulletin of Rotary Club of Hong Kong Island East*, Vol. 7, No. 8, 25 August 1959.

141 *Tung Feng*, Vol. 7, No. 8, 25 August 1959.

那麼將一有擁八個民選議席的市政局變成另外一個權力中心，又
怎會得到殖民地政府的接受？

九、小結

　　香港最早期政黨的出現，很大程度上是因為戰後不斷變化的
政治和社會環境。革新會和公民協會的多種族性質，可能導致它
們在成立初期，並未得到大部分本地中國人的認同。但隨着它們
為香港政制發展、打破大米進口的壟斷，以及反對放寬租金的管
制等社會運動的努力，兩黨漸漸爭取到市民的信任。這些事件也
鞏固了它們作為政府和市民之間橋樑的形象。兩個政黨的認受性
可以通過它們在市政局選舉的成功充分體現出來。從觀察革新會
和公民協會的發展，可以了解到殖民地最早的政黨如何在充滿限
制的政治環境下生存。儘管未能成功追求政制改革，但由於經常
幫助本地群眾尤其是弱勢社群，它們贏得了不錯的聲譽。這兩個
政黨，特別是革新會經常批評殖民地政府的各項政策，但它們在
政府面對困難時都會提供支持。在五十年代的政治敏感時期，政
府非常擔心左翼和右翼勢力的威脅，得到這兩個主要政黨的支持
對於政府是一種祝福。[142] 這可以解釋為何政府沒有打壓兩黨的發
展。隨着創會主席的離世和一些保守成員退黨之後，公民協會的
政治理念開始有所改變，而導致它在六十年代可以和革新會合作
一同爭取民主改革，並踏進兩黨的黃金時期。

---

142 它們不時向政府提供幫助，例如在七十年代的清潔香港運動和滅罪運動都給予全力支
　　持。

第五章

六十年代：革新會和
公民協會的黃金十年

　　經過五十年代的努力，革新會和公民協會成功地充當了政府與市民之間的橋樑，它們漸漸深受市民歡迎。隨着更多精英加入兩黨以及得到廣大市民的支持，兩黨都更放膽地在六十年代去追求它們的政治和社會議程。兩黨在 1960 年組成了一個代表團前往倫敦，去要求政制改革。雙方亦嘗試在六十年代初進一步結盟，以圖增加政治影響力。當港督在 1965 年提出地方行政改革的建議，兩黨立即磨拳擦掌，試圖成為改革的領導者。在社會議題方面，因為兩黨的委員囊括了市政局的民選議席，它們可以利用議會的平台去幫助普通居民。不過，由於革新會和公民協會是競爭對手，它們在玩弄政黨政治時可能會影響到自己在市政局的效率，這可以在兩黨爭取將中文成為法定語言的運動中清楚顯示出來。

一、革新會和公民協會的首次合作

1960 年 3 月，革新會和公民協會聯手，通過港督正式向殖民地大臣提出請求，希望他可以到香港和兩黨討論政制發展。雖然它們的要求被拒絕，殖民地部卻歡迎它們到倫敦發表意見。收到回覆後，兩黨馬上安排一個聯合代表團到倫敦訪問。訪問團成員包括貝納祺、張有興和李仲賢，他們一同會見了殖民地部的官員華萊士（W. I. J. Wallace）、伯格（J. C. Burgh）和拉蘭（R. C. V. Rarran）。[1] 自此以後，繞過香港政府直接到英國去爭取改革，便成為革新會和公民協會的慣常動作。

在正式會見前，兩黨提交了一份關於香港政制發展問題的十四頁備忘錄。備忘錄雖然幾乎涵蓋了所有香港的問題，例如住房、教育、交通、醫療、貪污及毒品問題，但政治改革才是最重要的課題，因為兩黨委員都認為政制改革可以直接令到這些社會問題得到改善。所以該備忘錄在列明了當前政治制度的缺失後，便提出了關於政制改革的一些具體建議。這些建議可以概括為：一、市政局除了目前的八位民選議員外，應該再增加八個民選議席。另外，該局的管轄範圍亦應擴大到包括消防、交通、社會福利、醫療及教育事務。二、立法局應該改變為八位委任議員與八位民選議員。兩黨理解到這種改革可能比較激進，因此建議可以通過兩個階段來完成，首先增加四名民選席位，而選舉的方法可以與殖民地大臣協商後才決定。三、行政局將扮演一個類似內閣的機構，所有成員由港督任命。但兩黨主張一些立法局民選議員

1　CO1030/1408, Note of Meeting in the Colonial Office on 8th September to Discuss the Memorandum Presented on 7th September by the Representatives of the Reform Club and the Civic Association. 這個會議不只討論政治形勢，還涉及社會和經濟問題。

應該被任命為行政局的成員。四、選民的人數應逐步擴大。這可以通過增加合資格選民的類別,例如護士、財產納稅人及其他商人。[2]

　　該備忘錄的結論是只要殖民地的政治制度得到發展,才可以令到「政府與市民有更密切的聯繫」。事實上,今次革新會和公民協會的建議似乎非常激進,因為它們竟然建議在行政局的成員上加添民選的成分,這樣的政治體制在今天仍然未能實現。殖民地政府也不可能接受在立法局增加十六個民選及委任的議席,因為這不僅意味着一下子有大量民選議員進入議會,而且也令到非官守的議員成為立法局的大多數。如果這是革新會的獨立意見,我們可能不會感到驚訝。但該備忘錄是和公民協會一同撰寫的,這反映出公民協會的政治態度出現了一個非常顯著的變化。如果加斯恩修士和那些保守的創會人士仍然在位,相信這種合作將不會發生。

　　事實上,這兩個政黨不會不切實際地認為它們的要求會被接納。提出這些激進的要求只是一種策略,它們的真正目的是希望在與殖民地部官員見面時,他們會接受一個相對溫和的改革建議。在會面開始時,貝納祺便向殖民地部官員解釋香港立法局的結構在過去一百多年都沒有顯著的發展,至今議員的資格都是只限於政府官員和部分本地富商。革新會主席強調,如果英國在 1952 年否決政制改革是因為當年的政治氣氛非常敏感,那麼現時的政治局勢已經明顯地大為不同。中國共產黨政府已經確立並鞏固了一段相當長的時間,而它並沒有對香港的穩定造成直接威脅。他因此認為英國政府沒有理由不給予香港人一個參與自己

2　CO1030/1408, Joint Memorandum on Proposed Constitutional Changes in Hong Kong, September 1960.

事務的機會。張有興對於立法局改革亦作出和議，他認為就算立法局的選舉只是增加小部分的選舉元素，這已經可以大大地加強其代表性。作為公民協會的代表，張有興的建議明顯比貝納祺保守。他說公民協會明白到香港的困難情況，因此該黨願意與殖民地政府合作，他們不介意看到在立法局只是增加間接選舉的議席。

貝納祺和張有興都強調政制發展可以增進香港市民對於殖民地政府的忠誠度。張有興特別強調香港人對於港英政府忠誠度的重要性。他認為北京政府終有一天會向英國提出收回香港，如果香港市民對殖民地政府抱有歸屬感，英國可以考慮就殖民地的未來在香港進行公投，這樣將會大大增加英國在談判桌上的籌碼。鑑於香港政府曾經指出否決政制改革是因為北京政府不會容許，張有興便藉此機會直接向殖民地部官員詢問有關英國政府有否就香港的政制發展問題與北京溝通。華萊士的答覆是否定的，由此可見這只是殖民地政府用來否決政制改革的藉口，筆者將會在第六章再作詳細分析。殖民地部官員伯格反指出即使在立法局增設民選議席，官守及委任議員仍然佔多數，這種改革似乎未必是兩黨所願。貝納祺則回答說，革新會和公民協會的意願是希望在立法局增設民選議席，這也是一般香港市民的願望。兩黨都認為要有經過選舉產生的人士進入立法機關，才可以「縮減政府與市民之間的距離」，因為它們認為只有受過選舉洗禮的議員才是「最接近香港的普羅大眾，並能夠真實地反映公眾的意見」。貝納祺引用 1956 年的暴亂作例子說，如果有民選的議員在立法局中，他相信該議員將會更有效地為政府與參與暴亂的群眾溝通，事件將不會發展得那麼嚴重。

另外，今次兩黨的代表團到英國訪問受到各大報章的廣泛報道，由此可見，香港市民並非如官方所說的大部分都對政治冷漠。

行政及立法兩局
應增設民選議席
革新會與公民協會代表
本月底將赴英請願

【本報訊】關於本港行政、立法兩局缺乏民選議員一問題，過去已有若干團體及本港人士，發表意見，現港會（革新會）主席貝納祺大律師及公民協會主席胡百全律師等本港最高機構之兩個，最近又再一次決定與有關當局及全港市民發生切之關係，而港革新會及公民協會代表，將於本月底齊赴英倫，要求增設行政、立法兩局民選議席。

貝納祺律師本月底赴英倫，代表港市民向政府地部大臣請求增設行政、立法兩局民選議席，以表港市民之意向，彼等認為此次增設民選議席，將反映於兩局之調難。

又悉：香港革新會港島四分會，此行任務，對香港前途，關係甚大。

據悉：在市政局各會，香港革新會與公民協會，均在四席民選議員之中佔有四席。對於行政、立法兩局有增設民選議席，對於民選與公民協，已為表示踴躍探難起見，須組織之一問題上，已。

（以下至之意見，最近決定定期於本（七）月二十日（星期三）下午七時，假座酒家行茶晚會，並以喚起各方力量，共同致力促成此一問題，跟項籌募，參加者每位十元，歡迎會員同人參加，均須於本月十六日以前向下過。）

革新會港分會會歡迎途納貝

列地區購券券報名：
錦繡軒尼詩道五五
九龍太子道一五七號
二樓香港革新會九龍分會
雞紅磡寶其利街三十
號A地下潘太樹
灣東大街大王里卅五
C座鄭礎文
北區分會
陸頓道禮信大廈七樓
三室李有逢醫生
一告羅士打行三〇
二樓香港革新會
四號三樓李立勛
九龍街前圍九龍街
九號振披
海街六六五號四樓林

二、1960 年與殖民地大臣的會議

在不到兩個月的時間裏，兩黨再次有機會和英國的官員會面。今次的會面安排是由於殖民地大臣珀斯（Lord Perth）到香港作官式訪問。[3] 1960 年 10 月 28 日，公民協會派出胡百富、張有興、李仲賢三個核心委員，再加上革新會的貝納祺、李文俊和鍾愛理遜一同會見殖民地大臣。在會談的開始，貝納祺和張有興便指出非官守議員都不敢批評政府，他們斷言只有民選議員才能夠代表公眾去向政府表達自己的需要。畢竟，公民協會對政制改革比革新會保守，因此張有興告訴殖民地大臣，公民協會不贊成馬上實行全民普選。儘管如此，張有興與其他革新會成員都一致認為，香港的政制改革有迫切需要。他説：「一個即使沒有投票權的普通市民都會視市政局的民選議員作為他的代表，所以他們也會視立法局的民選議員為他們的代表。香港人希望過有體面的生活，並且有人願意為他們在立法機關發聲。而市政局議員感到要為市民負責，正正是因為有議員是由選舉所產生的。」兩黨聯合代表團向殖民地大臣建議在立法局增設間接選舉，即委任市政局的民選議員進入立法局。貝納祺警告説，如果沒有政制改革，香港在十年之內必定會再次發生騷亂。和一眾官僚一樣，殖民地大臣沒有作出承諾，他只是官腔地説「沒有什麼是不變的」和「一切都會改變」，但他也答應會「非常深刻的考慮」兩黨的建議。

事實上，殖民地部並非沒有考慮革新會和公民協會的建議。一份由助理殖民地部次官梅爾維爾（E. Melville）所起草的報

---

3 CO1030/1407, Note of Meeting held on 28th October 1960, in Government House, Hong Kong.

告中表明，雖然立法局增設直接選舉是不會被接受，但間接選舉並非不可能，助理次官認為兩黨提出委任市政局民選議員進入立法局的建議是「值得考慮」。[4] 雖然革新會和公民協會的成員無法說服殖民地大臣去實現香港的政制改革，但是貝納祺的預言卻不幸地非常準確。

前一章曾提出革新會的努力可能反而間接導致政制改革提議在 1952 年被否決，類似的故事似乎又再發生。在國務大臣訪港之會報（*Brief for the Minister of State's Visit to Hong Kong: 21st to 29th October 1960*）中指出：「港督和他的非官守議員最近一直考慮在立法局增加兩名非官守議員的可取性。」[5] 在該摘要中沒有提到兩個考慮新增的議席將會是來自市政局的民選議員還是由港督任命。但殖民地政府建議為了避免任何人聯想到港督的改革考慮是受到革新會或公民協會的壓力，因此暫時不建議推行改革。

三、不斷接觸英國官員和政客去要求政制改革

與殖民地部或國會議員接觸，已成為兩黨去追求政制發展的恆常做法，兩黨幾乎每年都會派代表和英國官員見面。例如貝納祺於 1964 年前往倫敦會見殖民地部高級官員許約翰（John Hyam）並舉行了兩次會議。一年之後，當英國國會議員費雪（Nigel Fisher）和斯蒂爾（David Steel）前來香港訪問，他便

---

4 CO1030/1407, Note of Meeting held on 28th October 1960, in Government House, Hong Kong.

5 CO1030/1408, Brief for the Minister of State's Visit to Hong Kong: 21st to 29th October 1960 by Far Eastern Department, Colonial Office, 6 October 1960.

安排一些革新會的委員與兩位議員會面。1966 年，革新會也受到殖民地政府的邀請，與到訪的殖民地大臣李輝德（Fred Lee）見面。當有英國國會議員到訪香港，革新會的委員都必定會要求見面，當中包括工黨的羅押（Evan Luard）、蘭金（John Rankin）、自由黨的索普（Jeremy Thorpe）及保守黨的百禮嘉（Peter Blaker）。[6] 在六十年代初加入革新會的杜葉錫恩，也曾高調地在 1966 年到倫敦要求政制改革。[7] 貝納祺在 1968 年也再次訪問倫敦，並與英聯邦事務大臣石寶德（Lord Shepherd）討論香港的地方事務。當石寶德和工黨議員杰克遜（Colin Jackson）於 1969 年訪問香港時，革新會也沒有錯過機會，向他們提出政制發展的建議。

公民協會和革新會一樣，也經常和英國政界人士會晤。在 1963 年及 1964 年中，該協會的一些委員到英國拜訪了英國國會議員及官員，當中包括保守黨議員萊爾（Anthony Royle）、工黨議員蘭金及布雷（Jeremy Bray）、工黨國防部長希利（Denis Healey）、工黨聯邦事務大臣巴譚里（Arthur Bottomley）和殖民地部遠東事務部主任海厄姆（J. D. Higham）。在每次會面期間，公民協會均會提交一份有關政制發展的建議書。[8] 當國會議員費雪和斯蒂爾在香港訪問期間，協

6　Reform Club, *Silver Jubilee Anniversary Souvenir Publication*.

7　Pepper, Suzanne, *Keeping Democracy at Bay*, p. 138.

8　有關致 Healey 及 Bottomley 的建議書，見 *Stability and Progress: Hong Kong Civic Association Tenth Anniversary Commemoration Issue*，頁 16-18；致 Higham 及 Rankin 的建議書，見 CO1030/1607, Memorandum to Mr. J. D. Higham, Head of Far Eastern Department, Colonial Office, from Hong Kong Civic Association, General Committee, and Memorandum presented by representatives of the Hong Kong Civic Association General Committee to Mr. John Rankin, M.P. at a Luncheon Meeting held at City Hall on Wednesday, 12th August, 1964, 1 p.m.

會的一些委員亦把握機會與他們會面。[9] 張有興成為公民協會的主席後，先後在 1968 年至 1970 年間多次到倫敦會見外交及聯邦事務部的官員，商討香港目前的問題。他更與當時外交及聯邦事務部次官萊爾建立了私人友誼。如果未能和來訪的英國官方安排會面，公民協會便會在報章上發表公開信，以表達該黨的意見。[10]

通過訪問及會見殖民地部的官員，他們認為公民協會是「在殖民地中最負責任的政治團體」。[11] 在一份外交及聯邦事務部的公函中，萊爾德（E. O. Laird）讚揚公民協會的建議比較溫和及有建設性，它的建議有不少都和官方的意見接近。[12] 因此我們將看到在七十年代初有不少來自公民協會的建議都被外交及聯邦事務部所採用。

雖然大部分會議都算不上成功，但它阻止了殖民地政府以沒有人要求在香港實行政制發展作為否決改革的藉口。而且兩黨也為在八九十年代要求政制改革的新一代民主派和改革派起到示範作用。可惜殖民地政府過於保守，而且亦過分擔憂政制改革會為其管治帶來負面影響，因此政制發展在八十年代之前仍裹足不前。就算面對英國國會議員質詢為何儘管香港的政治制度已經非

9　《香港公民協會二十週年紀念特刊》。

10　例如，外交及聯邦事務大臣鮑登（Herbert Bowden）在 1967 年 3 月訪港時並沒有安排和兩黨會面，公民協會便向他發表就香港事務發展及政制改革的公開信。見 South China Morning Post, 7 March 1967.

11　FCO40/303, Despatch from Anthony Royle to L. Monson, 10 July 1970，及 FCO40/303, Memorandum handed to Rt. Hon. Anthony Royle, Under-Secretary for State for Foreign & Commonwealth Affairs by Hilton Cheong-Leen, Chairman of Hong Kong Civic Association, at the Foreign Office, Downing Street, London, on Friday, 10 July 1970.

12　FCO40/305, Note on Re-Organization of Local Administration: Hong Kong from E. O. Laird to Leslie Monson, issue date unknown.

常落後，但殖民地政府仍然沒有政制改革的打算，港督仍施施然地解釋：「一般市民都了解在香港政制發展的情況，只有一小部分人士要求改變。」另一個常用的藉口便是政制發展方案正在密切考慮中，不過可惜從來都沒有結果。[13]

四、革新會和公民協會聯盟：一個錯誤的結合

由於兩黨的政治觀念愈來愈接近，再加上政制改革每次都被殖民地政府所拒絕，革新會和公民協會便決定成立一個聯盟，以加強它們對政制發展的影響力。兩黨的主席貝納祺及胡百富於 1961 年 1 月 16 日簽署了一個長達四年的合作協議。[14]

不幸的是，兩黨的聯盟不但未能成功爭取政制改革，反而為香港的民主發展帶來負面影響。實現民主進程的一個重要條件是吸引更多熱心公共事務的人去參加選舉及投票，這有利於逐步提高廣大市民的政治意識。雖然革新會—公民協會聯盟的表面理由是希望加強它們在推動政制改革的力量，但眾所周知，該聯盟的另一個目的是為了保護兩黨在市政局選舉的壟斷地位。面對強大的兩黨聯盟，獨立候選人似乎沒有任何當選的機會，這大大地影響了一些本來考慮參加競選的人士。此外，選民也明白到兩黨聯盟將會導致它們的代表在選舉中大勝，因此降低了他們的投票意慾。這個最壞的情況在聯盟的第一年便已發生。在 1961 年的市政局選舉中，由於沒有任何獨立候選人參加競選，因此兩黨聯盟

13 FCO40/256, Parliamentary Question for Oral Answer on 15 July by Lord Lothian Prepared by Hong Kong Department, 13 July 1970.

14 *Stability and Progress: Hong Kong Civic Association Tenth Anniversary Commemoration Issue*, Hong Kong: Hong Kong Civic Association, 1964, p. 8.

公民協會昨開大會解釋

為求實現政制改革

與革新會共同進行

兩會定召廿三聯合開大會

公民協會主張政制和緩改革

《工商日報》1960 年 8 月 10 日報道公民協會將與革新會聯合舉行民眾大會，討論政改意見

的四個提名人可以自動當選。[15] 這某程度上是剝奪了香港選民的權利。兩黨聯盟以壟斷市政局的選舉不僅受到不同報章的批評，而且也對本地民主發展帶來負面影響。[16] 因為 1961 年的壟斷事件，市政局選舉的投票率在 1963 年由 30% 下降到 20.6%。[17]

對於市政局選舉的結果，兩黨發表了不同意見。革新會的副主席李有旋對於 1961 年沒有獨立候選人參加選舉表示無奈，他指出：「如果我們在選舉中有更多的參與者，政府可能會在市政局增加更多民選議席，甚至可能考慮在其他議會增加選舉元素。」[18] 他聲稱革新會希望看到有更多人參加市政局選舉，尤其是因為這是香港唯一一個有選舉的議會。他敦促香港市民如果希望民主發展能取得更大成果，他們應該在市政局選舉中更積極參與。

但公民協會主席卻聲稱香港市民並「沒有對選舉失去興趣」，他認為沒有獨立候選人在 1961 年出來參選，是因為公眾支持兩黨聯盟的選舉政綱。他形容兩黨是代表香港的市民，而他們亦支持革新會和公民協會在去年 9 月提交給殖民地部的聯合備忘錄。張有興表示沒有獨立候選人參與選舉，是因為一般人都了解到兩黨的實力。他強調主席的看法，認為這一跡象表明了絕大部分市民都支持聯合備忘錄所建議的政制發展的主張。

雙方不同的觀點可以反映出它們對於兩黨聯盟有着不同的取態。公民協會滿意同盟的結果，因為它確保了三個市政局的議席。它樂於見到該黨在政治舞台上日漸壯大。它只支持溫和的政制發展，所以該黨成員不會太擔心沒有獨立候選人參加競選的負

---

15 CO1030/1229, Despatch from the Governor to the Secretary of State for the Colonies, 2 March 1961.

16 《星島日報》，1961 年 2 月 25 日。

17 Lau, Yun-woo, *A History of the Municipal Council of Hong Kong*, p. 101.

18 *China Mail*, 22 February 1961.

面影響。但另一方面，革新會卻就此事感到不安。它不僅希望贏得選舉，而且也希望見證着政制發展的進程。它不願意看到普羅大眾對選舉失去興趣。因此，雖然革新會的成員可能在起初希望兩黨的聯盟可以建立一個更強大的力量去推動民主發展，它們卻低估了該聯盟所帶來的負面結果。

由於大家的政治願望不同，革新會—公民協會聯盟的蜜月期只維持了四年，便在 1965 年終結。當被記者問及為什麼聯盟不再繼續，貝納祺回答説：「有很多原因，但我不方便透露。」[19] 除了兩黨不同的政治願望，一個重要的原因是革新會感到被其盟友所背叛。在 1963 年的市政局選舉中，兩黨聯盟所推薦的候選人吳頌堯竟然敗給「獨立候選人」馬超常（Solomon Rafeek）。但當聯盟宣佈結束後不久，馬超常便承認他早已加入了公民協會。革新會認為這可以解釋為何公民協會沒有全力支持聯合提名人的一個主要原因。張有興後來也透露，馬超常自 1954 年以來便一直是公民協會的成員。[20] 當貝納祺在市政局選舉後知道被盟友背叛，便馬上決定終止聯盟。這一事件不僅破壞了兩個政黨之間的關係，並影響了它們的聯合力量去追求政制改革，同時顯示出香港早期政黨政治不成熟的一面。

兩黨的分手難以避免。革新會和公民協會的聯盟已經影響到獨立候選人參選的意願，這對於政治參與和公民意識的發展是有害的影響。此外，聯盟似乎並沒有為政制改革帶來正面影響，因為在這四年中政制改革並沒有取得任何進展。但最根本的原因是兩黨在政治上各自有着不同的訴求。革新會的最終要求是立法局和行政局均增設選舉議席，但公民協會並不希望看見這樣「大刀

19　*South China Morning Post*, 8 September 1964.

20　*Hong Kong Standard*, 13 April 1965.

「闊斧」的改革。在兩黨聯盟的最後一年，公民協會主席胡百富在其周年大會上指出：「很多市民都認同我們溫和的政制發展建議，我想重申，在過去的一年中，我們已經享有了穩定和進步。」[21] 兩黨有着這樣大的分歧，試問又怎可能長久合作下去？

五、六十年代中期兩黨與政府之間的不公平競爭

雖然在六十年代初兩黨追求的政制改革並沒有成功，但改革的機會似乎在六十年代中再次到來。由於新界新市鎮的發展，特別是在荃灣區以及續後發展的沙田、屯門及元朗，以舊式方法管治這些鄉鎮已經顯得過時。當時市政局的管轄範圍只包括香港島及九龍半島。鑑於新市鎮的發展，一些革新會和公民協會的市政局議員便要求市政局的服務範圍應該伸延至新開發的新城鎮。[22] 港督戴麟趾亦承認，荃灣、青山及沙田等新市鎮的管理方式是六十年代中「最迫切的問題」，[23] 他認為「一個正在發展的工業城市不可能永久地由一個比較低級的理民府所管理」。不過戴麟趾一直都不重視市政局，更對民選議員心存鄙視，所以對於將新市鎮的管理交予市政局是有所保留的。戴麟趾聲稱：「他們在政治上全無教養，我懷疑他們會否明白自己平常所爭論的議題。」他認為那些民選的議員是「不能被縱容」，而他們的「野心必須要被制止」。

21　*Hong Kong Standard*, 15 March 1964.

22　《工商日報》，1965 年 9 月 19 日；《華僑日報》，1965 年 9 月 19 日。

23　CO1030/1620, Letter from David Trench to W. I. J. Wallace, 26 May 1965.

戴麟趾希望在新界建立一種「地方行政」的制度。然而他還是明白到市政局的管轄範圍及權力不能永遠地被制止，所以他無奈地認為「必須讓（市政局）有少許改革，從而滿足那些民選議員自負的要求」。不過他也向殖民地部警告說：「如果面對（民選議員的）壓力便有所妥協是危險的，我們應該首先構建一個機制去遏止議員的野心，然後才可以討論市政局的改革事宜。」[24] 在戴麟趾就任港督期間，雖然曾經啟動了如開創民政事務專員制度等改革，但是如果仔細閱讀他和英國殖民地部之間的公函，我們便可以了解到他其實不願意作出改革，並且非常蔑視本地的民選議員。如果不理解戴麟趾對於改革的保守態度及其對民選議員的鄙視，我們將不容易明白為何地區行政及市政局改革的諮詢要經歷八年之久。

（一）革新會和公民協會在《市政局未來範圍及工作特設委員會報告書》中的角色

在 1966 年 2 月 24 日的立法局會議中，港督戴麟趾清楚地向議員及市民反映地方行政改革的迫切性。但他形容改革需要詳細的討論及研究，例如要決定地方政府的架構以及挑選成員的方式；它們與各部門首長及現存地方諮詢機構的關係；它們執行職能的方法；另外有關實踐性的問題如地方政府的財政自主權及監管等事情亦必須解決，所以港督明顯地暗示改革諮詢過程將會很可能進展緩慢。[25] 雖然戴麟趾對於改革並不積極，但在市政局中的革新會和公民協會成員卻急不及待，希望可以參與甚至主導這

24　CO1030/1620, Letter from David Trench to W. I. J. Wallace, 26 May 1965.

25　強世功：《香港政制發展資料彙編（一）：港英時期及起草《基本法》》，香港：三聯書店，2015，頁 96－97。

次改革的機會。它們在 3 月 8 日的市政局會議中便動議在局內成立一個特別委員會，去討論及向政府建議改革的細節。[26]

市政局議員鍾愛理遜（代替離港休假的貝納祺）、張有興、沙利士（委任議員）和王澤森（委任議員）成立了一個特別委員會，以討論市政局的未來發展。由於殖民地政府集大權於一身，所以他們認為現時是合適的時機去給予香港人機會以履行「管理自己事務」的責任，並「根據一般的民主原則去發揮自己的才能」。[27] 該特別委員會在 3 月 29 日舉行第一次會議，其後合共開會十四次，並於 8 月份結束。不僅革新會和公民協會提出了改革的具體意見，其他組織和專業人士包括九龍總商會、香港中華廠商會、香港工黨、香港教師公會、香港建築師公會等，均向委員會提供了意見。[28]

《市政局未來範圍及工作特設委員會報告書》批評政府和市民之間缺乏充分的溝通。雖然市政局可以代表廣大市民的利益，但是目前它的權力非常有限。此外，市政局的管轄範圍僅限於香港島和九龍半島。雖然新界區的人口不斷增長，並且陸續有新市鎮落成，但是它依然不受市政局管轄。鑑於香港發展迅速，有必要「盡快成立一個類似地區政府的形式，以使它可以在自己的地區管理事務上發揮重要作用」。[29] 因此，該委員會建議將市政局改革成為「大香港市政府」或「香港市議會」，比目前的市政局

---

26 *Minutes of Meetings of the Urban Council*, Vol. 3, Urban Council Meeting No. 15 (1965/66).

27 *Report of the Ad Hoc Committee of the Future Scope and Operation of the Urban Council*, Hong Kong: Urban Council of Hong Kong, 1966, introduction.

28 *Report of the Ad Hoc Committee of the Future Scope and Operation of the Urban Council*, pp. 23-45.

29 *Report of the Ad Hoc Committee of the Future Scope and Operation of the Urban Council*, pp. 2-4.

《工商日報》1966年8月21日報道公民協會向英國議員提交改革備忘錄，提議本港應設一個由多數民選議員組成的市議會來管轄港九新界三個市政局

有更廣泛的管轄權，伸延至負責整個殖民地。另外，它的管理範圍應包括文化事務、居住、醫療、教育、社會福利、道路建設、建築控制、水務工程、交通運輸、消防、食品、藥品及娛樂牌照管理以及一些其他服務。[30] 由於建立「香港市議會」的目的是可以接管一些行政部門的責任，因此布政司、市政事務署署長、工務司、新界民政署署長、教育司、社會福利署署長及醫務衛生署署長都應成為議會的官守成員。[31] 在新組成的「香港市議會」之下，應另組三個區議會（香港、九龍及新界），由它們管理如圖書館、衛生、街道潔淨、小販、污水處理、公共浴室和公共廁所等本地事務。[32] 除了重組議會的職權及管轄範圍，該委員會還建議擴大選舉權，令到更多香港居民有資格去選出市議會及區議會的議員。[33]

由於特別委員會成員有一半是來自革新會和公民協會，報告的意見和兩黨之前向特別委員會提交的建議非常相似。擴大市政局的職權（革新會和公民協會分別建議改名為 Municipal Council 和 Hong Kong Municipal Assembly），並在改組後的市政局之下設立區議會等意見，均出現由兩黨所提交的建議中。[34] 有關改革的其他細節，例如議會的組成方法及財政問題，則與公民協會的建議非常相似。事實上，兩黨已經多次就有關建

---

30 報告亦提出漁農、核數、民航、海事、工商業管理、入境事務、稅務、差餉、庫務、法院、司法、九廣鐵路、勞工、郵政、政府印務及工務和廣播等事項，均不應歸市議會管轄。

31 *Report of the Ad Hoc Committee of the Future Scope and Operation of the Urban Council*, p. 11.

32 *Report of the Ad Hoc Committee of the Future Scope and Operation of the Urban Council*, pp. 6-8.

33 該報告並沒有提出選民資格，但建議任何在選舉前十二個月在該區居住，便可投票。

34 *Report of the Ad Hoc Committee of the Future Scope and Operation of the Urban Council*, pp. 36-40.

議從不同的渠道提交給殖民地政府和英國當局。儘管特別委員會還包括另外兩位市政局議員，這份報告可說是兩黨第一次通過官方渠道去提出它們的政治改革理念。

（二）香港地方行政制度工作小組委員會：官方的回應

為了避免地方行政改革由兩個政黨或市政局所領導，港督任命了一個有六名成員的工作小組，就「如何在香港實施有效及便利的地方行政制度進行探討並提出意見，並考慮香港目前各市區面積大小不一的複雜性，以及在新界計劃創建的新市鎮與農村地區發展的不同階段」的問題去撰寫報告。[35] 由工作小組委員會主席狄堅信（W. V. Dickinson）帶領所撰寫的報告書，於1966 年 11 月發表。也許了解到港督對於市政局的鄙視，工作小組沒有建議擴大市政局的權力，但建議設立兩至三個市級議會去管理香港島及九龍半島，以及一個區域市議會去處理荃灣及其他新界地區的事務。工作小組也提議投票權應該擴展至所有成年人或納稅人士。非常有趣的是該報告竟然展示了工作小組中四名成員的保留意見，並將他們的反對原因發表在報告的附錄上。羅能士（J. M. Roland）表示，他不同意將市政局分成幾個市及區議會，因為這不單會導致效率降低，並且對於實現增強政府與人民之間的溝通有負面影響。徐家祥、華樂庭（J. C. C. Walden）及韋忠信（S. A. Webb-Johnson）則表現得更加保守，他們公開反對擴大選舉人的資格，認為這將不會得到「民意的支持」。

---

35 *Report of the Working Party on Local Administration*, p. iii.

（三）地方行政委員會和市政局地方政制改革報告書

　　了解到官方的工作小組正在準備另外一份有關地區行政的報告，市政局議員便於 1966 年 10 月 4 日的會議中，通過了採納其特別委員會所撰寫的《市政局未來範圍及工作報告書》。[36] 採納這份報告書，不單代表其反映了那些民選市政局議員的抱負，其他委任議員也支持擴大市政局的職權。在採納了報告書之後，所有市政局議員均同意設立四個小組委員會，去更詳細研究擴展後的市議會的其他細節問題。另外，市政局全體議員也通過了將原來的特別委員會（由於貝納祺在 1966 年底回港，他便接替鍾愛理遜的位置）改組成為地方行政委員會，以便「審議及考慮所有關於地方行政改革的提議，並且代表市政局全體議員去向公眾交代該局的改革理念」。[37]

　　經過兩年多的研究和磋商，地方行政委員會在 1969 年提交了一份報告書。它建議市政局改名為「香港市議會」（The Hong Kong City Council），並應該直接向港督負責。該委員會亦提出將市政局的改革分為三個階段，從而將地方行政的範疇及權力逐步擴大。在第一階段，除了民選及委任議員各十名之外，議會還應包括民政司、市政事務署署長、工務司、教育司、社會福利署署長、醫務衛生署署長、交通事務處處長及屋宇事務署署長（所有參與房屋建設的部門應該合併成一個單一的房屋委員會）這八位官守議員。在最初的一至兩年，市政總署署長將會成為市議會的當然主席，但之後的主席位置便改由議員互相推選。在第二階段，市議會將不設官守議員，屆時各部門的首長將只會作為議會

36　*Minutes of Meetings of the Urban Council*, Vol. 3, Urban Council Meeting No. 8 (1966/67).

37　Urban Council, Local Administration Select Committee, *Report on the Reform of Local Government*, Hong Kong: Government Printer, 1969, pp. 1-2.

的顧問，民選議員的數目將增加至三十名。在第三階段將會成立只有民選及委任議員的區議會，屆時香港市議會的職能將通過三個階段逐步擴大，而所有改革將在 1978 年之前完成。另外，委員會還建議未來市議會的官方語言將包括英語及粵語，因此不懂英語的市民也可以被任命或經由選舉進入議會。[38] 委員會報告所設想的市議會改革雖然是循序漸進，但卻非常激進。如果報告書的建議被貫徹執行，不單殖民地政府的權力有一定程度將被分配到未來的市議會手中，而且其權力亦會受到議會的制衡。因此市政局委員會的建議對於殖民地政府而言是不可能被接受的。

在市政局議員正忙於計劃議會未來的時候，港督在 1968 年初再次委任工作小組委員會主席狄堅信去撰寫另外一份獨立的改革建議書，該建議書在同年 3 月份便迅速完成。[39] 狄堅信提出設立一個獨立的地方議會去管理荃灣新市鎮。雖然狄堅信並未就市政局的管轄地區範圍作出任何提議，但他建議該局應該取消官守議員，而民選議員應該佔市政局的多數。他也認為應該增加市政局的職權以及令其財政獨立。最後，狄堅信也建議將市政局改名為市議會（Municipal Council）。可惜戴麟趾似乎對這份報告的建議興趣不大，因此沒有把報告公佈。[40]

---

38 *Report on the Reform of Local Government*, Hong Kong: Government Printer, 1969, pp. 2-9.

39 這是一份秘密報告，市政局議員都不知道它的存在。直到英國檔案管將有關檔案解封之後，這份報告才面世。見 Questions on local government reforms in the Urban Council, 2 September 1969, Hong Kong Urban Council, *Official Records of Proceedings, 1969/70*, pp. 182-4 引自 Faure, David, *Colonialism and the Hong Kong Mentality*, Hong Kong: The Hong Kong University Press, 2003, pp. 232-234，FCO40/305, Note on Local Government by The Foreign & Commonwealth Office, Hong Kong Department, 30 September 1970.

40 FCO40/305, Note on Re-Organization of Local Administration: Hong Kong from E. O. Laird to Leslie Monson, issue date unknown.

　　港督似乎對之前任何有關地方行政及市政局改革的提議都不感興趣。戴麟趾當然不會考慮市政局議員所提交的方案，但甚至連他自己委任的工作小組所撰寫的報告也不願接受，因為由始至終他都沒有打算給予市政局議員更多的政治權力。另外有關建議在香港島和九龍半島成立兩至三個市議會，以及在荃灣等新市鎮建立區域議會的方案，也不受港督歡迎。他認為由於殖民地的面積不大，開設多個地方議會只會造成混亂及減低效率，這樣的改革將會得不償失。[41] 雖然狄堅信的第二份秘密報告可能比較適合港督的胃口，因為他只建議在荃灣設立一個地區性的議會，而沒有增加市政局的職權。可惜，他可能忽視了戴麟趾對於市政局議員的鄙視，才不智地建議取消官守議員並讓民選議員佔局內的大多數，最後導致這個非常溫和的改革方案也胎死腹中。

　　自 1965 年政府宣佈地方行政改革諮詢之後，已經經歷了數年的商議並產生了四份不同的建議書。但直至六十年代末，都未有任何跡象顯示地方行政的改革有任何進展。革新會和公民協會對於殖民地政府冷淡的反應非常失望，因此兩黨在市政局的議員策劃了一個抗議行動以示不滿。在 1970 年 3 月 3 日的市政局會議中，張有興向主席詢問有關政府對市政局在一年前所提交的地方行政改革的報告書有任何回應，市政局主席竟然回答港督仍然未就該份報告與行政局成員討論。這明顯反映出港督根本無意改革，所以張有興便以他和革新會之前所預備好的方式作出回應：

　　　　我對於這個答覆非常失望。公民協會經過與革新會議員及其他獨立的民選議員商議之後，我們一致決定就政府對於

41　FCO40/305, Letter from David Trench to the Foreign and Commonwealth Office, 10 July 1970.

地方政府改革的行動一再拖延表示不滿。因此我們今天決定離開會議廳。但我想說明今次的行動並非針對主席先生。

在「走出」市政局會議廳之後，民選的議員在當天發表聯合聲明，表示其行動是「為了表達就政府對於改革極其緩慢的步伐表示強烈的關注」。[42] 雖然他們不斷重複要求政府落實地方行政改革，但政府從來沒有就何時及以哪種方式推行改革作出任何實質性的聲明。因此今次終於激發起所有民選議員團結一致，顯示他們對殖民地政府的不滿。這一次行動更在本地報章上廣泛報道。[43]

英國的殖民地部官員似乎對市政局民選議員的抗議活動非常關注。他們開始向香港政府施加壓力，希望它能夠盡快落實改革。在同年 4 月，外交及聯邦事務大臣、兩名國會議員及五名外交及聯邦事務部的官員專程來港與港督會晤，希望戴麟趾就行政改革的事情作出解釋。[44] 外交及聯邦事務大臣史都華德（Michael Stewart）表示議員的行動以及報章的廣泛報道，反映出不少香港人都關心政制發展，而不似港督一直以來地聲稱香港市民普遍都是政治冷漠。但戴麟趾的回答毫無新意，只是重複一貫論調，即只有市政局的民選議員對政制發展感興趣。然而，英國官員對於港督的回應不太滿意。同行的蒙森（L. Monson）回英國後便向戴麟趾表示，外交及聯邦事務大臣希望在 1970 年底前收到港

42　FCO40/305 Joint Statement by Urban Council Elected Members, 3 March 1970.

43　*South China Morning Post*, 4 March 1970; *Hong Kong Standard*, 4, 5 March 1970; *Hong Kong Telegraph*, 11 March 1970.

44　FCO40/305, Record of a Meeting between the Foreign and Commonwealth Secretary and the Governor of Hong Kong in Government House at 10:00 a.m. on Sunday, 19 April 1970.

督對於地方行政改革的一些「具體建議」。蒙森更不客氣地敦促港督說，他們希望看到的是詳細的改革方案，而不只是一些輪廓的建議。[45]

　　戴麟趾可能在剛就任時對於香港的地方行政改革曾感興趣，但似乎在六十年代末便失去了這個熱誠。面對外交及聯邦事務部的壓力，他仍然回應說在這個時候實施地方行政改革「是不明智的」，他再次強調說：「一般香港市民都對政府的事務不感興趣……他們對於以選舉制度去選出領袖缺乏信心，尤其是 1967年的暴亂發生之後，他們更擔心選舉會帶來政治的不穩定。」戴麟趾甚至向英國的官員誤導說：「他們（香港市民）對市政局缺乏興趣，一如我以往所說的，並非因為它沒有權力，而是因為他們根本對於市政局心存鄙視。」這個說法當然不能成立，否則怎能解釋有不少市民經常向市政局議員求助。不過，為了回應英國方面的要求，港督說他會考慮改革現時的市政局，並預期改革方案可以在年底提交行政局。不過他最後仍然補充一句：「但是事情的進展則不能肯定。」[46]

（四）張有興出訪外交及聯邦事務部

　　經過多年來與殖民地政府在政制改革議案中交手，公民協會的張有興了解到政府極其保守，深知繼續與政府進行談判成效不大。他開始明白到不能夠一直被殖民地政府牽着鼻子走，最後得出一個結論，就是繞過港督，直接與倫敦的官員作出談判，因為他們似乎比殖民地的官員更開通。所以張有興在 1968 年和

45　FCO40/305 Despatch from L. Monson to David Trench, 26 June 1970.

46　FCO40/305, Letter from David Trench to the Foreign and Commonwealth Office, 10 July 1970.

1970 年間多次到英國，與外交及聯邦事務部官員會晤，他更與次官萊爾以及多個外交及聯邦事務部的高級官員會談。[47] 他向次官提交了一份公民協會對政制改革建議的備忘錄。有關選民資格方面，協會建議成立一種機制讓選民自動登記，而民選的市政局議員應該由十位增加至十四位。市政局的職能亦應該擴大，該黨提議將房屋委員會和徙置事務處合併，並交由市政局管轄。社會福利署亦歸市政局負責。另外，可以考慮委任四位非官守議員進入教育委員會，以使市政局可以就教育事務發表意見。對於財務安排，公民協會提出將差餉的一部分分配給市政局作營運開支。最後，公民協會當然不會忘記提議委任兩名民選的市政局議員進入立法局。

次官萊爾對於公民協會的一些提議感興趣。他向蒙森表示：「我特別對他們（公民協會）有關 1：市政局職權，2：教育，和 3：社會福利特別感興趣。」[48] 他指示蒙森去研究公民協會對於市政局改革的建議，並要求外交及聯邦事務部的香港部就公民協會的備忘錄作出討論。備忘錄其後更被提交到英國首相過目，他要求外交及聯邦事務部對備忘錄提出意見。當公民協會的建議經過各部門詳細檢討之後，結論認為協會的備忘錄「溫和」，當中的建議和外交及聯邦事務部從其他地方收集到的意見，都「只是在程

47　FCO40/303, Memorandum handed to Rt. Hon. Anthony Royle, Under-Secretary for State for Foreign & Commonwealth Affairs by Hilton Cheong-Leen, Chairman of Hong Kong Civic Association, at the Foreign Office, Downing Street, London, on Friday, 10 July 1970.

48　FCO40/303, Despatch from Anthony Royle to L. Monson, 10 July 1970. Also see FCO40/303, Memorandum handed to Rt. Hon. Anthony Royle, Under-Secretary for State for Foreign & Commonwealth Affairs by Hilton Cheong-Leen, Chairman of Hong Kong Civic Association, at the Foreign Office, Downing Street, London, on Friday, 10 July 1970.

度上會有所不同」。[49]

　　因此，當萊爾與戴麟趾在 1970 年底會晤時，便敦促港督盡快落實地方行政改革。他向港督指出：「我們並不是希望改革的速度突然加快，但我們希望改革的動力得以繼續，並且能夠被看得見。這將有助外交及聯邦事務部去協助香港。」[50] 萊爾也建議殖民地政府可以讓市政局獨立運作，這樣可以使它更加有效率，而且更能向當地居民負責。[51] 他亦認為市政局可以財政獨立，「這將有助於增加議會的責任感」。最後萊爾提醒港督說：「我們認為應給予市政局更多的負責範圍及權力。」[52] 從外交及聯邦事務部香港部的內部文件可以反映出次官對於香港政制發展的態度是深受公民協會的影響。

　　外交及聯邦事務部的壓力很可能最終促使殖民地政府在 1971 年推出市政局改革檢討白皮書。[53] 白皮書建議改革後的市政局增加小量職權，包括負責發出酒精飲品、電影院、保齡球館、溜冰場、桌球室、理髮店及乒乓球室的牌照事務。另外較明顯的改革就是賦予市政局財政獨立運作，主席職位將會由議員互選產生，議會將不設官守議員，民選和委任的議員將分別增加至十二名。不過白皮書不建議市政局根據之前多份報告書的提議更改名稱，因為政府希望令議員明白，其實改革後的市政局的職權

49　FCO40/305 Despatch from E. O. Laird to Leslie Monson on the Re-organization of Local Administration of Hong Kong.

50　FCO40/305, Despatch from Anthony Royle to the Secretary of State, 5 November 1970.

51　FCO40/305, Note on Local Government by The Foreign & Commonwealth Office, Hong Kong Department, 30 September 1970.

52　FCO40/305, Reform of Local Government of Hong Kong. FCO40/303, Activities of Hong Kong Civic Association.

53　White Paper: The Urban Council, Hong Kong: the Government Printer, 1971.

並無太大轉變。[54]

　　頗為意想不到的就是在白皮書發佈之後，公民協會竟然要求政府重新考慮在市政局保留官守議員。它認為取消官守議員的決定是「不成熟和草率」，因為他們不單能夠在局內發揮作用，而且能確保市政局的地位。[55] 該黨認為沒有官守議員的市政局會令人覺得地位下降，將來任何有關市政局的政策或決議都得不到官方的解釋和支持。再者，公民協會也擔心這可能是政府刻意採用分而治之（divide-and-rule）的傳統殖民政策，此舉可能會導致民選和委任議員的爭拗加深。所以它建議政府應考慮推遲取消官守議員最少兩年。除此之外，該協會亦認為市政局所增加的權力無關痛癢，而且所獲得年度財政預算資金非常有限。它形容白皮書「視野狹隘，並且未能顧及普通市民的感受」。獨立議員黃夢花批評該文件「不單對香港市民不公平，而且對於英國作為一個民主國家的形象有不良的影響」，而葉錫恩則直指市政局的改革是「一種倒退」。[56]

　　雖然委任兩名市政局民選議員進入立法局的要求遭到拒絕，港督卻在 1973 年任命公民協會的張有興成為立法局議員，這毫無疑問是對於否決間接選舉的一個回應。事實上，港督透露因為張有興是市政局的民選議員，委任他將有助於改善香港立法局在倫敦的形象。[57] 不過，從地方行政改革的過程中，充分反映出英國官員們比在香港的更加開明及有前瞻性。當殖民地政府推出市

54　See FCO40/352, Memorandum for Executive Council: The Urban Council and the Scope for Local Administration, 22 May 1971.

55　*Hong Kong Standard*, 22 October 1971.

56　*Hong Kong Standard*, 14 October 1971.

57　FCO40/613, Despatch from MacLehose to the Foreign and Commonwealth Office, 26 March 1975.

政局改革白皮書之後，外交及聯邦事務大臣致函港督並寫道：「我對於你〔總督〕只建議在市政局增加小量及相對次要性質的權力感到失望。這些新增的權力似乎不大可能令市政局產生更大的責任感。」再者，事務大臣也不太滿意港督建議實施改革的日期。他補充：「我注意到你會同行政局議員建議市政局的改革日期最早為 1973 年 4 月 1 日。然而，鑑於由最初提議改革市政局至今，已經有一段很長的時間，我希望實施改革的日期可以提早至 1972 年 4 月。」[58] 次官萊爾也建議戴麟趾的繼任人麥理浩爵士在抵港就職之後，便應馬上跟進及處理市政局的改革事宜。可能受到與張有興多次會面的影響，次官不單對改革實施之日期表示不滿，他並向港督建議：「希望看見市政局議員被賦予更多的權力。」[59] 在一份外交及聯邦事務部香港部門的內部公函中，萊爾德批評白皮書過於保守。他亦認為市政局的新增權力是「微不足道。我們一直希望港督可以考慮增加市政局的職權而令其產生一種責任感，但現在改革提議似乎不可能實現這一目標」。[60]

六、在議會內為弱勢發聲：爭取小販權益

由於革新會和公民協會在五十年代後期開始已經壟斷了市政局所有民選議席，他們能夠通過局內的平台去服務香港市民。雖然不少人批評市政局職權非常有限，但它的政策仍然可以對許多

---

58 FCO40/352, Despatch from the Secretary of State for Foreign and Commonwealth Affairs to the Acting Governor, Hong Kong, 18 June 1971.

59 FCO40/352, a Note from E. O. Laird to Gaminara on Urban Council Proposals, 18 June 1971.

60 FCO40/352, a Note from E. O. Laird to L. Monson and Logan, 9 June 1971.

低收入人士有一定影響，其中一個例子就是小販。其實在戰後不久，殖民地政府便開始研究香港的小販問題。政府於 1947 年委託馬嘉利委員會（Megarry Committee）所編寫的報告中，便建議香港所有的小販都應該被取締。[61] 但是由於在四十年代末突然有大批來自中國大陸的難民湧入，小販政策需要被重新考慮。政府不願小販被馬上取締，是有以下幾個原因：首先，它有助於減低失業率。其次，小販可以滿足對零售業需求的突然增加。[62] 第三，政府轄下的市場及攤位不足以應付突然增長的人口。[63] 因此，政府對小販政策進行了重新評估後，於 1952 年正式接受小販成為香港人生活的一部分。由於小販是歸市政局所管轄，革新會和公民協會可以引用其局內的影響力，協助小販避免受到不必要的限制。

自貝納祺於 1952 年當選進入市政局之後，他對於小販問題的興趣便表露無遺，所以他加入了市政局內的小販事務專責委員會。由於在委員會內他經常接觸到小販問題，漸漸了解到殖民地小販政策的缺失。他聯同市政局主席何禮文（D. R. Holmes）組成一個兩人小組，去撰寫一份有關小販政策建議的報告書，但何禮文後來透露他自己對報告並沒有很大的參與，報告的大部分內容都是由貝納祺去處理。[64] 報告在 1957 年發表，它是第一份獲

---

61 *Hawkers: A Report with Policy Recommendation*, Hong Kong: Urban Service Department, 1957, p.1, 引自 Tse, Fu-yuen, *Street Trading in Modern Hong Kong*, Ph.D. Thesis, Hong Kong: University of Hong Kong, 1974, p. 296.

62 Tse, Fu-yuen, *Street Trading in Modern Hong Kong*, p. 296.

63 McGee, T. G., *Hawkers in Hong Kong: A Study of Planning and Policy in a Third World City*, Hong Kong: University of Hong Kong, 1974, p. 45.

64 貝納祺亦提到他十分感謝前民政司黎敦義（Denis Bray，當時任市政署助理署長）以及市政署其他工作人員的協助。Hong Kong Urban Council, *Official Record of Proceedings*, Hong Kong: Hong Kong Government Printer, 4 March 1958, p. 194.

得官方承認有關小販對於零售業起重要作用的報告書。[65] 貝納祺指出小販問題在香港存在着兩大分歧，一方認為小販應該不受任何限制，另一方則建議它應該被徹底廢除，因為認為小販有損市容，而且熟食攤檔也對市民的健康造成危險。革新會主席則認為其報告是對兩大分歧的妥協。[66] 事實上，貝納祺比較同情小販。在撰寫報告時，他會見了一些小販協會的代表，以了解他們所關注的問題。因此報告中有不少建議都是試圖保護小販的利益。例如，他建議市政局不應向小販強加任何不合理的限制。報告書亦建議成立小販市場，容許小販可以在該地方自由地做生意。

作為市政局議員，貝納祺從未停止過對小販問題的關注。由於他對小販事務的熱誠，很快就成為了小販事務專責委員會的主席（因為在當時市政局的職權中，小販事務影響最大，所以無論是革新會還是公民協會，都表現得特別關注。革新會副主席胡鴻烈和公民協會主席張有興分別加入了小販事務專責委員會，其後胡鴻烈更代替貝納祺出任主席一職。當小販事務專責委員會在 1969 年分拆成為小販政策委員會和小販管理委員會後，張有興亦就任政策委員會的主席）。1957 年的報告公佈之後，革新會主席便馬上積極地跟進他所建議政策的執行情況。出乎意料之外，小販的數目竟在五年之內由一萬一千個上升到 1962 年的四萬個，導致他在 1957 年的一些建議顯得過時。因此在 1962 年，貝納祺便代表小販事務專責委員會提交了一份補充報告，以改善大幅增加的小販所帶來的影響。[67] 補充報告的建議包括擴大小販管理隊的人數，並且設立更多小販

---

65 McGee, T. G., *Hawkers in Hong Kong*, p. 47.

66 Hong Kong Urban Council, *Official Record of Proceedings*, 4 March 1958, p. 195.

67 Hong Kong Urban Council, *Official Record of Proceedings*, 13 February 1962, p. 186.

市場。由於熟食攤檔造成了嚴重的衛生問題，以及對有牌的餐館帶來惡性競爭，報告建議不應再發出新的牌照。不過為了保護現有的熟食攤檔，以免導致失業，它們將被允許繼續經營，而如果持牌人死亡，牌照亦可傳給他的遺孀，以確保他們一家的生活不會受太大影響。另外，其他小販牌照的數目亦不應受到限制。[68] 因此，補充報告除了建議擴大小販管理隊的人數及取消發放新的熟食攤檔牌照外，便是確保所有小販在允許經營的範圍內沒有受到不必要的限制，從而影響他們的生意。正如貝納祺在市政局會議中指出，該報告的目的「並非設計去針對小販的擺賣，而我們作為小販事務專責委員會的成員，特別希望看到普通市民、小販管理人員以及小販的關係有良好的發展」。[69]

作為小販事務專責委員會的主席，革新會主席可以更容易去幫助有需要的小販。例如在五十年代，警方和熟食攤位檔主基本上有一個「君子協定」，就是如果一個熟食小販在「收檔」時只擺放兩張枱及八張櫈或以下，檔主將不會受警方檢控。但這始終只是一個口頭協議，並非法例所容許，而不少檔主曾受到檢控。因此有些小販便向革新會投訴，因為要他們在營業時間後收回所有枱櫈，根本上是不可行的。[70] 身為小販事務專責委員會主席的貝納祺便在市政局會議中提出了這個問題。[71] 他認為應該允許有牌的熟食小販在夜間放置小量枱櫈在他們的攤檔內。他進一步在局內提出議案，去修訂公眾衛生及市政條例的附例，以使這個

68 Hong Kong Urban Council, *Official Record of Proceedings*, 13 February 1962, pp. 186-188.

69 Hong Kong Urban Council, *Official Record of Proceedings*, 13 February 1962, p. 188.

70 Hong Kong Urban Council, *Official Record of Proceedings*, 4 December 1962, p. 207.

71 Hong Kong Urban Council, *Official Record of Proceedings*, 9 March 1965, p. 558.

「君子協定」正式受到條例的保障。[72] 這令到貪污的警員不能再有藉口去留難持牌的熟食小販。

但有時候貝納祺亦感到愛莫能助。例如在 1967 年暴動期間，無牌小販的問題突然變得嚴重。由於大部分警察需要去處理騷亂，因此沒有足夠警力去控制非法擺賣的情況。再者，由於騷亂導致經濟不景氣，有些工人被解僱，為了生計，他們被迫成為無牌小販。[73] 這些無牌經營的小販不僅嚴重影響到持牌小販的收入，而且也有可能危害公眾健康，因為當中有不少無牌小販經營熟食攤檔或出售食物，它們的衛生情況並不受到監管。所有就算身為小販事務專責委員會主席，貝納祺在這個特殊時期亦無計可施。不過，值得注意的是雖然革新會主席同情小販，但他並不鼓勵年輕人從事小販行業。在市政局的會議中，他強調：「小販事務專責委員會一再強調應該在香港開辦更多職業學校和增加職業訓練的機會。以前小販牌照一直被視為一種簡單的方法去令到申請人獲得謀生機會，但其實他可以並且應該獲得指引，使他能夠得到一份比較滿意和有價值的工作。」[74]

革新會副主席胡鴻烈也很同情小販。當市政局在 1972 年討論向小販設置更多限制，並建議對那些違反規則的小販施以更嚴厲的懲罰時，他便反對說：「現在對於小販牌照持有人實在是太多限制和太苛刻了。他們並沒有犯罪。但當我看到建議的修訂條例，它簡直將我們街道的邋遢完全歸咎於他們，甚至任何錯誤都應該是他們的責任。我不認為我們可以假定他們應付上所有責任，而且在我們的自由經濟社會中，他們更不應該受到新例

72 Hong Kong Urban Council, *Official Record of Proceedings*, 4 January 1966, p. 599.

73 Hong Kong Urban Council, *Official Record of Proceedings*, 5 July 1966, p. 140.

74 Hong Kong Urban Council, *Official Record of Proceedings*, 1 October 1968, p. 215.

的懲罰。」[75] 後來，當胡鴻烈自己成為小販事務專責委員會的主席後，他經常走訪小販的區域，以了解他們的需要及問題。再者，他和香港市政總署的職員走訪了幾乎全香港每一條街道，以調查哪裏適合擺賣。[76] 在胡鴻烈出任小販事務專責委員會主席期間，他落實了一個小販認可區計劃（Hawker Permitted Areas Scheme）。當時香港因國際石油危機而影響到經濟發展，導致失業率上升，該計劃成功幫助一些生活困難的小販渡過難關。[77]

公民協會也表現出對小販問題的關注。由於小販牌照已經有超過十年時間停止接受申請，當失業人數在 1974 年開始上升時，代表該黨出任市政局議員的鄒偉雄向政府詢問是否有任何打算重新發出小販牌照。[78] 當時的小販事務專責委員會主席胡鴻烈回答説，他曾多次向政府要求，但都被官員所拒絕。不過，他承諾將繼續向政府施壓，希望有所轉機。

無論革新會或公民協會都希望自己能成為香港最重要的政黨，但在當時有限的政治環境下，兩黨只能在市政局內爭一日之長短，議會中的議題往往會成為它們互相競爭的目標，小販問題也無例外。其中一個可以充分反映的例子，便是 1969 年革新會主席貝納祺動議市政局重新發放熟食小販的牌照。[79] 由於之前提及的衛生問題，再加上政府希望能吸引更多人士經營「經濟食堂」，因擔心流動熟食攤檔會對「經濟食堂」造成競爭，故此熟

75　Hong Kong Urban Council, *Official Record of Proceedings*, 12 September 1972, p. 182.

76　Hong Kong Urban Council, *Official Record of Proceedings*, 16 Deceber 1975, p. 136.

77　Hong Kong Urban Council, *Official Record of Proceedings*, 11 March 1975, p. 309.

78　Hong Kong Urban Council, *Official Record of Proceedings*, 14 May 1974, p. 30.

79　Hong Kong Urban Council, *Official Record of Proceedings*, 6 May 1969, pp. 47-54; 1 October 1968, p. 218.

食小販牌照在 1958 年之後已經沒有再發放。然而，政策似乎不太成功，因為經營「經濟食堂」的人士不多。根據革新會的估計，每日大約有一百萬人次光顧熟食小販，數字佔香港總人口的四分之一，這反映了熟食攤檔在殖民地的重要性不容忽視。而且因為需求大，導致無牌熟食攤檔非常普遍，特別是在工廠區附近，有機會嚴重危害公眾健康。因此，貝納祺建議政府重新考慮發出熟食檔牌照的可能性，以便令當時的無牌經營者納入監管。

當時的小販政策專責委員會主席是公民協會的張有興，他對於貝納祺的動議有所保留。他在會議上禮貌地稱讚了貝納祺的建議之後，便質疑大排檔的衛生標準。他指出要確保熟食攤檔的衛生，必須有足夠的小販管理人員不斷地去檢查攤檔。因此他認為在市政總署能聘請足夠合資格的小販管理人員以及找到合適地點去放置攤檔之前，都不應該發出新的牌照。但張有興並沒有否決貝納祺的動議，而只是修改了貝納祺原本動議名稱中的些少字眼（貝納祺原本的動議為："the Council appreciates the need for hawkers of cooked food in Hong Kong and remits this matter to the Hawker Policy Select Committee for it to work out the practical details"。而張有興則把 "for it to work out the practical details" 改為 "for consideration in accordance with the Committee's Priority Working Program"）。公民協會的另一位議員陳子鈞便作為修定的和議者。

這個動議成為了雙方的戰場。胡鴻烈發言支持他的革新會主席。他指出原議案是最能夠直接改善處於徙置區和工業區的非法熟食檔問題。如果非法熟食小販的問題沒有得到控制，不僅會因為衛生標準無法得到保障而對市民的健康造成影響，而且小販阻塞了大廈的出入口，也可能導致火災的危險。事實上，貝納祺的

原本動議和張有興的修定議案在本質上基本上沒有任何分別，所以葉錫恩評論説：「這只是一個文字的把戲，去看最後哪一個主席勝出。」由於公民協會的修定議案獲得 14 票贊成通過，今次小勝一仗。

市政局在七十年代開始取消向任何小販發放新的牌照，這標誌小販的黃金時期終於結束了。自此之後，除了一些輕微的投訴須要處理外，便再沒有重要小販事項在市政局的會議中提出。儘管小販這個行業在今天已經式微，它在香港歷史上曾經發揮過重要作用，尤其是戰後人口突然急劇增長的時代。它不單為缺乏穩定收入的家庭帶來保障，還為低收入人士提供便宜的食物及商品。雖然自五十年代以來，政府的政策是逐步減少小販的數量。兩個政黨特別是革新會，經常試圖幫助小販以免受不必要的騷擾，並且希望政府的政策可能配合去打擊無牌經營。[80] 這可以解釋為何當小販面對任何問題，通常會向兩黨尋求協助。[81] 此外，當時大部分香港人的經濟條件都不是很好，小販尤其是熟食攤檔，便為普羅大眾提供了方便及廉價的選擇。因此，兩黨不單幫助小販，也令到廣大市民有所得益。由於革新會和公民協會在市政局的表現，它們不僅成功爭取大部分選票，而且也受到了市民的歡迎。

80 小販事務專責委員會主席一直是由兩黨的議員就任。

81 訪問胡鴻烈及張有興。

七、重審兩黨在爭取中文「合法化」運動的角色

> 香港的官方語言是英語。所有法律都是以英文寫成的。法
> 院以英語審案，配以翻譯。所有的公眾通信幾乎全部以英語進
> 行。但有多少市民精通英語？這便很難說了。[82]

以上是引述香港 1961 年的年鑑。當年記錄的殖民地人口達
到三百萬。[83] 儘管不到一成的人口懂得英語，但這是唯一的官方
語言。[84] 維他奶的創辦人及市政局議員羅桂祥便分享了他的工人
所遇到的不便：

> 作為汽水的生產商和經銷商，我經常接觸到很多小型代
> 理商，他們大都不懂英語。我發現他們最頭痛就是收到用英
> 文寫的信件、傳票或只是普通的通知。所以當我公司的推銷
> 員與他們接觸時，他們經常要求我的工人幫忙閱讀、翻譯或
> 填寫申請表格。因此，我公司的推銷員大部分時間都不是在
> 做銷售，而是致力於幫助客戶處理他們與政府的通訊。由於
> 這些工作已經佔用了我的職員這麼多時間，最近我決定成立
> 一個專門的「代理服務部」來處理。所以當我公司的代理商
> 收到英文信件，他便會拜託我的推銷員將它帶回辦公室，並
> 交到「代理服務部」去負責翻譯。另外如果有代理商要申請

82　*Hong Kong Yearbook 1961*, p. 9.

83　Barnett, K. M. A., *Report of the 1961 Census*, Vol. 1, Hong Kong: Hong Kong
　　Government Printer, 1962, 6.7.4.

84　Barnett, K. M. A., *Report of the 1961 Census*, Vol. 2, Hong Kong: Hong Kong
　　Government Printer, 1962, 11.2.1.

香煙或啤酒執照，他便會以中文寫出所有資料並交託我們的
職員去幫他填寫英文……試想想如果所有文件及申請表都有
中英對照，這樣會有多方便和可以節省多少時間！[85]

以英語作為唯一的官方語言，是殖民地的一種不平等現象。
儘管大部分香港人可能不懂得使用英語，但直到上世紀五十年代
之前，香港人都沒有正式提出要求將中文成為與英語一樣的官方
語言。但由於革新會與公民協會的其中一個主張就是促進社會公
平，所以這種不平等現象自然引起它們的注意。在 1955 年公民
協會剛成立時，便開始關注這個問題，並向政府致函要求將中文
定為英文以外的另一種官方語言。[86] 但當時該會正忙於處理打破
米商壟斷的政策，而革新會則認為追求政制改革更為重要，所以
兩黨在五十年代都沒有繼續跟進此事。直到六十年代，革新會才
開始認真採取行動。[87]

第一個敲響改革的鐘聲是革新會主席貝納祺，他在 1964 年
10 月的市政局會議期間提交了議案，希望在議會中可以有中英
文的即時傳譯。[88] 他作了一個很詳細的發言去解釋其議案。首
先，只以英語作為官方語言的市政局對於議會的發展並沒有好
處，因為這樣會令有能力但不懂英語的人不能進入議會。另外，
市政局一個非常重要的功能，就是與普羅大眾保持聯繫。但是現

85　Hong Kong Urban Council, *Official Record of Proceedings*, 5 October 1965, p. 316.

86　*Hong Kong Standard*, 16 April 1955.

87　Lam, Wai-man, *Understanding the Political Culture of Hong Kong*, p. 125.

88　貝納祺原動議的名稱是：For the more effective discharge of this Council's statutory
　　duties this Council recommends to His Excellency the Governor that the proceedings
　　be bilingual in English and in Chinese (Cantonese) with simultaneous translation into
　　the other language。見 Hong Kong Urban Council, *Official Record of Proceedings*, 6
　　October 1964, p. 306.

在市政局的會議只以英語發言，而大部分香港人都只懂中文，試問他們又怎會對市政局有認同感，並主動去作出聯繫？再者，即時翻譯已經長期在聯合國及其他國際會議中使用，香港作為一個國際城市，是沒有理由不跟隨潮流的。

其後貝納祺作出提議，他認為不僅香港本地大多數大學畢業生都能說一口流利英語，而且有不少中學畢業生英語的根底也不錯，他們大可以在經過專業訓練之後成為市政局的即時傳譯員。如果政府可以決心落實雙語政策，貝納祺保證「香港不單會更有效率，而且香港政府更可以與香港市民有緊密的聯繫」，他敦促香港政府應該「與時並進」，而不要用十九世紀的方法去管治二十世紀的香港。

革新會另一位成員葉錫恩亦發言支持該黨主席。她問為何大部分市政局議員都是中國人，但他們只能以英語發言，而無法更自由地用母語廣東話去表達自己？葉錫恩發現許多有能力並熱心公益的人士都被排除在現行政治制度之外，原因只是因為他們不是專修英語。如果這個制度沒有改善，市政局只會繼續排除一些最優秀及最有才華的香港人進入議會服務。更加諷刺的就是，殖民地政府剛剛在 1963 年通過成立香港中文大學，而當中畢業的精英因為以中文授學，所以不能進入市政局為市民及香港政府服務，這將是一個非常自相矛盾的制度。[89]

革新會和公民協會剛剛宣佈為期五年的聯盟告一段落，所以兩黨在議會中再次重新成為競爭對手。由於這個原因，公民協會的張有興表達了對貝納祺議案的保留。他雖然認同「這是一個重要的議題」，尤其是因為這個議案是由兩位講英語的議員去推

89　Hong Kong Urban Council, *Official Record of Proceedings*, 6 October 1964, pp. 307-308.

動，但公民協會認為如果議案落實，便需要大量資源。再者如果議案在市政局內獲得通過，將無可避免令立法局、行政局、法院以及所有政府部門都需要在不久的將來推行即時翻譯。此外，如果需要在市政局大會及各個專責委員會的會議中均安排即時翻譯，這樣將會導致會議時間大大延長，他反問這「是否為了推行民主而必須付出的代價」？[90] 張有興亦指出如果使用粵語作為市政局的官方語言，將會對本地講普通話的人士不公平。因此，張有興重申儘管他希望看到中文可以等同英語成為官方語言，但認為在實施之前，必須進行仔細的評估。

公民協會主席胡百富緊隨着張有興的發言說：「我的公民協會同僚都很願意支持該議案的原則，但我們覺得牽涉範圍很大，因此需要時間來詳細考慮。」[91] 該黨另一位成員李耀波聲稱自己是一位有超過三十年教授翻譯經驗的老師，他認為中英文的即時翻譯並非如貝納祺所指般容易。他建議應該等待所有技術問題都被解決之後，動議才應被通過。他甚至取笑說：「我期待有一日在會議中聽到貝納祺先生以粵語來辯論小販的問題⋯⋯或葉錫恩女士以完美的普通話去質詢徙置區的事務。」[92] 最後貝納祺的原動議只提交給常備委員會去作進一步研究。

儘管革新會在市政局的首次戰役未能成功，為了證明該黨對提升中國語文地位的決心，它決定以後所有黨內委員會的會議均使用中文和英文。革新會希望此舉能推動市民去關心中文合法化的議題，並對政府施加壓力。《華僑日報》對革新會的決定有很

---

90 Hong Kong Urban Council, *Official Record of Proceedings*, 6 October 1964, pp. 309-311.

91 Hong Kong Urban Council, *Official Record of Proceedings*, 6 October 1964, p. 311.

92 Hong Kong Urban Council, *Official Record of Proceedings*, 6 October 1964, pp. 311-312.

正面的評價，它認為這是「一件堪稱本港史上首見，值得市民讚揚之措施」。[93]

公民協會在市政局會議中帶頭否決貝納祺動議的主要原因，完全是因為玩弄政黨政治。所有協會的會員都明白讓中國語文成為殖民地官方語言的重要性。1964 年 12 月，該黨曾致函輔政司，表示希望政府會研究制定將中文和英文同時列為香港的兩種官方語言。當時大部分政府部門給市民的信件都只以英文撰寫，公民協會建議所有政府部門在收到中文信件之後應該以中文回覆，或以英語配以中文的翻譯。另外，承接貝納祺之前在市政局會議上動議，公民協會建議政府成立一個翻譯培訓中心，以確保在落實雙語翻譯政策之後，可以有足夠的專業翻譯人員。[94]

革新會在市政局的動議引起了大學生的注意，導致了香港大學學生在 1965 年 2 月至 4 月期間舉辦了兩場有關中文合法化的論壇。[95] 論壇後決定在今後所有學生會會議中均可以使用中文和英文。有感於提升中文地位的問題開始成為城中話題，而且繼上次貝納祺的動議已經有十個月之久，革新會副主席胡鴻烈詢問市政局主席會否認為語言障礙對於普通市民造成困難。他也想得到主席的答覆關於市政局有否採取任何步驟以確保逐步消除語言障礙。[96] 市政局主席回答表示，已經成立了一個專責委員會，去研究在議會內引入實行即時翻譯的可行性。不過胡鴻烈似乎並不滿意專責委員會的進展，所以他希望主席可以交代預計調查工作所

---

93 《華僑日報》，1964 年 12 月 18 日。

94 Hong Kong Urban Council, *Official Record of Proceedings*, 5 October 1965, pp. 314-315.

95 Lam, Wai-man, *Understanding the Political Culture of Hong Kong*, p. 126

96 Hong Kong Urban Council, *Official Record of Proceedings*, 3 August 1965, pp. 229-233.

需的時間。可惜市政局主席卻回答未能就有關時間作出保證，胡鴻烈因此批評主席未有真心為香港市民服務，以消除大部分本地人的語言障礙。

　　由於不滿市政局主席的冷淡回應及專責委員會的進度，胡鴻烈在 1965 年 10 月提出一個沒有約束力的議案，要求政府部門就所有的中文函件以中文作回覆。[97] 革新會副主席指提出這項議案的主要目的，是因為他為那些因不懂英語而遭受到困難的市民感到不滿。此外，由於語言隔閡容易造成政府與市民之間的誤解，他希望提升中文地位，以令教育水平較低的市民亦不會因語言障礙而在殖民地生活困難。胡鴻烈更開玩笑説，如果議案的內容可以落實的話，這可能比在立法局增加十個民選議席更加有效地拉近殖民地政府和香港市民的距離。由於公民協會支持，這個議案獲得通過。雖然這是一個沒有約束力的議案，政府部門亦不用依照市政局的建議去使用中文，但在政府的組織中通過一項提倡增加中文作為官方語言的議案，標誌着中文合法化運動的一場重要勝利。

　　1966 年和 1967 年的騷亂似乎影響到中文運動的發展，貝納祺於 1967 年 9 月在市政局會議中動議要求將局內的會議記錄翻譯成中文，以便普通市民可以隨時查閱。[98] 他顯然對於提升中國語文地位的運動進展緩慢感到失望。貝納祺認為現行的制度對於那些不懂英語但想詳細了解市政局會議進展的市民非常不公

97　胡鴻烈的議案名稱為：For the betterment of Hong Kong as a whole and for achieving the fundamental fairness of its inhabitants, this Council urges Government to introduce the system at present carried out by the Urban Services Department of answering all Chinese correspondence in Chinese。見 Hong Kong Urban Council, *Official Record of Proceedings*, 5 October 1965, pp. 312-319.

98　Hong Kong Urban Council, *Official Record of Proceedings*, 5 September 1967, pp. 198-203.

平。雖然他們可以通過中文報章閱讀到報告摘要，但通常都頗為濃縮，而且不同報紙可能有不同立場，導致報道可能有所失真。他強調今次動議只是一個開始，革新會的最終目標是使中文在香港成為官方語言。可能再次因為玩弄政黨政治，公民協會對於貝納祺的議案提出質疑。該黨議員認為翻譯會令到報告的出版時間有所延長，屆時記錄內容便顯得過時。他們也擔心翻譯的質素未必能夠得到保證。因此，公民協會提議將動議提交給常備委員會作進一步研究。

由於提升中國語文地位是一個重要問題，革新會在市政局的動議不單引起各界關注，而且也吸引到其他組織參與運動。例如，鄉議局在 1967 年 9 月的會議中通過一項議案，要求政府承認中國語文為官方語言。[99] 由於鄉議局是新界區的一個重要諮詢組織，其行動進一步引起廣大市民關注。可能受到革新會和鄉議局的影響，香港大學的學生開始更加積極參與中文運動。他們進行了不少調查及訪問，亦在學生會的報刊上發表大量社論和文章，要求政府將中國語文定為官方語言。流行的文化雜誌《盤古》亦刊登不少文章作出同樣要求。由於要求將中文合法化的聲音愈來愈大，迫使立法局在 1968 年 2 月決定設置一個小組委員會去研究可行性，而港督也承諾等待立法局的研究報告後再作跟進。

貝納祺在市政局動議要求在局內開始設立中英文即時翻譯已經有四年之久，但落實之時仍遙遙無期，革新會副主席胡鴻烈覺得有必要再次提出類似的動議，以向局內的反對聲音增加壓力。[100] 他對於所謂技術難題而令貝納祺的議案胎死腹中感到非常

---

99 Lam, Wai-man, *Understanding the Political Culture of Hong Kong*, p. 127.

100 胡鴻烈的動議名稱為：this Council shall adopt simultaneous translation in English and Chinese and vice versa in all public meetings by 1970。見 Hong Kong Urban Council, *Official Record of Proceedings*, 4 February 1969, pp. 409-419.

失望。胡鴻烈希望其議案可以令停滯了數年的提議重新獲得正視。他促請所有市政局議員都應該支持，否則便不會有什麼進步可言。即時傳譯專責委員會的成員之一貝納祺發言說技術問題不應該構成一個障礙，因為即使是香港大學的學生會會議都已經實行即時翻譯。他再一次重申，如果市政局會議只以英文進行，試問怎樣可以令普通香港市民覺得市政局是為自己服務呢？

然而，胡鴻烈的動議再次受到公民協會的阻難。作為即時傳譯專責委員會主席，胡百富指出貝納祺及胡鴻烈都低估了技術上的困難。公民協會另一位議員李耀波則認為該問題仍在專責委員會討論中，現在重新動議並不恰當。張有興的發言更批評胡鴻烈提出動議的原因是為了吸引更多選票，因為選舉日期即將來臨。由於只有革新會的議員支持胡鴻烈的動議，議案不被通過。如果兩黨在當時沒有玩弄政黨政治，中文合法化運動可能更早便獲得成功。

雖然政府在 1970 年 3 月成立一個研究小組去調查雙語政策在各政府部門的落實情況，但由於政府一直未有認真對待此事，所以一般人對研究小組都不抱太大期望。一些關注中文合法化運動的人士更組織了「各界促成中文為法定語文聯合工作委員會」、「爭取中文成為法定語文運動聯會」以及「中文在香港應有的地位研究委員會」，以對政府施加更大的壓力，它們的最終目標是使中國語文正式成為香港的官方語言。[101] 然而，政府還未有任何打算提升中文的地位。當立法局議員利國偉詢問政府有關確認中文作為官方語言的意向時，署理輔政司何禮文竟然聲稱不明白何謂法定語文，而提出中文運動的要求是因為英語教育不

---

101 Lam, Wai-man, *Understanding the Political Culture of Hong Kong*, pp. 127-128

足，因此他建議應該在小學開始着重英語教學。[102] 這自然立即激起公眾的批評，導致一系列的示威和請願。政府現在才開始明白到事態的嚴重性，在 1970 年 9 月宣佈成立「公事上使用中文問題研究委員會」，以表示對有關問題認真研究。由於政府之前的態度令參與運動的人士已經對其失去信心及耐性，所以群眾集會和簽名活動仍在繼續進行。

1970 年 10 月，胡鴻烈在市政局會議中提出了一個有趣的動議。根據市政局條例第 45 條（香港法例第 101 號），市政局的會議須以英文進行。胡鴻烈的動議就是敦促政府盡快考慮修訂為所有市政局的會議均可以以中文或英文進行。他批評之前提出有關即時翻譯的動議竟然過了五年多仍未有進展，由於今次議案沒有任何技術層面需要考慮，他相信沒有理由不能獲得通過。他再次強調條例規定是消除語言障礙的一個重要步驟，這可以令任何有能力但不懂英語的人士有機會在市政局內服務社會。[103] 在公民協會支持下，這個沒有約束力的議案最終獲得通過。

當革新會默默地爭取提升中文地位的時候，公民協會似乎不單未有支持運動，甚至多次在市政局中扮演反對的角色，導致即時翻譯在市政局的實施一再被拖延。然而，該黨在促成中文合法化的地位一直被忽略。政府在 1970 年所委任的「公事上使用中文問題研究委員會」，便有可能受到公民協會的建議影響。[104] 1970 年底，該黨對日本、錫蘭和新加坡在公務上的翻譯情況進

---

102 Hong Kong Legislative Council, *Official Report of Proceedings*, 19 August 1970, pp. 829-831.

103 Hong Kong Urban Council, *Official Record of Proceedings*, 6 October 1970, pp. 409-419.

104 HKRS877-1-38, Letter from the Civic Association to the Colonial Secretary, 17 August 1970, Memorandum from PACS(G) to AS(GM), 21 August 1970.

行了調查。以新加坡為例，該地的立法院提供即時翻譯服務，議會成員可以用馬來語、英語、中國和泰米爾語任何四種語言發言。該報告送交政府的同時，公民協會認為新加坡可以實行四種語言的即時翻譯，為何香港不能進行雙語翻譯？[105] 在政府委任的「公事上使用中文問題研究委員會」成立後，公民協會馬上發信到委員會提交以下建議：

1. 中文（無論有否英文版本）應盡量在官方報告、信件與其他公告中使用；

2. 在市政局實施即時傳譯，而議員可以選擇用中文或英文發言；

3. 在市政局所實施的即時傳譯在不久的將來應該可以包括普通話；

4. 在立法局亦實施即時傳譯，議員也可以選擇以中文或英文發言；

5. 在少年法庭和裁判法院的訴訟可以使用中文；

6. 當少年法庭和裁判法院落實使用中文之後，便開始考慮在上級法院實施相同的政策。[106]

1970 年 9 月 12 日，公民協會在致信到外交及聯邦事務部和國會議員，要求政制改革的同時，也要求英國向港府施加壓力，以令其答應使中文成為官方語言的要求得以落實。它說：「香港公民協會敦促政府採取漸進的步伐以認可中文成為官方語言。經過多年就該問題與政府作出各種交流之後……現在是政府作出

明確聲明去確認接受中文作為官方語言的時候⋯⋯在香港生活的華人強烈希望看到政府承認中文成為官方語言。」[107] 雖然公民協會曾經反對革新會所提出要求改變市政局條例以落實在會議中實施中英文即時傳譯，但該黨認為相關傳譯設備已經準備妥當，而翻譯人員亦已訓練有素，所以公民協會現在希望外交及聯邦事務部可以敦促殖民地政府接受將中文成為英文以外的法定語言，並且允許在市政局實行即時傳譯。

公民協會不單致信英國官員，該黨主席張有興更在 10 月初親自去倫敦拜見外交及聯邦事務次官萊爾，提交了一份備忘錄，要求次官向港督施加壓力，令他盡快落實中文成為官方語言。[108] 張有興向萊爾表示公民協會多年來不斷與香港政府交流，要求港府採取漸進步驟承認中文的法定地位。在香港四百萬人口當中有 98% 是中國人，將中文認定為官方語言，是絕對合理和合乎邏輯的。但張有興向萊爾表示，雖然公民協會與政府就該政策有不少交流，但多年的「交流」似乎是無效的。

張有興的到訪得到了外交及聯邦事務部的關注。萊爾德表示確認中文作為殖民地的官方語言是值得考慮的。他在內部公函中承認這個訴求已經在殖民地當中提出了一段頗長時間，現在更發展成為城中熱話。因此，公民協會的建議應該被考慮。他還要求港府應該特別關注本地報章就有關中文問題的所有評論。從閱讀英國檔案文件中可以看到，公民協會寄往外交及聯邦事務部的

---

107 FCO40/303, Discussion points raised with Mr. E. O. Laird, C.M.G., M.B.E., Head of Hong Kong Department, Foreign and Commonwealth Office — From Hong Kong Civic Association, 12 September 1970, FCO40/327, memorandum to Mr. Peter Blaker, M. P. and Mr. T. Fortesque, M. P.

108 FCO40/303, Memorandum to Mr. Anthony Royle, Under-Secretary of State, Foreign and Commonwealth Office from the Hong Kong Civic Association, 9 October 1970.

信件及備忘錄中均被寫上了大量批示，由此可見該部門對公民協會意見的重視。可能由於受到外交及聯邦事務部的壓力，殖民地政府在 1970 年 10 月 21 日成立了「公事上使用中文問題研究委員會」，以「研究在公事上使用中文問題，並提供切實可行之辦法，以便在公事上能更廣泛使用中文，以求有利於公務處理及方便民眾」。[109]

委員會提出了四份報告，在最後一份中，它建議將中國語文正式列為官方語言。經過一番考慮之後，殖民地政府終於在 1974 年頒佈官方語言條例並經立法局通過，從此中文便正式成為香港的官方語言。[110]

雖然政策的落實並非由革新會和公民協會直接促成，但它們的貢獻絕對不容忽視。革新會是第一個從官方渠道提出提升中文地位的組織。經過該黨多年來的努力，市政局終於確認中文在局內的地位。更重要的是，革新會在市政局內的鬥爭激發了其他組織的關注和參與。隨着運動的發展，爭取中文合法化不單是一個語言問題，它漸漸發展成為追求民族尊嚴、種族平等、人權，甚至是反殖民主義的運動。[111] 當公民協會發覺殖民地政府不願意作出讓步的時候，主席張有興更遠赴倫敦，直接向外交及聯邦事務部表達意見。公民協會亦成功説服次官去認真考慮中文合法化的政策，令英國官員明白到如果否決香港人的意願，將可能導致運動發展成為一個無法控制的場面，這將會令倫敦最為擔憂。也許

109《公事上使用中文問題研究委員會第一次報告書》，香港：香港政府印務局，1971，頁 1。

110 FCO40/536, J. W. D. Hobley (Attorney General), Hong Kong Legal Report: The Official Language Ordinance 1974 (No. 10 of 1974), 22 February 1974.

111 Lam, Wai-man, *Understanding the Political Culture of Hong Kong*, p. 126. Also see HKRS455-4-4, Denis Bray, Memorandum on the Chinese Language Issue, 23 October 1970.

受到外交及聯邦事務部的壓力，殖民地政府最終都決定讓步，承認中國語文作為官方語言的地位。

將中文列為官方語言，對於香港人和殖民地政府都至關重要。只承認英語為唯一的官方語言，對於香港人是一種恥辱，因為大部分香港市民都是中國人，承認他們的母語為官方語言，有助加強政府和人民的溝通，從而減低兩者之間的隔閡。再者，提升中文地位可以增強市民的歸屬感。如果殖民地政府能夠在更早時間便落實滿足市民的要求，那麼 1966 年和 1967 年的騷亂便可能得以避免了。[112]

市政局似乎是最適合實現中文合法化的場地。無論革新會或公民協會，都希望自己能夠一手促成中文合法化而提升政治地位。如果雙方沒有玩弄政黨政治，貝納祺於 1964 年提出在市政局中實施中英文即時傳譯的議案便可能獲得通過。雖然在市政局落實使用雙語傳譯並不代表其他政府部門會立即跟從，但它能給予殖民地政府一定壓力，令其考慮更早實現中文合法化的問題。當市政局在六十年代失去了帶領運動的機會，便促使了學生運動的興起。雖然英國檔案顯示公民協會的備忘錄以及張有興與外交及聯邦事務部次官之間的會議，對於促成落實中文合法化有很大貢獻，但大多數人都會認為是當時學生和其他組織的壓力迫使殖民政府作出讓步。市政局議員的「失敗」與學生運動的「成功」，容易令人認為改革只能通過更激進的手段來實現。這在一定程度上導致了學生運動和壓力團體的興起。在七十年代，它們逐漸取代這兩個最早期政黨的角色。然而，在六十年代被認為是香港政治分水嶺的兩場暴動，才可能是導致革新會和公民協會衰落的最

112《工商日報》社論將中文合法化問題與 1967 年騷亂聯繫起來；《工商日報》，1967年 12 月 21 日。

直接原因。

八、1966 年和 1967 年的騷亂：兩黨的分水嶺

　　革新會和公民協會在六十年代的發展似乎相當不錯。兩黨吸引了過萬會員，它們壟斷了市政局的民選議席，並得到許多香港市民特別是弱勢社群的支持，因為它們經常向政府施加壓力，爭取社會改革，以改善市民的生活條件。由於不少市民需要革新會和公民協會作為他們與政府之間的橋樑，所以兩黨的黃金歲月看似可以持續一段頗長時間。但是兩黨都無法預計到表面上沒有直接影響的 1966 年及 1967 年的騷亂，最終竟然導致它們的沒落。

　　這兩場騷亂，再加上 1956 年的雙十事件，充分反映出戰後香港在政治及社會上都不太穩定。雖然 1956 年和 1966 年的騷亂均起因於相對不太重要的事件，但卻造成災難性的後果，威脅到殖民地的穩定。這亦可以解釋為何殖民地政府不願對兩個政黨所追求的政治改革作出任何讓步。二戰後的香港政府對於內部或外部的威脅都非常敏感，儘管當時政府不太樂意就福利及社會發展投入資源，但有關政治方面的控制則毫不寬鬆。所以縱使爭取民主的人士最初只是要求在立法局中加入小量間接選舉的議席，但這一個微小要求在冷戰初期的香港仍然是一個禁忌。

　　1966 年的騷亂是由天星小輪加價引起的。當年 4 月 4 日，青年蘇守忠於尖沙咀的天星小輪碼頭示威及絕食的行動，觸發了大規模的抗議行動，最後更導致騷亂。雖然騷亂的原因表面上是由於天星小輪加價造成，但背後其實包括很多因素，例如在六十年代初有不少難民從中國內地湧入而直接影響到本地人的生活質

素及工作機會，另外當時貧富懸殊情況嚴重，立法局及行政局亦缺乏普羅大眾的代表，再加上政府部門尤其是警察部隊的貪污問題極為嚴重。星星之火，可以燎原。在眾多社會問題的情況下，任何小型示威都可以誘發大型動亂。[113]

天星小輪公司於 1965 年 10 月 1 日向政府申請加價。當時革新會和公民協會均表示反對。11 月 4 日，公民協會組織了一個反對加價的群眾集會。[114] 革新會委員葉錫恩在同一時間則進行簽名收集活動。據當時報章報道，葉錫恩在 11 月 17 日已經收集到 3,000 多個簽名。由於反應熱烈，她將簽名活動伸延一個星期。當她在 11 月 23 日向港督提交請願信時，竟然收集到 23,000 個簽名，當中包括中華廠商聯合會的多個會員，他們都希望港督可以在行政局會議中否決天星小輪公司的加價申請。在革新會周年大會上，副主席李有旋表示該會堅決反對天星小輪提高票價。[115] 該黨認為小輪公司提出加價並不合理，擔心如果政府允許加價，其他公共交通公司必然會效法，這將導致惡性通貨膨脹，從而增加一般市民的生活成本，並嚴重影響公眾利益。另外，葉錫恩的簽名運動並沒有停止，在 1966 年 1 月 12 日，她再次向殖民地政府遞交 155,000 個反對加價的簽名。當知道天星小輪公司的申請將獲批准，葉錫恩便作出最後一次嘗試，於 3 月 20 日發起大規模的書信抗議活動，在兩個星期時間內便吸引了二百個組織的支持。[116]

這些前因，便導致了蘇守忠在 4 月 4 日穿上一件印有「支

---

113 Carroll, John, *A Concise History of Hong Kong*, p. 149.

114 *Kowloon Disturbances 1966: Report of Commission of Inquiry*, Hong Kong: Hong Kong Government Printer, 1967, p. 11.

115 *Hong Kong Standard*, 22 December 1965.

116 *Kowloon Disturbances 1966: Report of Commission of Inquiry*, p. 17.

持葉錫恩」的外套於天星小輪的碼頭絕食示威。他的舉動吸引了一些年輕示威者加入，亦有不少群眾聚集在其周圍以示支持。由於當局認為他的示威已經影響到社會安定，所以在第二天便將他拘捕。蘇守忠被捕之後，一些示威者便尋求貝納祺和葉錫恩的幫助。貝納祺建議他們在第二天早上到革新會辦公室尋找該黨秘書的協助。另一方面，葉錫恩與一些示威者則在晚上到警察局，希望保釋蘇守忠，但被他拒絕。事件的發展吸引了更多市民加入示威，大約有四百個示威者在晚上聚集，警方將其中一些人拘捕。

蘇守忠於 4 月 6 日上午在西區裁判法院過堂後，在中午便和一些示威者一同到達革新會辦公室，當中包括盧麒、呂鳳愛、莫洛衛、李德義及阮榮等。他們會見了革新會秘書長黃博度，陳述其反對天星小輪加價的理由，王博度安排示威者和貝納祺在當晚會面。由於出席會面的人數接近二十人，革新會主席也感到頗為意外。作為一名律師，貝納祺勸告示威者不要觸犯法律，因為遊行示威需要得到警方批准。但該黨明白要示威人士馬上放棄所有活動並不容易，他亦希望示威者的意見可以清楚地向當局反映，所以他代表革新會承諾，將會安排在政府大球場舉行民眾大會，讓所有示威人士以合法途徑發表自己的意見。在場的示威者似乎很滿意貝納祺的建議，其中一人表示當得知革新會將舉辦一個群眾集會以解決騷亂問題時，大家都感到安心。[117]

在與示威人士會面完畢後，革新會馬上在當晚舉行一個新聞發佈會，出席委員包括貝納祺、葉錫恩、鍾愛理遜、黃博度、陳永超、楊少初、吳頌堯和郭立華。在發佈會上，貝納祺公佈將安排在 4 月 23 日於香港大球場舉行民眾集會，目的是探討香港各界

---

117 *Kowloon Disturbances 1966: Report of Commission of Inquiry*, pp. 18-30.

人士對於天星小輪加價的意見。[118] 雖然革新會非常關注警察在事件中的逮捕行動，但貝納祺重申革新會是不會支持任何違反法律的行為。他表示在剛才與包括蘇守忠的示威者會面期間，他們都應承會遵守法律。革新會認為「殖民地政府與普通市民的思維脫節」，而民眾大會可以讓公眾自由地表達意見，這樣是一個合法而又最合適的方法去解決此事。有記者問及警方會否不批准革新會召集的民眾大會，革新會表示沒有理由認為該申請不會被批准，因為這做法是非常不明智的。葉錫恩說，和平示威是所有文明國家都允許的。她在新聞發佈會上問道：「我們這裏文明嗎？」公民協會也敦促所有市民不應參加任何非法示威遊行，張有興指任何進一步的示威行動都有可能「導致危害社會利益的嚴重後果」。

革新會申請在政府大球場的公開大會，被警方於 4 月 9 日所拒絕，這可能是由於本來較為有秩序的示威自 4 月 7 日開始變得不受控制，導致殖民地政府擔心任何大規模公眾集會都有可能發展至無法預料的後果。根據官方 1966 年九龍騷亂調查委員會報告書顯示，革新會的申請是在 4 月 9 日被拒絕的，但革新會卻在 14 日才宣佈集會被警務處處長拒絕。[119] 革新會可能在 4 月 9 日已經收到通知，但選擇延遲公佈，因為當時的示威已經發展成嚴重騷亂，如果在當天公佈警方的決定，很可能會導致情況更加惡化。事實上，事情的發展已經超出革新會的預期，因為示威者與貝納祺會面時曾承諾不會再違反法律。九龍騷亂的報告指出，雖然革新會主席「也許會認為他在勸止青年們不可在當時情勢下跑出街上的一方面，未下更多工夫而引以為憾，因為，不論他曾經對他們說過什麼，事實是仍然有不少青年因為參加其後的騷動

---

118 *Hong Kong Standard*, 7 April 1966.

119 *Hong Kong Standard* and *South China Morning Post*, 15 April 1966.

事件而被判有罪的。同時，我們也以為不論貝納祺先生在那次會談中採取了什麼態度，它能否改變以後發生的事件，也是頗有疑問的」。[120]

可惜殖民地政府似乎並未從 1956 年和 1966 年的兩場騷亂中得到教訓，這某程度上導致了 1967 年騷亂的嚴重性。1967 年的騷亂造成 51 人死亡，被定罪的人數達到 1,936 名，有學者認為這是香港歷史上的一個分水嶺。[121] 原本只是一場工廠勞資糾紛，最後發展成為長達六個月的反英國、反殖民統治的運動，當中有着不同的原因。在中國內地發生的文化大革命可能引起了本地的反殖民情緒，因此那些親共的工會在當年可以成功組織起顛覆行動。不過大部分學者都認為 1967 年暴動的原因，跟之前兩次騷亂都有一個共通點，就是對於香港社會的不公平、低下階層生活惡劣的狀況，以及對於福利制度的不滿所造成。[122] 在 1967 年的危機過後，時任副輔政司的姬達爵士（Sir Jack Cater）指出：「政府已經從暴亂中吸取教訓，並推出了一系列改革措施。」[123] 政府在 1967 年之後陸續推出免費義務教育、立法去縮減婦女和青少年的最長工作時間，以及落實興建大規模公共房屋等政策。

如果說革新會一早便能預見這次暴亂，似乎有點兒誇張。但

120《1966 年九龍騷亂調查委員會報告書》，第 294 段。

121 Cheung, Ka-wai, *Hong Kong's Watershed: The 1967 Riots*, Hong Kong: Hong Kong University Press, 2009.

122 Cooper, John, *Colony in Conflict: The Hong Kong Disturbances May 1967-January 1968*, Hong Kong: Swindon Book Co., 1970; Tsang, Steve, *A Modern History of Hong Kong*, Hong Kong: Hong Kong University Press, 2004; Bickers, Robert. and Yep, Ray, eds., *May Days in Hong Kong: Riot and Emergency in 1967*, Hong Kong: Hong Kong University Press, 2009; Cheung, Ka-wai, *Hong Kong's Watershed*.

123 Cheung, Ka-wai, *Hong Kong's Watershed*, p. 5.

該黨主席貝納祺曾多次在不同場合指出，香港的政制落後以及政府與人民之間的鴻溝，將會有一天導致嚴重的騷亂。例如當殖民地大臣珀斯勳爵（Lord Perth）在 1960 年訪問香港時，貝納祺便向他警告說，如果政府遲遲不落實政制改革，殖民地將必會發生嚴重的騷亂。[124] 在 1967 年暴動的三年前，革新會向政府提交了一份未發表的報告，指出在殖民地有一些危險的工會組織。[125] 該黨發現，其中一些工會的成立並非為了工人利益，它們的活動可能會威脅到香港的穩定。因此，革新會敦促政府重新審視目前工會的政策，以確保所有合法的工會均是工人的真正代表。此外，革新會亦建議勞工處的權力應該擴大，以幫助有需要的工人。

可惜當時殖民地政府似乎非常頑固，對於革新會的建議，勞工處竟然馬上召開新聞發佈會去駁斥，[126] 指出該部門已經做了很多工作來幫助本地工人。雖然勞工處承認有些工會可能並未做得很好，但是大部分都能真正代表工人的利益。發言人還聲稱所有工會的活動均完全受到政府控制。勞工處不僅了解工會的活動，而且自 1951 年以來不斷舉辦工會培訓班。因此，發言人認為革新會預言工會可能會威脅到香港穩定是完全沒有道理的。他更批評革新會的聲言是不負責任的。從政府對於革新會建議的反應，我們可以感受到當年殖民地政府的傲慢態度，而正是其傲慢態度導致暴亂的發生。

儘管這兩個香港最早的政黨，特別是革新會總是批評政府，但當殖民地的穩定受到威脅，它們都會對政府給予全力支持。在

---

124 CO1030/1407, Note of Meeting held on 28 October 1960, in Government House, Hong Kong.

125《華僑日報》，1964 年 11 月 27 日。

126《工商日報》，1964 年 11 月 28 日；《華僑日報》，1964 年 11 月 28 日。

暴亂之初，兩黨都表示出對政府的支持。它們希望所有香港市民都可以對政府有信心，以及能夠遵守法律。[127] 當時有造謠者為了擾亂社會及人心安定，便製造謠言說香港政府將會停止電力及食水供應，以及銀行缺乏現金周轉，因而引發擠提。革新會建議市民不要胡亂相信謠傳，反之應該相信政府的呼籲。[128] 騷亂開始後不久，公民協會成立了一個「促進香港安定進步繁榮委員會」，其目的是加強與其他組織及各街坊會之合作，幫助香港在艱難的時候中能夠發揮官民橋樑的作用，增加市民的信心，以協助政府實現社會穩定。[129] 該黨希望政府可以協助工人和僱主溝通，並制定解決方案。兩個政黨亦利用這機會敦促殖民地政府推出各項社會改革。它們要求立法保護工人的權利以及改善他們的工作條件。它們認為青少年問題是導致騷亂的其中一個原因，所以便再次向政府爭取免費義務教育。革新會和公民協會之前一直深信成立申訴專員的重要性，現在便藉此重申要求。[130] 兩黨都認為動亂的根本原因是由於市民不滿政府，以及官民之間存在着很大鴻溝，因此它們再次強調在立法局加入民選議席的重要性。[131]

　　由於兩個政黨的政見不盡相同，它們對於暴亂的態度亦有所分別。革新會認為殖民地政府需要付更大責任，故強烈要求政府主動去解決衝突所導致的影響。該黨建議勞工處應積極安排工人與僱主會面。[132] 革新會秘書黃博度認為騷亂已經影響到不少工人

127《華僑日報》，1967 年 5 月 13 日、19 日、30 日；《工商日報》，1967 年 5 月 19 日。

128《工商日報》，1967 年 5 月 21 日；《華僑日報》，1967 年 5 月 21 日。

129《華僑日報》，1967 年 6 月 6 日。

130《華僑日報》，1967 年 6 月 3 日。

131《華僑日報》，1967 年 8 月 25 日、9 月 16 日、10 月 1 日；《工商日報》，1967 年 9 月 16 日。

132《工商日報》，1967 年 5 月 19 日；《華僑日報》，1967 年 5 月 19 日。

的生計，因此政府應盡快為他們提供協助。[133] 當暴亂平息之後，政府更應該對那些受影響人士作出補償，尤其是那些因暴亂而導致失業的工人。[134] 雖然革新會曾經指出暴亂的其中一個原因是青少年問題，但它認為正是因為政府忽視社會福利政策，才會導致出現年輕人的問題。新一代青少年將會成為香港的資產還是負累，將取決於殖民地的政策。如果政府可以投放更多資源在青少年的職業培訓，革新會相信問題應該不難得到改善，也有助香港長遠經濟發展。[135]

雖然公民協會要求政府應該主動幫助受暴亂影響的人士，但認為所有香港市民都有責任去令危機不致繼續惡化。該黨建議僱主和僱員應主動進行協商。協會形容工人與僱主之間的相互理解是至關重要，因為如果企業倒閉，工人亦會失去工作。[136] 另外儘管公民協會認同政府對於青年政策的重要性，但它認為父母更應有責任去引導和教育孩子成為優秀的人，不致對社會構成任何傷害。[137] 該黨委員也認為嚴厲懲罰是一個很好的方法以遏制騷亂。由於張有興譴責暴徒的行為是恐怖主義，並建議將被定罪的暴徒判處死刑，因而激怒了左派人士。[138] 他們稱張有興為四百萬香港市民的敵人，更威脅會將他的名字寫進暗殺名單之中。[139]

雖然革新會在暴亂期間一直支持殖民地政府，但當政府於1967 年 10 月提出公安條例法案時，該黨馬上表示反對。法案

133《工商日報》，1967 年 5 月 26 日；《華僑日報》，1967 年 5 月 26 日。

134《工商日報》，1967 年 8 月 14 日；《華僑日報》，1967 年 8 月 14 日。

135《工商日報》，1967 年 12 月 6 日。

136《華僑日報》，1967 年 5 月 12 日。

137《華僑日報》，1967 年 5 月 15 日。

138《工商日報》，1967 年 12 月 27 日。

139《工商日報》，1967 年 9 月 9 日；《華僑日報》，1967 年 9 月 9 日。

的原意是令香港警方可以更有效地去打擊暴亂活動，但它限制了組織、集會及遊行的自由，嚴重地威脅到公民權利。受着暴亂的影響，該法案在一讀之後的兩個星期，便獲得立法局通過，速度之快並不尋常，因為一條法案通常要進入小組委員會的深入討論及研究，因此在三讀之前通常都會花一段頗長時間。公安條例草案在 11 月 15 日獲得通過後，革新會立即提出抗議。它向英女皇及下議院發出請願書，要求撤銷法案。[140] 該黨評論該條例是不會達到預期結果，因為限制了市民的自由之餘，卻不能有效打擊引起暴亂的首腦。另外，由於法例沒有對「公眾團體」、「公眾集會」或「公眾地方」作出明確定義，這將導致普通市民不小心墮入法網。由於革新會主席是一位大律師，他十分關注條例的潛在威脅，因此，他在抗議書中形容該法案將會使香港每一個愛好和平的居民都成為潛在的罪犯。不幸的是，革新會的要求沒有成功，而公安條例直到現在仍然是最有爭議的香港法例之一。

儘管 1966 年和 1967 年的騷亂表面上對這兩個政黨並沒有直接影響，但其後果在七十年代逐漸開始浮現。姬達爵士曾指出說政府已經從動亂中吸取教訓，並開始更積極地引入一些社會改革。例如在 1967 年底通過了勞工法，以降低婦女和青少年的最高工時。為了增強政府與市民之間的聯繫，政府在 1968 年成立了民政司署，專責處理市民的需要。1971 年引進的公共援助計劃，是專為弱勢社群而設立的。免費教育亦於 1972 年開始推行，並在 1978 年擴展到九年義務普及教育。為了加強香港人的認同及歸屬感，公務員本地化的政策亦開始實施。另外，政府明白到房屋供應不足容易引起社會不滿，便在 1973 年推行了一個

---

140 *Hong Kong Standard*, 17 November 1967; *South China Morning Post*, 9 December 1967; *Star*, 13 December 1967.

大型的十年建屋計劃。[141]

　　上述的改革，都是革新會及公民協會已經爭取了多年的。但當這些改革在七十年代實施之後，兩黨作為香港市民代表的作用反而逐漸減小。一些低下階層一直視革新會和公民協會為他們的救星，因為兩黨從來沒有忽視他們，並經常為其爭取權益。但一系列社會改革開始之後，那些有需要的人士生活開始好轉，兩黨對於他們而言便不再那麼重要。革新會委員楊勵賢指出，該黨最初是非常受寮屋居民歡迎的，因為它經常成功為他們爭取公營住宅。然而，當大部分居民因為十年建屋計劃被安置之後，他們便漸漸忘記了革新會。[142]

　　1967 年騷亂之後，也見證着香港人特別是年輕一代的歸屬感有所增強。部分原因是由於政府刻意的政策所造成，例如清潔香港及香港節等活動。另一個主要原因是戰後的嬰兒潮。根據官方的人口普查資料顯示，在七十年代有一半以上人口是在香港出生。[143]「香港意識」和「香港人」觀念的增強，逐漸令他們更關心香港的社會問題。這不單促成了學生運動的增長，並且造就了壓力團體的誕生。1971 年的人口普查更顯示當時香港市民超過六成是三十歲以下，它們比較容易受學生運動和壓力團體所吸引。[144] 在新時代變遷下，這兩個香港最早期的政黨便逐漸邊緣化，最終導致他們在八十年代的沒落。

---

141 Scott, Ian, *Political Change and the Crisis of Legitimacy in Hong Kong*, Honolulu: University of Hawaii Press, 1989, pp. 106-124; Cheung, Ka-wai, *Hong Kong's Watershed*, p. 5.

142 訪問楊勵賢，2012 年 9 月 11 日。

143 Census and Statistic Department, *Hong Kong Population and Housing Census: 1971 Main Report*, Hong Kong: Hong Kong Government Printer, 1972, p. 9.

144 *Hong Kong Population and Housing Census: 1971 Main Report*, p. 21.

九、小結

六十年代可以說是革新會和公民協會的黃金十年。由於兩黨的貢獻令它們得到不少市民的支持,故此這兩個組織有信心聲稱自己是香港人的代表。兩黨組成聯合代表團到英國直接向殖民地政府施加壓力,要求政制改革。由於壟斷了市政局的民選議席,它們可利用這個平台去發揮更大影響力。當香港政府提出要改革地方行政架構,兩黨均希望成為推動進程的領導者。作為市政局議員,它們能夠利用自己的力量來幫助小販,並率先在局內以官方性質帶起中文運動,而最後市政局的改革及使中文成為法定語文的落實,都跟兩黨有直接關係。由於兩黨的知名度,它們都吸引了超過一萬名會員。然而,兩黨都希望自己能成為香港最有影響力的政黨,因此它們不時會在市政局內玩弄政黨政治,盲目否決對方的議案。這不僅阻礙了兩黨自身的發展,也令殖民地政府有機會以分而治之的政策去應付。

第六章

七八十年代：革新會和公民協會的衰落

　　革新會和公民協會在七十年代表面上好像進入了它們的黃金時代。兩黨在殖民地中的知名度甚高，會員人數分別達到四萬及一萬以上，超過全香港人口的百分之一。在兩黨的周年大會上，經常有數以千計會員參加。雖然它們未能壟斷市政局的全部民選議席，但在局內仍然有一定影響力。兩黨的辦公室都忙於接見廣大市民。一如既往，不少市民在七十年代仍然要尋求它們的協助。這可能導致兩黨的成員充滿信心，認為它們的輝煌時期會持續更長時間。

　　然而，革新會和公民協會在七十年代的成功是暫時和表面的，轉折點已經悄悄從六十年代後期出現。正如在前一章顯示，兩個政黨的重要性自殖民地政府推出大規模改革後便開始下降，它們作為政府與市民之間的橋樑正逐漸被邊緣化。自民政司署成

立以來，兩黨的溝通作用便漸漸被民政官員所取締。另外，學生運動和新成立的各個壓力團體進一步挑戰革新會和公民協會在政治和社會改革方面的角色。更不幸的是，兩黨自身的錯誤更進一步加快自己的衰落。

一、黨內衝突

即使有高度紀律的政黨，亦難期望每一位黨員都有相同理念，因為他們對於政黨的政治理念不同，而在政策觀點上可能有不同想法。此外，黨內的權力鬥爭也引致內部的不和甚至衝突。儘管黨員之間存在着分歧，他們有時必須妥協與合作以保持黨的團結。當妥協與合作無法實現的時候，派系鬥爭可能會導致黨的分裂，或令某些黨員退黨。[1] 黨內衝突在政治上非常普遍，革新會和公民協會也不能倖免。

在革新會創黨初期，已經發生了一次很大的內部危機。與一般最常見的黨內衝突相同，它的起因是由於創黨會員之間的政治理念有很大差異。無可否認，革新會的創黨會員都希望看到政府的行政及立法機構可以加入民選的元素。再者，他們一致對楊慕琦所提出的市議會計劃表示反對。[2] 不過，雖然他們都支持只有英國國籍的人士才有資格參選立法局，但就選民的資格問題卻存在很大分歧。這導致了革新會的成員開始分裂，更在該黨舉辦民眾大會時尷尬地形成兩個陣營之間的激烈辯論。最後，導致革新

1 Ceron, Andrea, *Intra-Party Politics and Party System Factional Conflict, Cooperation and Fission Within Italian Parties*, Ph.D. Thesis, Milan: University of Milan, 2011, pp. 7-9.
2 《大公報》，1949 年 3 月 25 日。

會在創立不到一年的時間便有多位成員離開。雖然貝納祺堅韌的性格以及其對於爭取民主和社會改革的不妥協精神，最後能夠成功協助革新會恢復聲譽，並成為直至七十年代全香港最重要的政治組織。然而，正是因為革新會主席的頑固和不妥協個性，導致一些重要委員相繼退黨，而最大影響的可算是葉錫恩的離開。

　　葉錫恩在六十年代初加入革新會。她對於社會改革堅定不屈的態度，令她在成為革新會委員之前，已經是殖民地著名的社會運動人士。自 1963 年以革新會委員名義被選為市政局民選議員之後，她便一直在局內服務超過三十年，其後更被委任為立法局議員。由於貝納祺和葉錫恩都有很高知名度，如果他們能夠合作無間，相信革新會的成就可能更大。但正所謂「一山不能藏二虎」，最終兩個只能留下一個。

　　觸發葉錫恩退黨的事件，是她在 1966 年 4 月的英國之旅。她到英國是打算游說國會議員以爭取政治改革，她亦希望令倫敦政府注意到在殖民地存在的各種不公平現象，敦促英國政府可以任命一個皇家委員會以調查 1966 年騷亂的原因，並研究解決香港的有組織犯罪問題。[3] 在葉錫恩出發到英國之前，她寫信給貝納祺以作出知會並希望得到支持。雖然葉錫恩英國之旅的目的正是革新會一直所追求的，但她並沒有得到應有的支持。在一個新聞發佈會中，革新會的代表黃博度表示如果葉錫恩女士此行的目標是與革新會一致，該黨將會給予她「精神上的支持」，但他卻補充說認為目前革新會委員並沒有什麼原因必要到倫敦去。[4] 這個聲明對於葉錫恩無疑是一盤冷水。更有記者預言這將導致兩者

3　*South China Morning Post*, 6 May 1966.

4　*Hong Kong Standard*, 6 May 1966;《工商日報》，1966 年 5 月 6 日；《華僑日報》，1966 年 5 月 6 日。

之間的決裂。[5]

　　革新會的聲明明顯地激怒了葉錫恩，但令她決心離開革新會，則是由於貝納祺的一封私人信件。當葉錫恩抵達倫敦時，革新會主席寫信給她，警告説如果她不希望在下次市政局選舉時孤軍作戰，那麼她在倫敦所做的一切，都必須得到革新會委員的一致同意。[6] 但葉錫恩的性格和貝納祺非常相似，兩人都不輕易妥協，因此要她屈服於主席的強硬態度是沒有可能的。1967年2月，葉錫恩終於宣佈退出革新會。對於革新會和所有改革派人士，這無疑是一個不幸消息。當葉錫恩離開革新會後，她在市政局內便不再和革新會口徑一致，有時甚至會批評它。由於市政局內民選和委任議員的人數一樣，如果民選議員不能團結起來的話，是不容易推動任何改革運動的。

　　可惜葉錫恩的退黨並沒有給革新會主席任何教訓，貝納祺在黨內仍然以鐵腕手段去帶領革新會，最終導致了該會的兩名市政局議員錢世年和黃品卓，一同於1974年退出革新會，他們公開表示「不滿意貝納祺先生帶領革新會的方式」，[7] 主席的不妥協性格可以在這次事件中再次反映出來。兩人正式退黨之後，貝納祺便在市政局會議期間公開要求他們辭退市政局議員席位。革新會主席指出，錢世年及黃品卓二人是以革新會候選人的身份參選，他們是根據該黨的政綱，並且依賴組織的資金作為後盾以贏得選舉席位。由於二人已經退黨，他們亦應該辭去市政局議員的席位。[8] 由於這是第一次在市政局的會議上發生，所有議員都感

5　*Hong Kong Standard*, 6 May 1966.

6　*Hong Kong Standard*, 14 February 1967.

7　*China Mail*, 5 March 1974.

8　*Hong Kong Standard*, 13 March 1974.

到震驚。[9] 另外一位市政局委任議員指出，貝納祺在市政局會議中提出這樣的要求令人遺憾，再加上他是政黨的領導人，這將會為該黨帶來不良影響。[10]

　　由於貝納祺在會議期間的指控，市政局主席便安排了一個閉門會議去調查事件。在這個閉門會議中，兩名前革新會委員透露自己退黨的原因是因為不滿意貝納祺在黨內的獨裁行為。而貝納祺的傲慢態度再次在會中表露無遺，他竟然在自己發言之後，在錢世年及黃品卓作出回應之前便走出會議廳。[11] 雖然革新會主席的專橫態度被各大報章廣泛報道，有些市民仍然毫無保留地支持他。有人寫信致《南華早報》的編輯以表示對貝納祺的支持，並聲稱如果錢世年不是革新會的候選人，便不會在之前的市政局選舉中投票給他。他補充說：「我不知道有任何人比貝納祺先生更努力去為貧窮的香港人（我指的是那些弱勢群體）爭取福利。」[12] 然而，事件已經對革新會聲譽造成破壞性影響，有市民開始對該黨感到失望。有一位名為張潔林的讀者也於《南華早報》發表自己的意見，他戲言市政局主席當時禁止貝納祺在大會中的發言是主席第一次，也是唯一一次正確地行使自己的權力。他說：「作為一位公眾的領袖，貝納祺先生的愚蠢行為令人覺得非常遺憾。他已經令公眾對其感到非常失望。」[13] 當時所有中英文報章均對兩位前革新會委員表示同情。

　　黨內不和彷彿是政黨的普遍現象，公民協會也沒有例外。在

9　*China Mail*, 13 March 1974.

10　*South China Morning Post*, 13 March 1974.

11　*China Mail*, 19 March 1974.

12　*South China Morning Post*, 27 March 1974.

13　*South China Morning Post*, 23 March 1974.

成立初期，該協會是由一批比較保守的委員所主導。他們反對在立法局增設選舉的議席，並對於革新會所支持的擴大選民人數不以為然。[14] 但當創會主席加斯恩修士離世，以及一些保守的成員包括卡爾（William C. Carr）、簡道爾（Francis W. Kendall）及丹利士（Richard F. G. Dennis）等相繼退會之後，該會的委員才一致地將公民協會發展成為政黨。跟革新會相比，公民協會似乎比較少有內部衝突，這很可能是因為兩位主席胡百富和張有興的性格都不像貝納祺般難以妥協。

話雖如此，任何政黨都不可能沒有內部矛盾，而公民協會的其中一名委員程德智正是由於這個原因而在 1974 年退出該黨。[15] 程德智在香港出生，在女拔萃小學畢業後，便到墨爾本完成中學。之後她到美國加州伯克萊大學分校並取得文學學士學位。自 1972 年加入公民協會以來，她非常積極參加黨內活動。[16] 她是協會常務委員會的助理秘書，以及婦女福利與青年小組委員會副主席。她更以黨員身份參與市政局選舉。可惜，她率直的性格及較為激進的心態似乎與公民協會不太一致。她告訴記者退黨的原因「完全是基於個人的因素……但也因為對於協會有所不滿」。該協會副主席陳子鈞形容：「她覺得該協會是不夠理想的，因為她有很多激進的思想。」據《德臣西報》的編輯評論：「程德智是一位理想主義者。像現今大多數年輕人，她不是一個容易妥協的人。大概是這個原因，她應該不容易與公民協會意見一致。」[17]

正如葉錫恩離開革新會一樣，程德智的退黨對於公民協會而

---

14 *Civic Association Newsletter*, Vol. 1 No. 1, p. 2.

15 *China Mail*, 29 April 1974.

16 *Hong Kong Civic Association Election Bulletin 1973*.

17 *China Mail*, 30 April 1974.

言也是非常不幸。這不僅是因為該黨失去了一位有前途的政治及社會改革者，更重要的是錯過了一個避免協會老年化的機會。公民協會張有興主席，以及其他重要成員如胡百富、張永賢及陳子鈞等，都是在五六十年代活躍的政壇人物。然而，這些開始年長的領導人，對於香港七十年代新一浪潮的政治和社會運動均缺乏敏感度。代表着新一代改革派的程德智本來可以協助公民協會注入新思維，從而協助它繼續成長。她的退出表示了年輕的改革派在公民協會並未得到支持及認同。此外，當公民協會主席張有興被任命為立法局議員之後，該黨的親政府性質更趨明顯。因此，兩個香港最早期的政黨對於新一代的社會運動人士便再沒有吸引力。

不過，在香港政黨發展初期，宗派主義並沒有其他國家或目前香港政黨般那麼嚴重。當年許多加入兩黨的人士都是因為受到黨主席的魅力所吸引。香港首位市政局華人女議員、革新會的婦女福利事務委員會主席楊勵賢解釋她加入革新會的最大原因，是被貝納祺的領袖魅力所吸引，她非常認同貝納祺所帶領的革新會在幫助弱勢社群的努力。[18] 她指貝納祺在委員會會議中一般都不會遇到任何挑戰，主席的決定往往得到其他委員的一致支持並不是因為他的獨裁，而是由於其他黨員衷心認同貝納祺。太平山青年商會的創始人、九龍總商會理事長及公民協會的資深委員鄭君旋則表示，所有協會成員都非常尊敬主席張有興。當張有興成為立法局議員及市政局的首位華人主席時，所有會員都感到非常驕傲。這可以解釋為何兩黨的主席在一般情況下都不會遇到太多的內部挑戰。

另一個令香港早期政黨缺少黨內反對聲音的原因，是它們都

18　訪問楊勵賢，2012 年 9 月 11 日。

屬於少數派，它們在戰後香港政治舞台上並不起眼。兩黨黨員都充分了解到殖民地微妙的政治和地理位置對於它們政黨的發展會產生很大影響。華人革新會在五十年代初的困境，可以充分反映政治團體在戰後的生存空間非常狹隘。兩黨的黨員當然不會不明白。與其他民主國家不同，香港政黨的地位及權力有限。在八十年代之前，它們只被允許參加市政局的選舉，但當中的議席有半數是由政府委任。因此，那些當選市政局的黨員均明白只要任何微小的黨內衝突，都很容易令自己所屬的政黨在局中的地位被邊緣化。認識到當時政治環境的局限性，黨員通常更願意團結一致支持他們的政黨去提出政治改革的主張，因為這將有可能令他們的政治生涯有更多發展機會。團結一致對於早期的公民協會可能更為重要，因為它當時的「人氣」不及革新會，所以該黨成員更樂意團結一致以增強他們的政治地位。此外，由於明白到當時的政治機會不大，所以並不是每個黨員都充滿政治野心，有些成員更願意無條件地支持他們的政黨以為社會服務。

雖然派系鬥爭在香港最早期的政黨並不是很嚴重，但還是影響了它們的發展。革新會和公民協會在五六十年代的成功，很大程度上是由於當時兩黨的委員會精英雲集，貝納祺、胡鴻烈、葉錫恩、張有興及胡百富等都是一時無兩。他們不單是社會上的精英，還全心投入社會改革之中。他們可算是社會與政治改革的忠實信徒。然而，這兩個最早的政黨並未能成熟發展到足以接受黨內不同意見。一些重要成員的離世或退黨，以及缺乏機制去吸引年輕精英的加入，最終導致兩黨的老化問題。在七十年代，大部分創黨委員都年紀老邁，他們的思想較年輕一代保守。儘管貝納祺被認為是五十年代的激進份子，但到了七十年代的學生和壓力團體可能比他更加激進。此外，在 1967 年暴動之後，殖民地政

府主動推行了一系列社會改革，導致兩黨作為政府和人民之間的橋樑作用逐漸減少。可惜革新會及公民協會並未能就着七十年代的社會和政治發展而作出調整，因此這兩個最早的政黨在八十年代便被視為保守的政黨，在選舉中失去以往的支持。

二、錯失良機

　　1973 年的地方行政白皮書，可以算是香港政制發展的其中一步，但其改革幅度應該沒有改革派人士會感到滿意。從以往的經驗，他們了解到與政府的鬥爭是非常漫長的。不過，他們卻不知道其實機會正在眼前，只是他們不清楚而已。

　　自二次大戰以後，殖民地政府面對民主化發展的壓力漸漸增加。但到工黨 1974 年在英國重新執政之後，它才面對真正的壓力。一直以來，工黨都比保守黨更積極推動殖民地的民主化，因此我們不難觀察到在二戰後工黨執政時，殖民地部大臣鍾斯（Arthur Creech-Jones）極力去推動香港及其他殖民地的政制改革。工黨下議院議員蘭金（John Rankin）是另一個例子，他不單關心香港事務，更多次抨擊殖民地政府，例如在 1967 年一次下議院會議時，他便批評香港的政治制度非常落後，形容殖民地政府「獨裁」，其「政治架構對於英國人而言是不能接受的」。[19]

　　因此當工黨重新執政之後，該黨議員便開始更加關心香港的民主化進程，他們在下議院不時詢問有關香港的政制事務。選舉剛勝利不到兩個月，工黨下議院議員莊臣（James Johnson）

19　*House of Common Debates*, 26 April 1967, vol. 745, pp. 1784-1792.

便馬上在議會中詢問外交及聯邦事務大臣卡拉漢（James Callaghan）有關香港政制發展的進度。[20] 莊臣在 1974 年訪問香港時，更表示支持委任民選的市政局議員代表進入立法局，並公開建議香港殖民地政府應該委任更多不同人士進入立法局。[21] 他說：「沒有人要求香港要獨立，但應該有更多民選議員去代表本地人民。」[22] 同行的另一位議員霍德（Ben Ford）支持其同僚的意見，並說：「我十分支持莊臣對於香港政制發展的建議，並在當時實行直接選舉，我們必須看到香港政府有更廣泛的代表性。」[23]

面對政治氣氛的轉變，港督麥理浩便主動致函外交及聯邦事務大臣，解釋香港的政制環境。[24] 麥理浩承認香港的政治制度落後，但他強調這是因為香港的情況特殊，而香港人普遍對政治不感興趣，再者香港不能有重要的政制改革是因為中國會認為這是步向獨立的舉動，因此中方是不會允許的。[25] 雖然外交及聯邦事務大臣卡靈頓接受麥理浩的解釋，但工黨議員仍不斷在議會中質詢香港的政制情況。基密臣（Ivor Clemitson）在 1975 年 1 月的下議院會議中便詢問外交及聯邦事務大臣有沒有為香港的民主進程作出打算。[26] 另一位議員費查－曲加（Charles Fletcher-Cooke）亦在議會中對香港的政制發展表示不滿，他認為當時的立法局議員缺乏代表性，亦質疑行政立法兩局非官守議員辦事處

---

20 FCO40/492, A Note from A. C. Stuart to Youde, 24 April 1974.

21 *Hong Kong Standard*, 18 April 1974.

22 *The Star*, 17 April 1974.

23 *The Star*, 17 April 1974.

24 FCO40/613, Despatch from MacLehose to James Callaghan, 30 May 1974.

25 FCO40/327, A Note from E. O. Laird to K. M. Wilford on the Position of Chinese Peoples' Government about Constitutional Advance in Hong Kong, 7 May 1971.

26 FCO40/613, Parliamentary Question, 29 January 1975.

（UMELCO）的公信力及其為市民發聲的能力，他更要求外交及聯邦事務大臣為香港立法局的改革作出書面答覆。[27] 當然，他所得到的的答案毫無新意。外交及聯邦事務大臣回覆說，現在立法局委任非官守議員的方法不單是最有效，也對香港最為有利。不過事務大臣亦表示為確保香港不同的聲音都可以在立法局內表達，他會不斷與港督溝通。

因此，我們不難看到香港殖民地政府在工黨執政時所面對的壓力比保守黨時期更大。當外交及聯邦事務部次官戈倫韋－羅伯茨（Lord Goronwy-Roberts）在 1975 年 1 月官式訪問香港時，他曾公開表示支持為香港立法局引入選舉的成分。他對港督麥理浩說明當時外交及聯邦事務部所面對的壓力，表示在英國一般的聲音都認為香港的政治制度已經非常落後。[28] 外交及聯邦事務部明白到香港政府對於立法局增加直選議席的難處，但他認為港府應為增加代表性而對立法局或市政局作出不同程度的改革。雖然殖民地政府已明顯面對來自倫敦的壓力，但麥理浩爵士仍然不為所動，他向戈倫韋－羅伯茨說明香港的情況與其他殖民地不同，因此不適宜為立法局設置民選議席，而市政局的權力亦不應增加。然而，麥理浩對外交及聯邦事務部次官表明他並不是要完全否定香港的民主進程，他竟然解釋新成立的互助委員會是香港民主化重要的一步，因為互助委員會的成員將會在其崗位上吸收政治經驗，在將來便可委任為立法局議員。戈倫韋－羅伯茨次官當然不會不明白麥理浩所引用的互助委員會只是一個藉口，所以他對港督的回覆並不太滿意，他認為就算市政局的權力不宜擴大，

27　FCO40/613, Despatch from the Foreign and Commonwealth Office to Hong Kong, 19 February 1975.

28　FCO40/613, Meeting on Possible Constitutional Changes: Government House Hong Kong, 13 January 1975.

其選民人數也應該增加，他告訴麥理浩如果香港政府對政改有任何新觀點，他會非常樂意去作出討論。[29]

當戈倫韋－羅伯茨回倫敦述職並回答議員的提問時，他表示雖然英國政府希望其殖民地推行民主政制改革，但香港的情況與其他地區不同，中國政府將不會允許香港進行政制改革，因為這樣會令北京誤以為英國打算將香港推向獨立。[30] 英國的傳媒顯然對這答覆不太滿意，當地報章《每日郵報》（*Mail Daily*）馬上作出批評說：「除了外交及聯邦事務部次官之外，任何人都不會相信北京政府會反對香港作出政制改革。」[31] 對於戈倫韋－羅伯茨次官的回答，工黨的國際事務委員會馬上要求他再次向港督施加壓力，要求殖民地政府改革行政及立法兩局，使其更加有代表性。[32] 工黨秘書長希爾活特（Ron Hayward）亦向外交及聯邦事務大臣詢問有關增加立法局議員人數的可能性。[33]

三、倫敦官員態度的轉變

在英國檔案館的檔案中，我們可以看到英國官員對麥理浩的支持度漸漸有所轉變。在 1974 年的公函中，外交及聯邦事務部的官員一般都接受港督對於政制改革的解釋，但到了 1975 年初，他們開始對麥理浩的保守態度有所怨言。外交及聯邦事務部

29　FCO40/613, Meeting on Possible Constitutional Changes: Government House Hong Kong, 13 January 1975.

30　FCO40/613, Notes for Supplementaries, issue date unknown.

31　FCO40/613, *Mail Diary*, 21 January 1975.

32　FCO40/613, Memorandum from Tom McNally to Stuart, 12 February 1975.

33　FCO40/613, A Note on Hong Kong Legislative Council, 22 April 1975.

內香港及印度洋支部的官員奧基夫（P. L. O'Keefle）在 1975
年 3 月曾向部門同事建議，應該向港督麥理浩透露來自倫敦的不
滿。他吩咐同事轉告港督，並預先警告他在下次到倫敦述職時，
他需要就香港的政制改革問題作出解釋。[34] 所以另一位官員屈臣
（Duncan Watson）便預先致信港督，讓他明白到來自倫敦的壓
力。英國方面似乎不單對香港立法局的改革感興趣，當三位立法
局的委任議員任期即將屆滿時，倫敦的官員比以往更關心香港內
部對於新任議員的取態，外交及聯邦事務大臣向港督詢問會否對
委任的成分作出改革，他甚至建議香港政府應該招攬低收入人士
入局，以增加立法局的代表性。[35] 麥理浩更被要求在抵達倫敦之
前，需要向外交及聯邦事務大臣提交一份簡短的說明，解釋其委
任人選的準則。[36]

　　在麥理浩抵達英國之後，次官戈倫韋－羅伯茨便馬上安排
接見，以便商討香港政制改革的可能性。在會面中，麥理浩為其
政策辯護，解釋現正努力去物色有潛質的人士進入立法局。他自
稱和次官一樣亦希望能夠擴闊獲委任的人選，所以寄望新成立的
互助委員會將來可以為政府訓練人材。戈倫韋－羅伯茨似乎對港
督的解釋不以為然，他反建議港督可以考慮委任市政局議員進入
立法局。市政局在當時是唯一一個有民選議員的議會，當年的市
政局民選議員包括葉錫恩、胡鴻烈、張有興、貝納祺及黃夢花等
等，他們都是比較受一般市民歡迎的民選議員。從戈倫韋－羅伯
茨次官的建議可以看到倫敦的官員不單關心香港的政制發展，對

34　FCO40/613, Note on the Nomination of Unofficial Members to Hong Kong Legislative
Council from P. L. O'Keefle to Male, 13 March 1975.

35　FCO40/613, Note on the Nomination of Unofficial Members to Hong Kong Legislative
Council from P. L. O'Keefle to Male, 13 March 1975

36　FCO40/613, Letter from Duncan Watson to Murray MacLehose, 17 March 1975.

本地情況亦非常熟悉。但是麥理浩回覆時卻説委任市政局議員進入立法局的方法不可取，他形容市政局的民選議員「不能代表香港一般的民眾」，「他們在議會的表現並不出色」，以及「他們的能力遠遜於當時的立法局議員」。[37] 當戈倫韋－羅伯茨透露他考慮接見市政局議員葉錫恩以了解議員們對香港政治環境的看法，麥理浩卻「強烈建議」次官不應會見她，因為她的意見並不可信。[38] 港督反而向外交及聯邦事務部重申他對互助委員會的期望，他告訴戈倫韋－羅伯茨次官互助委員會的會員才真正可以代表一般市民，所以待他們有足夠經驗後，將會「考慮」委任他們進入立法局。然而，戈倫韋－羅伯茨並沒有接受港督的意見，卻去接見了葉錫恩，這可以反映出倫敦和港府的步伐其實未必一致。[39]

除了和次官會面外，麥理浩更獲外交及聯邦事務大臣卡拉漢接見。卡拉漢向麥理浩警告説，倫敦方面對香港政治制度的落後頗為失望，工黨議員普遍認為香港立法局的委任議員大部分都只是商界精英，並不能代表一般市民。[40] 麥理浩便向卡拉漢解釋香港的情況和倫敦不同，香港立法局的職權並不像英國的議院，反而更類似一個政府內閣。麥理浩亦説他明白到委任較低收入基層人士進入立法局可以增加廣泛代表性，因此，他重申自己所創建的互助委員會將可以發揮這個功能，而他將會「密切留意」有政

---

37 FCO40/613, Record of a Meeting between Lord Goronwy-Roberts and the Governor of Hong Kong held at the Foreign and Commonwealth Office on Wednesday 9 April at 10:00 a.m.

38 FCO40/618, Memorandum from P. L. O'Keeffe to Male and D. Watson, 14 April 1975.

39 FCO40/618, Memorandum from P. L. O'Keeffe to Male and D. Watson, 22 April 1975.

40 FCO40/613, Record of Conversation between the Foreign and Commonwealth Secretary and the Governor of Hong Kong held at the Foreign and Commonwealth Office on Friday 11 April 1975 at 11:30 a.m.

治潛能的互助委員會會員,從而吸納他們進入局內。

通常在英國的殖民地部或外交及聯邦事務部官員一般都是口徑一致,因為他們明白到在殖民地工作的同僚才能最了解當地情況,再者他們要同時處理不同殖民地的事務,這樣會令他們沒有足夠時間去徹底了解每一件事情,所以他們通常都不會質疑或挑戰殖民地的回覆。[41] 但現在情況有所不同,由於民選的市政局議員及一些有心爭取政制民主化的人士多次到英國向外交及聯邦事務部官員以及國會議員游說,希望他們能迫使港府讓步,令立法局引入選舉議席。[42] 因此在英國的官員對香港可以有比較全面的了解,而不會只是盲目相信港府的片面之詞。

例如,在屈臣致麥理浩的信中,他知會港督雖然外交及聯邦事務大臣接受新增的互助委員會和市政局在 1973 年的改革是香港政制發展的一部分,但他對於港府在立法局中增加議員的代表性的步伐頗為不滿。對於麥理浩曾經指出改革立法局有可能影響政府的管治,事務大臣表示不敢苟同,尤其是因立法局只是一個諮詢機構,而不是政府行政的核心。屈臣向麥理浩直接指出事務

---

41 與前外交及聯邦事務部官員沙格羅夫(Philip Sadgrove)訪問,2013 年 11 月 30 日。

42 市政局民選議員張有興、葉錫恩及貝納祺等在六七十年代多次到倫敦進行游說,希望開放立法局選舉議席。外交及聯邦事務部亦有定期安排市政局議員集體到英國交流,其他團體例如香港工業總會主席也有到倫敦爭取香港的民主化。而當英國官員或國會議員訪港作官式訪問時,市政局議員及其他爭取民主的人士都必定會向到訪官員及議員表達自己的意見。見 FCO40/367 Visits of Secretary of State for Foreign and Commonwealth Affairs, Sir Alec Douglas-Home, to Hong ... 1972; FCO40/412, Visits of UK Members of Parliament to Hong Kong 1973; FCO40/414, Visits of UK Government Ministers to Hong Kong 1973; FCO40/415, Visit of Edward Heath, UK Prime Minister, to Hong Kong, 12-14 January 1973; FCO40/417, Visits of leading personalities of Hong Kong to the UK 1973; FCO40/419, Visits of members of the Hong Kong Urban Council to the UK 1973; FCO40/613, Record of a Meeting Between Lord Goronwy-Roberts and Mrs. Huen (Director, Federation of Hong Kong Industries) at the Foreign and Commonwealth Office on Thursday 6 February at 12:00 Noon, 10 February 1975.

大臣對於港督的固執已經開始不滿，他亦不知道怎樣去為其保守政策辯護。屈臣希望麥理浩明白其目標應該是尋找有潛質的人士進入立法局，而不是無止境地等待港督認為已經完全符合資格的精英。他要求麥理浩對事務大臣的意見盡快回覆，並向外交及聯邦事務部交代其心目中的人選。[43]

面對來自倫敦的壓力，麥理浩在 1975 年 10 月 6 日致信回覆屈臣。他說雖然在殖民地推行政制改革有很大局限性，但他亦樂意推動香港的政制發展，而港督所建議的「政制發展」，就是在立法局中增加三個委任議席，他有信心可以在明年 6 月委任兩至三名擁有「顯著不同背景」的人士進入立法局。[44] 在港督的回信中我們可以看到他對於政制改革的輕視態度，例如他列舉其反覆強調的香港一般市民對於政制改革缺乏興趣，而當中只有少數本地和外籍人士，以及一些報章記者比較關心政制發展。但麥理浩對他們似乎充滿蔑視，說這些人士永遠也不會滿足，那麼為何還要嘗試去滿足他們，並製造更多機會讓他們去攻擊政府？

另外我們可以從麥理浩致倫敦的一封電報中，感覺到他對於有民選議席的市政局之蔑視。當談論到有關香港的政治制度時，港督指出他是依靠共識去管治香港，而當中能夠作為政府與市民之橋樑，包括行政立法兩局非官守議員辦事處、民政事務專員、各諮詢委員會、綠皮書、互助委員會、街坊福利會以及各種傳媒。[45] 麥理浩在此刻意忽略市政局。在當年，市政局是唯一一個官方機構有選舉議席，其民選議員包括貝納祺、胡鴻烈、葉錫

---

43 FCO40/613, Letter from Duncan Watson to Murray MacLehose, 8 August 1975.

44 FCO40/613, Telegram No.992 from MacLehose to Duncan Watson, 7 October 1975.

45 FCO40/613, Telegram No. 993 from MacLehose to the Foreign and Commonwealth Office, 7 October 1975.

港督麥理浩（左 1）與公民協會鄭君旋握手（右 1），鄭君旋向港督提出多項建議，包括綠化環境、教育、青年問題及市政設施等。左 2 為公民協會秘書長及市政局民選議員陳子鈞。

恩、張有興等都非常受市民歡迎。而且市政局的認受性絕不比港督所提及的組織低，因此麥理浩似乎是有心在外交及聯邦事務部官員面前刻意忽略市政局在香港的貢獻及作用。

明顯地，外交及聯邦事務部對於麥理浩的回覆似乎並不滿意，香港及印度洋支部官員米爾頓（D. F. Milton）批評港督的電報只是為了希望「維持現況的一個藉口」[46]，他認為麥理浩的回覆並沒有解決倫敦對於港府所提出有關立法局改革的要求，麥理浩港督不單不幸地誤解了英國政府的期望，亦忽視了香港人對民主改革的意願。[47] 既然港督無視外交及聯邦事務大臣的建議，米爾頓認為倫敦方面有必要對他作出更強硬的要求。

隨着外交及聯邦事務部開始變得強硬，屈臣馬上婉轉地向港督指出，他之前的電報很可能被誤解成他本人只願意作出最小限度的改革。屈臣建議麥理浩應該向倫敦方面作出聲明，以明確指出什麼時候可以落實立法局的改革。[48] 由於外交及聯邦事務部的強硬立場，麥理浩在 10 月 9 日的立法局會議中承諾，將會就立法局成員的代表性作出重大改革。[49] 雖然港督聲稱他會從互助委員會中作出選擇，但最後要等到 1978 年才第一次委任互助委員會的一位主席進入立法局。

然而，在工黨執政的時期，並非沒有香港人到英國去爭取民主改革。例如代表香港工業總會的襧女士在 1975 年到倫敦與外交及聯邦事務部次官會面，討論香港的政治問題。她向戈倫韋－

---

46 米頓在他的公函中用底線去強調「維持現況」。

47 FCO40/613, Memorandum from D. F. Milton to Duncan Watson, 6 October 1975.

48 FCO40/613, Despatch from Duncan Watson to Murray MacLehose, 8 October 1975.

49 FCO40/613, The Governor's Annual Address to the Legislative Council on 9 October 1975.

羅伯茨投訴，指出許多華人社區的領袖均認為在香港缺乏參與政策諮詢的途徑，因此行政及立法兩局的架構明顯有待改善。[50] 她對於立法局竟然沒有一個議員可以真正代表普通市民特別感到失望。當然，她得到的答覆毫無新意，雖然次官對香港的政制發展深表同情，不過由於中國不會容許香港推行政制改革，因此他愛莫能助。

可能感受到工黨執政後的轉變，有部分香港市民組織了一個名為「代議政府運動」（Movement for Representation in Government）的團體。該組織就香港政制發展事宜進行了一個民意調查，並希望將民調結果及一封請願信交予外交及聯邦事務部。[51] 該組織得到葉錫恩的支持。由於市政局的四位議員代表葉錫恩、革新會的楊勵賢、公民協會的陳子鈞及委任議員麥建時，將會在 1975 年 4 月到倫敦進行訪問，葉議員便順道帶同該民調結果及請願信到英國。[52] 當代表團在 4 月 23 日會見外交及聯邦事務部次官戈倫韋－羅伯茨，葉錫恩代表「代議政府運動」發言，並以請願信的內容及民意調查結果向次官爭取在香港落實政制改革時，公民協會的陳子鈞及委任議員麥建時竟然為麥理浩辯護，指現時立法局已經能夠代表普遍的香港市民，而革新會的楊勵賢則沒有就殖民地的政制情況發表意見。[53]

---

50 FCO40/613, Record of a Meeting Between Lord Goronwy-Roberts and Mrs. Huen (Director, Federation of Hong Kong Industries) at the Foreign and Commonwealth Office on Thursday 6 February at 12:00 Noon, 10 February 1975.

51 FCO40/618, A note on the Seminar organized by Movement for Representation in Government, issue date unknown

52 FCO40/618, Letter from Wendy Lam, the Acting Secretary of the Movement for Representation in Government to Lord Goronwy-Roberts, 5 April 1975.

53 FCO40/618, Record of a Meeting Between Lord Goronwy-Roberts and Members of the Urban District Council of Hong Kong Held at the Foreign and Commonwealth Office on Wednesday 23 April at 5:15 p.m.

　　雖然革新會和公民協會的代表經常在六十年代到倫敦爭取香港的政制改革，但它們自七十年代以後都不能再維持這股幹勁。政黨老化是其中一個原因。兩黨的創黨委員都到了退休年齡，革新會貝納祺的健康已不復當年，由於他在 1962 年驗出腦部有一個腫瘤，雖然在英國進行手術後已經康復，但手術的後遺症導致他行動不便，影響了左手臂的活動能力，[54] 對他出外遠遊帶來不便。公民協會主席張有興則於 1973 年被委任為立法局議員，這一方面令他更忙於公務，而更重要的就是令原本比較保守的公民協會變得更加親政府。所以當該黨委員陳子鈞與葉錫恩等市政局議員在 1975 年到倫敦會見外交及聯邦事務部次官時，他卻為港督的保守政策辯護。無論如何，革新會及公民協會都未能夠在工黨給予香港政府最大壓力去推行政制改革的期間繼續施壓，令麥理浩政府腹背受敵，因此港督可以用一貫藉口去抵擋來自倫敦的壓力。此外，兩黨不願意聯手，亦不太樂意與其他民主派人士合作，這無疑大大地削弱了改革陣營的力量。如果兩黨能夠像它們在六十年代初期般合作到英國游說，相信工黨政府會給予麥理浩更大壓力去推行政制改革。

四、革新會對政制改革的最後一擊

　　儘管革新會在七十年代末已經面臨年齡老化的問題，它仍然試圖向殖民地政府要求政制發展。由於政府經常聲稱香港居民政治冷漠，因此革新會便就市民對於立法局引入選舉議席的態度

54　*Reform Club of Hong Kong: 10th Anniversary*, 1949-59, p. 22. *South China Morning Post*, 23 September 1996.

進行了一個民意調查。該民意調查在 1977 年 9 月 29 日至 10 月 24 日進行，總共有 990 位受訪者被隨機抽樣接受訪問。[55] 問卷中詳細顯示了受訪者的性別、種族、年齡、教育程度、職業、收入、居住地區和住宿類型。受訪者被問到的問題，主要是關於他們對各個政治組織及政府架構的認知與意見，以及他們對於在立法局中引入民選議席的看法。該報告顯示，大約 50% 成年人希望在立法局中增加選舉元素。雖然報告指出較高的家庭收入和教育水平人士一般對政治問題有較多認識，但令人意外的是一些教育水平並不低的居民竟然對香港政治情況不甚了解。在中學畢業人士當中，有 14% 以為當時立法局已經有選舉議席，甚至有 8% 誤以為行政局也有選舉產生的議員。而擁有大專學歷的被訪者，亦竟然分別有 8% 和 3% 持同樣的看法。

革新會將該民意調查報告及一封請願信寄予外交及聯邦事務大臣歐文（David Owen）。[56] 由於有民意調查數據的支持，貝納祺駁斥殖民地政府的一貫主張，認為當地多數居民都希望維持現狀，所以不需要推行政制改革。革新會的請願信中清楚指出，在立法局中增設小量的選舉議席絕對不等同於自治或獨立，而這從來都不是革新會的主張。貝納祺抨擊殖民地政府聲稱在立法局增設選舉議席將「有可能改變（政治）現狀」是「不合邏輯的推論」。他強調革新會的政改建議不會削弱政府的權力，它仍然可以「保留其不可挑戰地位」，在立法局中引入選舉元素的目的，只是希望拉近政府和市民之間的差距。這種輕微的政制改革將不會影響現狀，因此革新會認為改革不會影響到英國與中華人民共

---

55 FCO40/934, A Survey on the Public's Attitudes towards Elected Representation in Legislative Council Prepared by the Reform Club of Hong Kong, November 1977.

56 FCO40/934, Letter from Brook Bernacchi to David Owen, 5 January 1978.

和國之間的關係。最後該黨主席以他一貫作風，聲稱如果殖民地政府不採取任何行動去改善香港的政治制度，將來可能會導致另一次暴亂。

對於有大約一半市民贊成在立法局中引入選舉議席，殖民地政府可能會感到意外，因此不願輕易接受該民意調查的結果。它馬上安排專家去研究該民調的真確性，但結果卻令其失望。根據外交及聯邦事務部的報告顯示，革新會進行的民意調查所得出的結論是準確無誤的。[57] 不過殖民地政府總有藉口，今次也不例外。它向外交及聯邦事務部指出雖然有一半當地居民「贊成」在立法局引入選舉，但他們可能不是「熱切地盼望着」。[58]

如果革新會的民意調查是在 1975 年進行，效果可能會比七十年代末進行更好。因為 1975 年工黨剛剛執政，當時的外交及聯邦事務部會積極地向殖民地政府要求在香港推行政制改革。如果民意調查報告是在 1975 年完成，殖民地政府將無法向外交及聯邦事務部解釋不需推行政制改革的原因是香港人對立法局選舉缺乏興趣。而得知香港人並非政治冷漠，工黨便可能會對殖民地政府施加更大壓力，令香港有更大機會推行政制改革。可惜在七十年代末，英國政府開始忙於考慮香港的前途問題，政制發展與否已非重點。因此，儘管革新會的民意調查是有意義，卻不是一個成功的行動。

---

57 原文是 " (It was) carried out in accordance with the best public opinion survey principles … it is perfectly valid to take its findings as applying to the population of Hong Kong as a whole." 見 FCO40/934, Letter from Stewart to Denys Robert, 7 February 1978.

58 FCO40/934, Letter from Stewart to Denys Robert, 7 February 1978.

五、最後的賭注：香港回歸談判

殖民地政府拒絕了兩個政黨所提出的政制改革已經有三十年。但在八十年代初，政府主動推行政制發展，很大程度是由於九七回歸問題所致。回歸問題牽動着當年不少香港人的心靈。雖然他們未必喜歡殖民統治，但對於中國共產黨的統治則更覺恐懼。不少香港人是為了逃避共產黨統治而由大陸移居香港。儘管鄧小平作出了「一個國家，兩種制度」的承諾，但根據革新會當年的民意調查顯示，大部分香港人都希望維持現狀。雖然九七回歸關係到香港人的未來，不過對於英國和中方的談判，香港人一直被蒙在鼓裏。所以當時有不少政治團體都有不同行動以表示關注。作為殖民地的老牌政黨，革新會和公民協會當然希望參與其中。本節將探討兩黨在回歸問題上一直被香港人所忽略的角色。

1997 年的回歸問題，是由於十九世紀時滿清政府和英國所簽訂的三項條約所致。南京條約（1842 年）和北京條約（1860 年）分別將香港島和九龍半島從中國割讓給英國，而展拓香港界址專條（1898 年）則將新界土地以九十九年的公約形式租借給英國。根據該界址專條，英國應該於 1997 年將新界交還中國。當時香港的發展情況已令新界不可能與九龍及香港島分割。到七十年代末，約滿之期漸漸逼近。由於新界土地的買賣將會受到租約年期所影響，雖然當時英方並不希望將香港交還中國，但英國及殖民地政府明白到必須盡早與中國政府商討租約問題。1979 年 3 月，港督麥理浩訪問北京，與鄧小平曾討論香港前途問題。[59] 港督回港後，並沒有透露會談內容或對香港的未來給予

59　當時陪同麥理浩到訪北京的，包括一名前革新會委員簡悅強爵士。

一個肯定的答案，這無可避免引起一般香港市民的焦慮。革新會和公民協會認為自己是政府與市民的橋樑，當然非常希望可以參與事態的發展。

在當時頗為敏感的期間，英國政府突然在 1980 年宣佈推出新的英國國籍法案，發表的白皮書指出該法案建議將香港人分類成為英國的海外公民。得知消息後，公民協會立即致函香港政府，要求英國承認所有香港出生的市民均應被視為英國公民，他們的地位應該和那些在英國出生的公民沒有任何分別。[60] 該黨認為新的英國國籍法案不單有可能剝奪香港市民居住在英國的權利，也可能令他們在申請簽證到歐洲其他國家時受到歧視。它要求殖民地政府應該為香港市民爭取權利。但事實上，在 1962 年通過的英聯邦移民法，已經令香港市民失去了居住在英國的權利，因此新的國籍法對於香港人並沒有實質影響。不過英國在這個敏感時刻提出新的國籍法，無疑會對香港市民的信心有一定影響。

英國國會在 1981 年開始討論新國籍法的時候，革新會也十分關注事態發展。該黨致函英國上議院，提出自己的主張。[61] 革新會在信中指出，在這樣一個敏感時刻討論國籍法案，將大大影響香港市民的信心。該黨聲稱既然香港是受英國管治，它就應該對所有香港人負責。由於英國擁有香港的實質管治權，因此如果任何一個在香港出生的市民願意的話，他們都應該有資格居住在英國。當新法案已經對香港市民的信心產生負面影響後，革新會再致信英國下議院議員，以尋求他們幫助。該黨主席貝納祺亦親自去英國向多名議員作出游說，他聲稱有不少國會議員都同情香港人。可能受到貝納祺的影響，一些議員改變了初衷而改投反對

---

60 《工商日報》，1980 年 8 月 14 日；《華僑日報》，1980 年 8 月 15 日。

61 《華僑日報》，1981 年 6 月 29 日。

票，因此最後支持法案的議員僅僅比反對的多出三票。[62]

　　雖然革新會和公民協會都關注新的國籍法，但它們最擔心的是香港的未來，因此革新會成立了一個名為「香港前途委員會」的特別委員會，專責研究香港人的心態，並就着香港人的意願向中英雙方作出建議。跟不少當年香港人一樣，革新會錯誤估計了中國政府收回香港的決心。該黨委員黎兆霖在報章上對於香港的前途表示樂觀，他認為中國政府於 1972 年要求聯合國將香港及澳門從殖民地名單中剔除，表示香港是中國的領土。1997 年需要解決的只是管理的技術上問題，而非主權的爭議，所以到時將新界的租約延長亦無損中國的國體。而且中國一日未主動提出，表示它樂於維持香港的現狀。再者，中國正推行四個現代化計劃，它需要從香港取得經濟利益，因此革新會認為中國沒有必要急於解決香港的問題。[63]

　　不過革新會理解到中華人民共和國不承認 1898 年的北京條約，因此它預計中國政府將不會願意將 1997 年的新界租借期延長。但是，該黨卻認為中國政府為了保持它的經濟增長，不會輕易改變香港的現狀。由於殖民地政府在香港前途談判中沒有任何話語權，而革新會認為自己是香港最重要的政黨，有責任代表當地市民去與中國政府進行溝通，希望為香港的前途出一分力。[64]所以該黨的「香港前途委員會」便於 1981 年 11 月 16 日發表了一份名為《香港的前途》的報告書，其內容如下：

> 建議英國政府宣佈在 1997 年後整個香港不再是英國屬

62　Carroll, John, *A Concise History of Hong Kong*, p.178.

63　《華僑日報》，1981 年 9 月 18 日。

64　《華僑日報》，1981 年 11 月 16 日。

土並放棄其對香港島及九龍之主權，而由中國政府宣稱自1997 年 7 月 1 日起使香港島、九龍及新界成為一「託管地區」；由英政府代為管理，為期二十年，而自此以後中國政府若要收回託管地區，應於十年前事先通告，這樣香港作為一個自由港的前途便可在預見的將來中得以確保。而在這二十年後只需給予十年的事前通知，中國政府便可將香港合併於其本身管轄地區內。預早十年通知的目的是以每一個人的利益為大前提，給予各人充裕的時間作好準備，以應付十年後的完全改變。[65]

革新會的建議書分別送予英國外交及聯邦事務大臣卡靈頓勳爵（Lord Carrington）、自由黨發言人愛頓議員（David Alton）。三份同樣的建議書亦分別由新華社香港分社轉交國務院總理趙紫陽、海外僑務委員會主席廖承志及國家領導人鄧小平。根據外交及聯邦事務部的回覆，建議書已經轉交英國首相戴卓爾夫人（Margaret Hilda Thatcher）審閱。[66] 從一封由戴卓爾夫人致自由黨領袖史提爾（David Steel）的信中，首相保證「所有（革新會）表達的觀點都會被慎重考慮」。[67] 革新會的報告可能是第一份由香港發送致英國首相有關香港前途的非官方建議書。

在革新會的建議書公開後，它從法新社的報道中注意到一名

65 *The Reform Club of Hong Kong Press Release*, 16 November 1981.

66 Reform Club of Hong Kong, *Beyond 1997*, Hong Kong: Reform Club of Hong Kong, 1982, pp. 16-17.《工商日報》，1981 年 12 月 15 日。

67 Letter from the Reform Club to David Alton, 1 February 1982, in Reform Club, *Beyond 1997*, pp. 24-25.

革新會「香港前途」民意調查顯示

七成人希望續租約期滿後維持現狀

祇有百份之四人希望由中共管理

【本報訊】革新會的一份香港前途民意調查顯示，有八成半被訪市民希望本港在一九九七年後，仍然由英國管理，若屆時中共接管香港，仍有近六成被訪者希望在港居留，為此該會，將在本月中，派出代表往英國與有關人士會談，將此「意見」加以反映，上述結果亦將分別交予港府及中共方面研究。

設會屬下的「香港前途特別委員會」主席陳鑑川，昨午在發表上述調查報告時表示，一九九七租約問題不獲解決，對本港經濟及人心會有壞影響，上述結果，正好反映市民的意願，同時對英國之行有關的結果，他表示深表樂觀。並認為福克蘭羣島事件是英國殖民地問題所致，而本港情況與「福島」頗相類似，故此立刻與英國官員會談對本港是有利的。

此外從較早時法新社自北平發出的一項有關解決本港前途問題進行商討，他們包括外交部香港司、下議院香港事務小組主席白賴恩、自由黨莊士頓、工黨黨魁富特、社會黨甘迺士、下議院議員史蒂芬等。

他表示，該會已獲英國多位官員覆函，表示願意就有關問題進行商討，並在上月初用隨機抽樣方式在電話簿選取訪問對象，結果有九百六十八位年滿廿或以上市民接受訪問。

結果發覺有七成被訪者希望租約期滿後，本港能維持現狀，只有一成半希望繼續由英國管理的託管區，只有百分之四希望由中共管理。在接近一千名的被訪者中只有百分之九對此比沒有回答，因此極應推本港百分之九十三點四歡迎繼續由英國方面管理。

同時更發覺有近六成被訪者希望屆時仍在港居留，主要是適應了本港的生活方式，在港出生或家人在港等。餘下近三成表示移民外國，此外有六成人表示喜歡本港的經濟制度，而喜歡本港的制度，約一成半對中共的制度表示喜歡，對於本港的生活方式，至於政治制度方面，有五成多喜歡本港的制度，而二成半則喜歡中共方面的方式。

《工商日報》1982 年 4 月 7 日報道革新會有關香港前途問題的民意調查

中國外交官曾暗示將香港成為自由港的可能性。[68] 這可能給革新會一個假象，令它以為建議書得到中國政府的考慮。受上述消息的鼓舞，以及了解到戴卓爾夫人亦認真看待建議書，革新會開始對自己在香港前途問題上的角色充滿信心。該黨的「香港前途委員會」委託了一間國際調查公司：香港市場研究社，就 1997 年後之香港前途問題籌辦一個民意調查。據研究社的調查顯示，85% 的香港市民希望維持現狀，繼續由英國管治。[69] 調查報告發表之後，革新會便組團到英國，向數名重要政治人物解釋報告的內容，包括執政保守黨兼下議院香港事務委員會主席白賴恩爵士（Sir Paul Bryan）、自由黨黨魁史提爾、自由黨外交事務發言人莊士頓（Russell Johnston）、社會民主黨負責外交事務之路栢（John Roper）、代表工黨的梅利（Roland Moyle），以及外交部香港司長奇夫（R. D. Clift）。[70]

革新會在 4 月到訪英國，當時恰逢福克蘭戰爭之初。該黨委員與英國官員及政客會面時，不僅解釋民意調查的內容及重申之前的建議，而且還敦促英國政府應盡速與中國展開談判。革新會認為這樣才是對香港市民與英國政府的最大利益。可惜革新會到訪英國的時間似乎不太合適，因為當時恰逢福克蘭戰爭，當地政客正忙於處理戰爭的危機，無暇顧及香港事務。再者，他們未就香港前途問題作出任何實質的定案，因此革新會並沒有得到任何具體答案。外交部負責香港事務的主席告訴革新會的委員，目前

---

68 Letter from the Reform Club to David Alton, 1 February 1982, in Reform Club, *Beyond 1997*, pp. 24-25.

69 Press Statement to Appoint Research Company to Conduct the Opinion Poll, in Reform Club, *Beyond 1997*, p. 27;《華僑日報》，1982 年 3 月 11 日。

70 Report of Reform Club Delegation to London on the Future of Hong Kong (15th to 24th April 1982) in Reform Club, *Beyond 1997*, p. 40.

英國政府可以做的只是去了解中國政府有否為香港未來作出討論的準備，但不宜作出進一步行動。[71] 不過代表自由黨的莊士頓形容革新會的建議及調查報告是「積極和令人鼓舞的」，他補充説：「政府意識到應該主動採取行動，不過擔心這會造成反效果。」[72] 繼革新會的代表團之後，該黨主席貝納祺也在 6 月親自赴英國，向國會議員再次解釋革新會對於香港前途的提議。[73]

　　一直堅持自己是代表香港市民的革新會，於 1982 年 11 月向中國政府提出要求訪問北京，以期與中國官員討論香港的未來。該黨希望可以在次年 1 月起行。[74] 不過他們的要求馬上被中國政府拒絕，其中一個原因可能是因為革新會對於香港未來的建議不合中方的口味。但更重要的是，北京已明確表示香港前途問題只可以由中國和英國政府討論，香港方面不可以有任何代表，因此革新會的要求對於中國政府而言是不能接受的。

　　其實中國政府不僅拒絕與革新會溝通，甚至香港立法局想了解中英談判的內容也不獲批准。當英國和中國政府之間的談判已經超過一年的時間，但立法局議員和一般在街上的普通市民一樣，對於中英談判的內容完全被蒙在鼓裏。所以當時一位立法局較資深議員羅保便在會議上提出議案，希望任何有關香港未來的計劃都可以在議會內進行討論。但是中國政府馬上敏感地認為這是英國方面的陰謀，以圖製造機會給香港加入談判，因此中國立

71　Report of Reform Club Delegation to London on the Future of Hong Kong in Reform Club, *Beyond 1997*, p. 41.

72　Letter from Russell Johnston to the Reform Club, 14 May 1982, in Reform Club, *Beyond 1997*, p. 51.

73　《工商日報》，1982 年 7 月 31 日。

74　《工商日報》，1982 年 11 月 19 日。

即批評英國政府和立法局。[75] 這某程度上亦反映出中國政府對於香港立法機構的蔑視和不信任，所以九七年之後立法局的權力便受到削弱，當然這是後話。

然而，中國政府對於革新會的忽視，也許可以顯示出中國領導人對於政黨的看法。自 1982 年以來，中國政府已邀請多批香港知名人士和組織到訪北京。例如當年香港大學校長黃麗松便被獲邀請於 1982 年 6 月訪問北京，與鄧小平見面。根據黃麗松的自傳，鄧小平當時已經為香港的未來提出「一國兩制」的構思。[76] 儘管中國共產黨當時已經開始使用「統戰」的策略，但革新會顯然不是其中一個統戰對象。該黨是香港最早期和最重要的政治團體之一，擁有超過四萬個會員，但中國政府似乎沒有興趣將「政黨」納入統戰之列。事實上，中國共產黨對於其他政黨都有所保留。根據中華人民共和國憲法，雖然政黨是合法的，不過它們都是受到嚴格的控制。毛澤東曾經在 1947 年對斯大林説：「當中國革命終於取得勝利之後，除了中國共產黨以外的各個政黨都必須離開政治中心。」[77] 在 1957 年反右運動中，大部分中國其他民主政黨的黨員都遭到清洗。即使在後毛澤東時代，中國共產黨以外的政黨亦只被視為「政治花瓶」。如果我們認為殖民地政府在戰後對於政黨發展有所憂慮，中國政府在回歸後亦不遑多讓。因此《基本法》不容許政黨在香港特區執政，而當選的行政長官亦必須離開其所屬政黨。

---

75 Roberti, Mark, *The Fall of Hong Kong: China's Triumph and Britain's Betrayal*, New York: John Wiley & Sons, 1996, pp. 81-82.

76 Huang, Rayson, *A Lifetime in Academia: An Autobiography by Rayson Huang*, Hong Kong: Hong Kong University Press, 2000, p. 120.

77 Heinzig, Dieter, *The Soviet Union and Communist China 1945-1950: The Arduous Road to the Alliance*, M.E. Sharpe, New York, 2003, pp. 140-141.

　　公民協會也認為中國政府未必有興趣在 1997 年收回香港。該協會在 1981 年發表文章，指出香港的現狀對於中國的經濟發展是至關重要的。和革新會一樣，公民協會也認為從中國政府在 1967 年對於澳門的處理手法，以及在聯合國中要求將香港從殖民地名單中刪除等線索，可以估計中國政府不會在 1997 年收回香港。[78] 公民協會於 1982 年 7 月設立了一個特別事務委員會去研究香港的未來。經過兩個月的討論後，該黨致信戴卓爾夫人，希望她可以要求中國政府在 1997 年後維持香港的現狀。[79]

　　在 1983 年底，中共中央委員會總書記及中央主席胡耀邦向日本記者暗示，中華人民共和國一定會在 1997 年收回香港。得知消息之後，革新會及公民協會都開始改變之前的政治態度。它們公開提出一些建議，例如希望兩國政府能保證香港的繁榮不會受到影響，並保持原有法律、經濟和社會制度不變等。[80] 當中國當局明確表示香港必須在 1997 年回歸中國，革新會馬上修改其之前的政治取態，並幾乎重複鄧小平的論調。它在新聞發佈會中敦促英國應該明確表示整個香港，包括香港島、九龍及新界，在 1997 年之後將不再是其殖民地，並且承認香港為中國的領土。該黨批評戴卓爾夫人要求堅持尊重十九世紀的不平等條約是不明智的。革新會表示支持鄧小平所提出的「一個國家，兩種制度」的主張，讓香港成為一個特別行政區，當中享有司法獨立、旅行自由，以及維持港元為香港的貨幣。[81] 該黨亦鼓勵當地市民應該對香港未來保持信心，因為它相信未來「唯一的真正危機是香港

78　*Hong Kong Civic Association: Newsletter*, 10 November 1981.

79　*Hong Kong Civic Association: Newsletter*, 18 September 1982.

80　《華僑日報》，1983 年 9 月 4 日。

81　*Hong Kong Standard*, 29 July 1983.

人本身對自己失去信心」。[82]

公民協會也不甘示弱，它在 1984 年 2 月組織了一次公開會議，在會中表示非常認同鄧小平的「一國兩制」構想，支持香港成為一個特別行政區並擁有高度自治，屆時香港將會由香港人來管治，而不是來自中國的官員。另外香港本身的法律制度、資本主義及自由民主也不會被剝奪，這可以確保香港將來的穩定。[83]公民協會甚至還致函英國外相賀維（Geoffrey Howe），支持鄧小平提出在過渡期間設立中英聯合聯絡小組，以協商香港問題。當英國保守黨議員勞倫斯爵士（Sir Ivan Lawrence）提議將來的《基本法》應該交由英國議會通過時，公民協會馬上作出批評，指出這是嚴重違反中國的內政。[84]

儘管兩個政黨均就九七問題發表了不少意見，但革新會明顯比公民協會更加積極。它委託專業機構進行民意調查，並制定 1997 年之後的管治藍圖。該黨委員其後亦親自去英國，對國會議員及外交部官員進行游說。它交給戴卓爾夫人的民意調查報告可能對她產生一定的影響，令她在談判早段以強硬姿態去與中國周旋。儘管革新會希望可以代表香港市民在中英談判中出一分力，但中國政府對於政黨的蔑視以及不希望香港人在談判過程中有所參與，嚴重限制了革新會的角色。公民協會在九七問題上則比較被動，充其量只是在報章或會議中發表對香港未來的立場。不過當北京正式宣佈香港的命運之後，該協會立即對新的主人表示忠誠。可能由於它並沒有像革新會一樣積極要求延長英國在香港的管治，因此當革新會被拒於門外之際，新華社香港分社在

---

82 *South China Morning Post*, 29 July 1983.

83 《大公報》，1984 年 2 月 13 日。

84 《大公報》，1984 年 8 月 18 日。

1984 年 10 月則邀請公民協會訪問北京，當時是《中英聯合聲明》簽署日前的兩個月。[85] 這亦可以解釋為何公民協會的前成員譚惠珠和梁愛詩，在香港回歸之後發揮了重要作用。

由於兩個政黨都曾經在九七問題的立場上出現了一百八十度的轉變，這嚴重損害了它們在香港市民心目中的地位。雖然香港在 1997 年將會回歸中國是既定的事實，但當時仍有不少香港人似乎並不希望接受這個現實，他們對於中國政府將來可以維護香港人的民主自由缺乏信心。大多數香港人都希望英國政府可以幫助香港人去與中國政府進行談判，以確保九七後的香港可以有一個民主政府，他們認為如果真正能夠落實港人治港，這才可能是避免受到中國干預的最佳辦法。不過亦有不少人因為缺乏信心而開始計劃移民到其他國家。然而，這兩個老牌政黨在這敏感期間馬上轉軚以表現忠於中國，這嚴重損害了自己多年來種下的形象。因此，當新成立的政治組織展示了它們為了香港未來的民主而奮鬥，這兩個最早的政黨便無可避免地被它們所取代。

六、新的政治團體加入

除了黨員老化以及在九七問題上的態度轉變外，革新會和公民協會的沒落，很大程度上是歸因於壓力團體和其他政團自七十年代的興起。不少壓力團體為了宣傳各種社會福利改革而在麥理浩年代出現，其中包括香港教育專業人員協會、香港社區組織協會及香港觀察社，它們在當時都頗有知名度。[86] 八十年代初的代

---

85 《華僑日報》，1984 年 8 月 24 日。

86　Li, Pang-kwong, *Hong Kong From Britain to China*, p. 144.

議政制發展，更加激起了多個政治團體及政黨的出現，它們逐漸改變香港市民對政治的心態和認知，明顯地令到兩個傳統政黨的政治風格顯得過時。

香港教育專業人員協會由前革新會委員錢世年於 1973 年倡議創立，並由司徒華所帶領。該協會在爭取文憑教師增加工資以及金禧中學事件之後開始成名。香港社區組織協會則成立於 1971 年，它引入英美的社區組織工作模式，希望透過組織受影響的市民主動去爭取公平合理的社會制度。它成立的目標並非主動為市民解決問題，而是協助他們為自己發聲。[87] 其創始人亦提到該組織的成立目的是要令當地居民了解自己社區的問題，從而鼓勵及協助他們集體解決問題的能力。[88] 香港觀察社於 1975 年由本地的專業人士創辦，目的是令到香港政府能夠更加關心香港居民的需要，並組織對公共利益問題進行研究。[89] 它早期通過在《南華早報》發表文章以提升影響力。

相對於革新會及公民協會，新的政治團體所採用的方法似乎更加激進。香港教育專業人員協會採取請願、罷工及靜坐等方式以達到其要求。[90] 雖然社區組織協會及香港觀察社並沒有用以上方法去達到目的，但根據一個政府的秘密監察機構（the Standing Committee on Pressure Groups）的一份報告指出，香港社區組織協會的行動可能會導致不受控制的局面，對社會穩定構成威脅。至於香港觀察社，報告則認為它的危險是在於其思

---

87 *Hong Kong Standard*, 9 June 1982, quoted in Li, Pang-kwong, *Hong Kong From Britain to China*, p. 145.

88 *Hong Kong Economic Journal Monthly* 52, July 1981: pp. 29-30, quoted in Li, Pang-kwong, *Hong Kong From Britain to China*, p. 145.

89 Hong Kong Observers, *Pressure Points: A Social Critique*, 2nd ed., Hong Kong: Summerson, 1983, p. 211, quoted in Li, *Hong Kong From Britain to China*, p. 146.

90 Li, Pang-kwong, *Hong Kong From Britain to China*, p. 145.

想會不知不覺地感染了受過教育的年輕人。[91]

　　由於港英政府在八十年代初開始引進代議政制發展，並於1982年設立了有選舉議席的區議會，再加上《中英聯合聲明》對於香港民主化的承諾，這吸引了更多政治團體的誕生，當中包括新香港學社及匯點。新香港學社是由年輕的大學畢業生所成立，他們的政治立場是追求一個「自治、民主和改革」的香港。[92] 匯點的主要成員是年輕學者及社工，他們對於九七回歸充滿期望，因此要求在殖民地體制內實現政治改革，以便在回歸後實現民主自治。[93] 除了新香港學社和匯點，在八十年代成立的政治組織還包括太平山學會（1984年）、香港勵進會（1984年）、香港論壇（1984年）及香港民主民生協進會（1986年）等。[94]

　　這些新進政治團體的成員大部分都是專業人士或大學畢業生，他們在追求民主和社會改革時充滿朝氣。與這些新成立的政治組織相比，革新會和公民協會便顯得過時了。革新會在五六十年代無疑是激進的代表，不過它在八十年代已經變得保守。這可能是由於領導層的老化，貝納祺在八十年代已經年過七十，至於公民協會的張有興亦超過六十歲。他們已經缺乏年輕人的精神去迎接新一浪的政制發展。但更重要的是，當新成立的政治團體展示了它們爭取民主的決心，以圖避免將來受到中國政府的干預，

91　*Hong Kong Standard*, 28 January 1981 and 9 June 1982, quoted in Li, Pang-kwong, *Hong Kong From Britain to China*, pp. 145-146.

92　New Hong Kong Society, *New Hong Kong Society: 1st Anniversary Souvenir Publication*, Hong Kong: New Hong Kong Society, 1983, p. 2, quoted in Li, Pang-kwong, *Hong Kong From Britain to China*, p. 150.

93　Li, Pang-kwong, *Hong Kong From Britain to China*, pp. 150-151.

94　匯點、太平山學會和香港民主民生協進會的一些成員之後合併在一起，以港同盟的身份參加1991年立法局直選。Ma, Ngok, *Political Development in Hong Kong*, pp. 137-138.

這兩個最早的政黨卻已經向新的主人遞出橄欖枝了。

由於兩黨政治態度的轉變，它們在選舉中的表現受到了嚴重影響。革新會在 1985 年區議會選舉中派出 33 名候選人，當中有 17 位成功當選。而在 1988 年的選舉中，7 名成員只有 2 人當選。公民協會在 1985 年區議會選舉派出了 54 名候選人，當中 21 人成功當選。至於 1988 年選舉中，該黨派出 33 名候選人，只有 15 人獲得議席。兩黨在 1991 年區議會及立法局選舉都沒有再推舉任何候選人。[95] 雖然革新會沒有正式終止運作，但由於主席貝納祺的健康狀況，再加上其他委員亦欠缺積極性，該黨在九十年代初便開始停止活動。相比之下，公民協會在 1991 年仍然積極參與地方事務，不過為了避免影響其他「親中」候選人的表現，該協會被建議不參加 1991 年的選舉。自此，它已經失去了作為一個政黨的功能，而僅僅是一個提供有關地方事務意見的組織。儘管兩個香港最早的政黨在五十至七十年代間深受歡迎，更經常在市政局選舉中取得壟斷性的成績，但是由於它們政治立場上的轉變、年紀老化問題，以及受到新政治團體的挑戰，它們在八十年代的選舉便風光不再，最終淡出香港的政治舞台。

七、為何在八十年代以前缺乏重要的政治改革？

儘管革新會和公民協會積極追求政制改革超過三十年，但是在八十年代之前都一直沒有取得任何明顯進展。究竟殖民地政府為何可以無視兩黨不斷重複的政治要求？

95　Miners, Norman, *The Government and Politics of Hong Kong*, pp. 197-198.

（一）保守勢力反對政制改革

1. 非官守議員

　　香港的民主派一直都在政制改革方面受到嚴重阻礙，其中一個反對勢力，便是行政立法兩局中的非官守議員。直到 1976 年，當第一位「草根」非官守議員被任命到立法局內，兩局的委任議員一直都是商界代表或專業人士。一般外籍的非官守議員都是香港總商會、香港會及香港賽馬會等成員，他們大都在商界中具有廣泛的人脈關係。本地的非官守議員也不遑多讓，他們通常都是華人商界的精英，並且通過東華醫院及保良局等組織以作為社會領袖。雖然不能就這樣斷言非官守議員大都脫離廣大群眾，但他們的商界人脈關係可能會導致他們在兩局會議中較為着重商界的利益。[96] 他們對於政制發展的保守態度，正好和殖民地政府一致。正是這個原因，較為注重基層聲音的革新會和公民協才不斷要求在立法局中增加選舉的議席，以圖打破商界與政府的保守「聯盟」。

　　因此，當殖民地部（及後來的外交及聯邦事務部）的官員或英國國會議員訪問香港時，非官守議員都會告訴他們香港是沒有政制改革的空間。他們通常會聲稱除了一小部分外籍人士外，其餘的香港市民對於政制發展都不敢興趣。例如，當外交及聯邦事務大臣史都華德（Michael Stewart）於 1970 年訪問香港，並詢問有關政制發展的意見時，非官守議員均異口同聲地回答：「這主要是外籍人士，例如大學講師和那些剛剛來港的人士。」[97] 當然這種說法是有偏頗的，因為有不少爭取政制改革者都不是外籍

96　Ure, Gavin, *Governors, Politics and the Colonial Office*, p. 24.

97　FCO40/256, Record of a meeting between the Foreign and Commonwealth Secretary and the members of the Executive and Legislative Council, Hong Kong at 11:20 a.m. on Sunday, 19 April 1970.

人士。就算不是土生土長，他們大多都在香港生活了一段很長時間，並以香港為家。這位外交及聯邦事務大臣由於曾經接觸過革新會和公民協會的代表，了解當地居民對於政制及社會改革的訴求，因此對非官守議員的答案不以為然，他說：「我們傾向認為選舉制度才是正常的政府運作模式。」但由於非官守議員不斷地強調「香港的情況有所不同」，他便詢問：「究竟是什麼實質原因導致不能增加選舉元素？」革新會的創始人之一，但現在代表着保守勢力的非官守議員簡悅強回答說：「香港有超過一半以上的人口是經由中國邊境過境，他們居港的原因都是為着方便，並只在本地居留了十至十五年。」

非官守議員甚至可能會假裝支持政制改革。怡和洋行家族的凱瑟克（John H. Keswick）是五六十年代香港商界人士中最重要的代表之一，他竟然在倫敦發表了一場令爭取在香港實行政制改革的人士為之鼓舞的演講。[98] 他說：「雖然香港政府已經給予市民安全和自由，但它的政治體制是過時的。將時鐘永遠停止並防止它轉動是愚蠢的行為，而且那些不希望改革的人是錯的。」[99]得到一個和殖民地政府關係密切人士的支持，毫無疑問對於改革派是一個祝福，令他們感到政制改革未來將有可能落實。可是他們卻可能不知道凱瑟克和英國官員交流時的真正面目。

當和殖民地部大臣珀斯（Lord Perth）會面時，凱瑟克的語調明顯不同。他告訴殖民地部大臣有一些行政局成員認為可以考慮在立法局加入間接選舉，不過他卻向這些想法大潑冷水，勸告珀斯不應在殖民地推行任何政制改革。他聲稱如果我們向代議

---

98 Pepper, Suzanne, *Democracy Shelved*, p. 135.

99 《星島日報》，1957 年 5 月 23 日；*South China Morning Post*, 21 May 1957, quoted in Pepper, Suzanne, *Democracy Shelved*, p. 135.

政制發展踏出第一步，必定會導致有聲音要求進一步的政制改革。如果在香港實施代議政制，勢必令香港的前途和地位受到很大影響。[100] 除了批評政制改革，凱瑟克也特別抨擊革新會，尤其是主席貝納祺。他指責革新會主席是一個不受控制的人，甚至可能受到一個勢力的支持。這種指責似乎不斷重演。例如，李柱銘或一些民主派人士經常被指責為受到外國勢力的支持去對抗香港特區政府。由於凱瑟克已經事先中傷了革新會及其主席，所以當殖民地部大臣在數個月之後與貝納祺及其他革新會委員會面時，他可能已經有一種先入為主的負面觀念，以致革新會及公民協會未能成功爭取在香港推行非常溫和的政制發展。[101]

香港的非官守議員在政治上無疑通常都是比較保守的。他們大多是商界人士，擔心政制改革會增加投資成本。當立法局非官守議員戈登（S. S. Gordon）與外交及聯邦事務大臣會面時，他毫不保留地表達了對於政制改革的擔憂。他指出如果政制發展得太快，將會引致香港的勞動力價格比鄰近城市為高，那麼那些為了尋找廉價勞工的投資者，將必定會離開香港而到其他城市投資。[102] 另一個原因可能是因為他們不希望自己尊貴的位置將會被民選議員代替。根據金耀基的行政吸納政治理論，非官守議員的任命是一種政治的吸納。[103] 被任命為非官守議員是一種光榮。如果立法局引入選舉元素，委任議員的地位將會下降。因此在反對

100 CO1030/1407, Memorandum from Perth to the Secretary of State in Hong Kong, 12 July 1960.

101 見本書第五章。

102 FCO40/256, Record of a meeting between the Foreign and Commonwealth Secretary and the members of the Executive and Legislative Council, Hong Kong at 11:20 a.m. on Sunday, 19 April 1970.

103 Ambrose King, "Administrative Absorption of Polotics in Hong Kong: Emphasis on the Grass Roots Level" in *Asian Survey*, Vol. 15 No. 5, May 1975, pp. 422-439.

政制發展的議題上，他們與殖民地政府是同一陣線的。

2. 香港總督

在研究港督和香港的公共政策關係時，學者余嘉勳指出：

> 港督在殖民地政府內不論是實質或形式上均有着主導的作用。政府如何回應特別的事件，或來自倫敦的要求與壓力，都是取決於他。他希望制定任何新政策時不會受到控制。無論他的上司給他任何壓力或意見，他也可以決定怎樣回應。他有着重要的影響力，而且他在維持香港政府的自主權中起着一個關鍵的作用。[104]

因此，港督在阻礙政制改革中無疑是起着最重要的角色。雖然在戰後初期曾有港督支持政制改革，但其同僚似乎興趣不大。楊慕琦曾經在推行市議會計劃中起着巨大的決心，不過他對於政制改革的熱情很大程度是希望重拾香港人對英國在第二次世界大戰中戰敗後的信心。除了楊慕琦之外，似乎沒有任何一個繼任人對於政制發展感興趣。葛量洪在剛剛接任時可能有類似楊慕琦的看法，因此他直至 1949 年仍然未對立法局的改革提出異議。不過，當他漸漸意識到當地市民並沒有對於英國統治失去信心，當年有大批來自中國內地的難民湧入香港，可以揭示不少中國人對於殖民地政府的管治比中國共產黨更有信心。再加上大部分香港人更着重於經濟復甦。因此，葛量洪認為殖民地政府似乎不需要以政制改革去增強統治香港的合法性。

---

104 Ure, Gavin, *Governors, Politics and the Colonial office*, p. 17.

　　由於他們所受的訓練以及其官僚思想，大部分殖民地總督的政治態度都是比較保守。他們不會輕易接受政制改革，因為代議政制的發展會增加他們管治的難度，亦會減低他們在殖民地的權威性。所以當政制改革的壓力減少，葛量洪便否決了之前好幾年所一直討論的政制改革。葛量洪的繼任者柏立基亦沒有多大分別。當兩名英國政客特頓（Turton）和歐文（Irving）向港督表示他們對於香港政治制度落後的擔憂，並建議應該增加市政局的職權時，港督柏立基馬上拒絕，他堅決地向殖民地部指出市政局沒有任何改革的空間。[105]

　　雖然港督戴麟趾提出了地方行政改革，但他對於政制發展興趣亦不大，否則他不會拒絕了所有的改革建議書，並且在受到殖民地部的壓力下，仍然對改革不為所動。而且他對於香港兩個最早期的政黨充滿蔑視，特別是革新會。他對於革新會的指控有時會不合情理。例如，革新會在1968年發表聲明，要求政府發表白皮書去闡明香港的貨幣政策，[106]敦促殖民地政府向市民解釋有關政府用港元去購買英國國債的安排。革新會還要求香港政府就如何確保香港的貨幣穩定作出指引。事實上，這樣的要求非常合理，因為僅僅在幾個月前，由於港元與英磅掛鈎而英磅突然貶值，導致香港在一夜之間損失了四億港元，相等於1967年超過25%的政府財政預算。[107]革新會的請求不僅有利於挽回香港市民對政府財政安排的信心，同時亦希望避免將來有同類型的事件再次發生。

　　不過當戴麟趾將刊登了革新會聲明的剪報寄至外交及聯邦事

---

105 CO1030/491, Despatch from Robert Black to the Secretary of State for the Colonies, 5 December 1958.

106 FCO40/42, *South China Morning Post*, 7 June 1968.

107 Faure, David, and Lee, Pui-tak, eds. *A Documentary History of Hong Kong: Economy*, Hong Kong: Hong Kong University Press, 2004, p. 194.

務部時，他便借意評論道：「這份 6 月 7 日的《南華早報》剪報中……也許可以解釋為何我覺得很難去建議加入一些市政局的民選議員到立法局去——這是我們最近在倫敦討論的議題。」[108] 這位港督補充說：「你們應該知道很多市政局比較有名的當選議員都是革新會的代表。」這個例子可以反映出為什麼戴麟趾要堅決反對在立法局實施間接選舉，因為這將會導致一些他不願意交手的人士進入立法局。

麥理浩和其他港督一樣，也對政制改革不感興趣。雖然他曾經認為應該增加立法局的代表性，但他似乎並非真心希望將各階層人士納入局中，尤其是低下階層。如果他真的願意增強立法局的代表性，他大可以從市政局的民選議員中選擇合適人選。那些經選舉進入市政局的革新會和公民協會的成員應該是不錯的選擇，他們受到市民的歡迎，並在七十年代之前能恰如其分地充當政府與市民之間的橋樑。如果港督對市政局的議員不感興趣，他亦可以從第二次世界大戰後所成立的街坊會中選擇合適人選，不少街坊會的領袖對社區服務都作出了一定程度的貢獻。這些人選，特別是有豐富議會經驗的市政局議員，沒有理由比不上剛剛成立的互助委員會中的委員。儘管當時已經有大量合適的選擇，麥理浩爵士仍然期待在互助委員會中「等待」未來有潛質的人士。如果麥理浩認為那些市政局中的議員「並不是太有能力，對比起立法局的非官守議員更顯得有所不及」，那麼互助委員會委員的能力更加令人懷疑，因為他們並沒有什麼經驗。所以這只不過是麥理浩打算拖延改革的藉口。事實上，外交及聯邦事務大臣卡拉漢對麥理浩的解釋並不是很滿意，他說：「明白到立法局議

---

108 FCO40/42, Despatch from David Trench to Arthur Galsworthy, 10 June 1968.

員需要有高的質素，但是這並非一個很重要的理由。」

可能所有港督都會理解到任命一些市政局民選議員進入立法局，可以加強殖民地統治的合法性，不過沒有任何一位願意面對經常批評政府的貝納祺進入立法局。本書第四章分析了為何葛量洪在貝納祺贏得了 1952 年市政局選舉之後便馬上改變主意，儘管他在幾個月前才決定落實在立法局中引入間接選舉，當中由市政局的民選議員中選出代表進入立法局，這個決定已經得到英國內閣通過。隨着市政局的民選議席在五六十年代均由革新會及公民協會壟斷，如果立法局實行間接選舉，那麼進入立法局的市政局民選代表很大機會都只是革新會或公民協會的成員。戴麟趾對於那兩個政黨的鄙視比其前任更甚，他不願意看到革新會或公民協會的任何一位成員出現在立法局的會議，令兩黨的代表有機會在每一個星期的會議中都可以批評政府。

3. 殖民地部（以及外交及聯邦事務部）

雖然殖民地部應該有權監管及控制殖民地的事務，但由香港總督和殖民地部之間的來往信件中可以觀察到真正管治香港的，既不是殖民地部大臣或其部門，也不是英國其他官員，而是港督。[109] 殖民地部的官員是由英國公務員擔任。與大部分殖民地的總督及高級官員一樣，他們都是通過同一個公務員的考試而進入殖民地部，大家都接受過相同的訓練，因此他們有着相似的背景及思維。加入殖民地部之後，他們通常都會被分配去負責一個地區，以處理該地區內的殖民地事務。收到從殖民地寄來的信件後，他們會作出初步處理，然後再交予上司負責。根據一位前外交及聯邦事務部官員沙

---

109 Ure, Gavin, *Governors, Politics and the Colonial office*, p. 22.

格羅夫（Philip Sadgrove）的説法，殖民地部不鼓勵勇於創新或喜歡獨立工作的官員，而希望他們可以遵循既定程序及上司的指令。[110] 除了少數官員比較有獨特個性之外，大部分在殖民地部工作的「都是比較怯懦，並傾向不去作出決定」。[111]

主管着殖民地部的殖民地部大臣是一位內閣官員。與該部門的其他官員一樣，殖民地部大臣對於殖民地事務並沒有太大影響力，這很大程度是因為其工作性質。[112] 前殖民地部大臣帕斯菲爾德勳爵（Lord Passfield）描述他每天的工作是「簽署無數的文件，並在無數事務上根據別人的意見去作出最簡單的判斷」。[113] 殖民地部大臣是負責殖民地政府與倫敦之間的聯繫。由於他是內閣成員及下議院的一員，理論上他代表着各殖民地向英國議會負責。[114] 但實際上，以香港的情況為例，他在議會上回應其他議員質詢時的內容，基本上都是由港督闡述的。每當國會議員提出一個有關香港的問題時，殖民地部便會立即將問題傳遞致香港政府並要求回應，而港督回覆致殖民地部的答案，便會被殖民地部大臣用作回答下議院議員的質詢。因此，政策的最終決定權一般都是落在親身負責執行職務的港督身上，而不是那些距離殖民地很遠的倫敦官員。此外，殖民地政府通常都採用以下的藉口去拒絕政治改革的要求，並令到英國官員甚至當地群眾接受其解釋。

---

110 訪問沙格羅夫（Philip Sadgrove），2013 年 11 月 30 日。

111 Ure, Gavin, *Governors, Politics and the Colonial office*, pp. 22-23.

112 Porter, A. N., and Stockwell, A. J., *British Imperial Policy and Decolonisation, 1938-64*, Vol. 1, London: MacMillan Press, 1987, pp. 8-9, quoted in Ure, Gavin, *Governors, Politics and the Colonial office*, p. 23.

113 Lord Passfield in a letter to his wife. Quoted in Norman Miners, *Hong Kong Under Imperial Rule 1912-1941*, Hong Kong: Oxford University Press, 1987, p. 32, quoted in Ure, Gavin, *Governors, Politics and the Colonial office*, p. 23.

114 Ure, Gavin, *Governors, Politics and the Colonial office*, p. 23.

（二）不能推行政制改革的藉口

1. 當地居民的政治冷漠

　　雖然革新會和公民協會不斷要求開放更多選舉議席，而英國國會議員甚至殖民地部官員亦不時為香港的政制改革施加壓力，但香港政府必定利用各種藉口去拒絕改革的要求。其中一個最常用的藉口是香港市民普遍對政治冷漠，除了一小部分外籍人士及兩黨成員外，一般普羅大眾對政制發展都缺乏興趣。不過，當我們閱讀當年的報章，便會覺得這個論調值得商榷。有關政制發展的新聞經常引起各大報章的關注，例如在港督楊慕琦推出其政制改革建議或戴麟趾提出地區行政改革的時候，均吸引各大報章廣泛評論。當有殖民地部的重要官員到港發表有關香港政制問題的意見，都必定獲得報章大事報道。另外，無論在中文或英文報章中，均經常可以閱讀到有關兩個政黨對於政制的評論。如果本地市民對於政制發展不感興趣，便很難解釋為何按商業原則經營的各大報章都會對有關政制發展的新聞作出詳細報道。

　　英國檔案館文件也可以反映一般香港市民並非不關心政治。在香港政府與殖民地部的來往公函中，戴麟趾承認當他提出地區行政改革時，便馬上「刺激起公眾的討論以及廣泛的報道」。[115]另外，當外交及聯邦事務大臣石寶德（Lord Shepherd）1967年在香港作短暫逗留期間，便已經感受到香港人對於政制發展的熱誠，因此在他回英國後所撰寫的一份有關香港的報告中，便提到「香港人對於（政制）改革有着強烈的要求，所以我們必須壓止這個願望」。[116]

---

115 CO1030/1620, A Letter from David Trench to W. I. J Wallace, 26 May 1965.

116 FCO40/138, Notes written by the Secretary of State, 22 November 1967.

香港政府經常以投票率低去指出香港人缺乏興趣參與政治。然而，政府引用的數字可能有誤導性。例如，殖民地政府在1970 年初所公佈的合資格選民人數大約為二十五萬至三十萬。不過，香港大學的哈里斯教授（Peter Harris）指出，政府所估計的選民人數當中有很多是重複的。根據他的研究顯示，在殖民地中實際合資格的選民應該低於四萬。[117] 哈里斯教授的說法似乎更加可靠，因為當時只有較高學歷人士才有資格成為選民。在1971 年只有 2% 人士受過大專教育，因此不可能有二十五萬合資格選民。[118]

2. 選舉將導致共產黨和國民黨之間的衝突

另外一個經常被港督引用去否決政制改革的藉口，就是在立法局引入選舉將會導致共產黨和國民黨在香港的緊張局勢加劇。雖然在 1967 年所發生的騷亂有很大程度上是因為政府與市民之間缺乏溝通，但殖民地政府卻用騷亂去強調中國共產黨對香港的威脅，更經常宣稱立法局選舉將會導致共產黨人士控制立法局。[119] 這樣的藉口自從楊慕琦推出政制改革計劃的討論後便不斷被引用。但如果這是一個真正理由去拒絕在立法局引入選舉議席，那麼為何葛量洪曾經在 1952 年向英國內閣建議這種政制改革？我們不要忘記當時國民黨和共產黨之間的緊張關係遠比七十年代時嚴重。

贏取選舉需要得到選民的支持。但在 1983 年之前，選民的

---

117 *Hong Kong Standard*, 14 October 1971.

118《一九七一年香港人口及房屋普查‧主要報告書》，香港：政府印務局，1972，頁35。

119 FCO40/303, Despatch from L. Monson to Royle, 24 July 1970.

資格有很多限制。例如在二戰後的第一次市政局選舉中，合資格的選民必須符合以下任何一項：1）行政局或立法局議員；2）心智健全的陪審員；3）執業中的大律師、事務律師及律師助理；4）註冊醫生、牙醫及藥劑師；5）報業的編輯及副編輯；6）神父、牧師或猶太教教堂的教牧；7）香港大學的教授；8）英文學校的教師；9）服務於英國商船的人士及香港英軍。[120] 由於有以上的限制，合資格的登記選民在五十年代初只有大約九千人，而當時香港總人口超過二百萬。而且，從合資格投票人士的標準而言，他們大都是外籍人士或深受西方教育的香港人，很難想像當中有很多中國共產黨或國民黨的支持者。因此在 1952 年市政局選舉中，與中國共產黨有關係的陳丕士只僅僅排名第六。雖然在 1965 年合資格選民有大幅度增長，但他們仍主要是接受西方教育的專業人士。在這種選民資格的制度下，就算在立法局引入選舉的議席，共產黨或國民黨的支持者都不會容易被選進入局。

再者，革新會和公民協會只要求在立法局增設兩個民選議席，以增強認受性，而局內其他議員全部都是政府官員或港督委任的非官守議員。即使兩個選舉的議席都落入共產黨或國民黨的支持者手中，他們亦只得兩票，無可能危及香港政府的管治。殖民地政府應該充分認識到增設兩個民選議席是不會把立法局變成共產黨和國民黨之間的戰場。但由於大部分香港人都不願意看到雙方的衝突，亦擔心它們會影響到香港的穩定，因此殖民地政府亦樂於利用這個藉口去誤導香港市民及英國官員。

事實上，一些英國國會議員曾經質疑香港政府誇大有關國民黨與共產黨之間的衝突。在 1975 年的一次工黨與外交及聯邦事

---

120 Urban Council Ordinance 1935.

務大臣的會議中，國會議員米卡度（Ian Mikardo）指出：「工黨現在愈來愈感覺到香港已經由商界或其利益集團所管治，殖民地中缺乏真正代表的情況令人憂慮。」他接着說，雖然工黨明白香港面對的問題和困難，但是他不太滿意「香港當局似乎經常利用親北京與親台灣之間的派系鬥爭作為藉口去阻撓政制發展」。[121] 當然，外交及聯邦事務大臣亦一貫地依據港督所提交的設定答案去回覆議員的質詢。

3. 中國政府不會批准政制改革

最近有文章指出英國最新的解密檔案披露了香港政府（不代表英國政府，因為一些英國國會議員甚至外交及聯邦事務部官員都對革新會及公民協會所提出的政制改革表示同情）不允許在立法局中增設選舉議席的主要原因，是由於中國政府的反對，因為這種改革會令中國政府認為是邁向獨立的信號。得出這個結論是因為英國國家檔案編號 FCO 40/327 曾多次指出這個原因，從而導致有學者將殖民地時代的香港缺乏民主發展歸咎於中國大陸。但是如果只依據這一份檔案便作出以上結論，似乎有些偏頗。事實上，當查閱了所有在五十至七十年代有關香港政制發展的檔案，便會發覺這是港督製造出來的「誤會」。

戴麟趾爵士是第一位港督引用上述說法來反對在立法局引入選舉議席，因為在檔案中我們看不到之前的港督曾經引用過這個藉口。香港殖民地政治史學者曾銳生指出，沒有英國的檔案記錄可以反映中國共產黨不會容忍香港在五十年代推行政制發展。[122]

---

121 FCO40/613, Record of a Meeting between the Secretary of State for Foreign and Commonwealth Affairs and Members of the National Executive Committee of the Labour Party Held in the House of Commons on Wednesday 23 April at 3:15 p.m.

122 Tsang, Steve, *A Modern History of Hong Kong*, pp. 206-207.

他發現英國和香港的官員在六十年代中開始相信中國政府不會容許香港進行民主化的發展，因為它不會允許香港獨立。不過根據曾銳生的研究，英國及香港政府均從未在中國官員的口中得到證實，雖然這種說法成為了港府以後一直用來拒絕政制改革的最佳藉口。

　　為什麼殖民地政府會認為中國政府不能容許香港推行政制改革？筆者相信有兩個可能性。第一，就是殖民地政府對於中國的威脅有過分敏感的反應。第二，可能是港督製造出來的一個藉口去拒絕推行政制改革。首先，到目前為止都沒有任何實質證據，包括來自英國或中國的檔案及記錄，可以證明中國對於香港的政制發展有任何異議。如果中國共產黨不能容許香港推行政制改革的發展，為什麼香港在討論楊慕琦市議會計劃的數年當中，中方完全沒有提出過反對？為何葛量洪可以在 1949 年至 1952 年提議並批准其改革計劃（在立法局增設間接選舉議席）？不要忘記當時的政治局勢是比十年之後更加敏感的。如果來自中國的壓力是如此之大，為什麼戴麟趾可以在任內提出地區行政改革的討論？地區行政改革的影響，必定比只在立法局增加兩個間接選舉的議席為深。而且在討論地區行政改革的過程中，戴麟趾都沒有提及有關中國政府的反應。如果中國有任何時間向英國政府暗示香港不能推行民主改革，為何殖民地部會在不同的時間都認為革新會和公民協會要求政制改革是有討論空間？

　　可能有人會解釋中國政府絕不會接受香港變成自治城市。筆者亦認同中華人民共和國對於維護其領土完整的決心是毋庸置疑的。然而，很難令人聯想到只是從市政局民選議員當中推舉兩個人選進入立法局這一種溫和改革方案（立法局已經有來自香港總商會和太平紳士間接選舉產生的議員），將會令中國政府認為這是邁向自治的一步。我們必須明白局內眾多位官守和非官守議員

都可以輕易否決兩個間接選舉產生的議員的任何動議。

　　如果要堅持認為中國政府不會容許在殖民地內推行重大政制改革，因為這可能導致自治或獨立的傾向，那麼怎樣才算是「重大政制改革」？這可以是任何主觀的定義。當港督戴麟趾希望推行地方行政改革時，他聲稱：「地區政府的架構⋯⋯不應該被視為一個城市的政治架構。」[123] 這可以顯示出「重大政制改革」的意思是可以由殖民地政府去作出主觀解釋。

　　雖然殖民地政府不斷重申中國政府不會允許香港推行重要的政制改革，但它一直未能給予令人信服的具體原因，去解釋為什麼在立法局增加間接選舉可以被視為一個重大的政制改革。如果說增加兩名市政局成員進入立法局是實現殖民地自治甚至邁向獨立的第一步，這種說法似乎比較牽強。雖然立法局在1964年曾經改革而令到非官守議員和官守議員的人數一樣，但港督最後決定性的一票仍然可以把非官守議員所提出的任何議案否決。對於引入市政局民選議員入局的要求，都只是為了擴大立法局的代表性。畢竟，立法局只是一個諮詢機構，它對於殖民地政策是沒有決定性影響。所以這種溫和的改革只是希望可以幫助拉近政府和市民之間的距離。

　　雖然殖民地政府不斷重申香港不可能推行重要的政制改革的理由是建基於中國政府的反對，但殖民地部及之後的外交及聯邦事務部均曾經對此表示懷疑，更有官員在公函中指出「不認為有這個情況」。[124] 英國官員也不相信在立法局中引入少量選舉議席會引起中國的疑慮。然而，殖民地政府卻不斷誤導他們在英國的

---

123 CO1030/1620, Letter from David Trench to W. I. J. Wallace, 26 May 1965.

124 FCO40/305, Note on Re-Organization of Local Administration: Hong Kong from E. O. Laird to Leslie Monson, issue date unknown.

同事，甚至形容香港所有政治團體均受到北京或台灣的影響。如果開放選舉，便會導致它們在殖民地的內訌加劇，並影響立法局的運作。[125]

　　事實上，外交及聯邦事務部曾經嘗試去研究這個藉口的真確性。該部門的次官在 1971 年要求同事萊爾德（Laird）調查有沒有關於中國政府對香港政制改革意見的正式記錄，他得到的答覆是四個不太有直接關係的例子。[126] 第一個是來自陸軍中校坎特利（Cantlie）於 1958 年 1 月 30 日對周恩來的採訪。中國總理表示有一個陰謀正在進行，以令香港成為一個類似新加坡的自治組織（新加坡在當時還未立國）。而且這個計劃是得到一些英國及香港政府官員所批准的。周恩來認為將香港引向自治的舉動，是對於中國一種非常不友善的行為。中國不希望香港殖民地的現狀有任何改變。[127]

　　第二個例子是由國務院僑務辦公室主任廖承志在 1960 年 10 月 29 日會見香港工會官員和一些代表時所發的聲明。廖承志說：「我們從來不承認香港、九龍及新界為英國的領土。只不過香港的現狀對於我們是有益的。通過香港，我們可以與其他國家的人交易和聯繫並取得我們迫切需要的原料。為此，我們至今仍然未要求取得了香港的回歸。」第三個例子引述 1963 年 3 月 8

---

125 FCO40/613, Note prepared by A. C Stuart on Parliamentary Question: Democratic Forms of Government in Hong Kong, 22 January 1975.

126 FCO40/327, A Note from E. O. Laird to K. M. Wilford on the Position of Chinese Peoples' Government about Constitutional Advance in Hong Kong, 7 May 1971.

127 原文為 "A plot, or conspiracy was being hatched to make Hong Kong a self-governing Dominion like Singapore. This had the approval of several members of the British and Hong Kong Government … China would regard any move towards Dominion status as a very unfriendly act. China wished the present colonial status of Hong Kong to continue with no change whatever."

日《人民日報》的社論，其中一段選節提及到：「還有一些歷史
遺留下來而未決的問題，我們一貫主張，在條件成熟的時候，經
過談判和平解決，在未解決以前維持現狀，例如香港、九龍及澳
門的問題。」[128] 而在回覆次官的最後一個例子，是引自外交部官
員摩根（M. H. Morgan）在 1964 年 12 月 16 日的一份記錄，
該記錄的大致內容是重複周恩來與陸軍中校坎特利的對話，認為
中國希望看到英國的存在，但它不希望有太多人事變動。[129]

外交及聯邦事務部官員萊爾德所引用的四個例子，沒有一個
明顯指出與香港的政制改革有關。除了周恩來和陸軍中校的對話
外，所有其他例子都反映出中國政府並不想干涉殖民地的穩定。
雖然周恩來的說話聽起來是對殖民地政府的一種警告，但他並沒
有指出或暗示那個「陰謀」是和政制改革有所關聯。事實上，在
訪問周恩來的 1958 年當中，殖民地或英國政府都沒有打算在香
港推行政制改革。如果說周總理的言論和香港的政制發展有關，
似乎有些牽強。此外，中國政府自從在香港 1967 年暴動之後，
對於殖民地的事務表現得更加克制，在八十年代中英談判之前都
甚少作出批評。[130] 因此當戴麟趾在六十年代中後期推出的地方行

---

128 在檔案中的英文翻譯為：" with regard to the outstanding issues which are a legacy of
the past we have always held that when conditions are ripe, [such questions] should
be settled peacefully through negotiations. Pending a settlement, the status quo
should be maintained. Within this category are the questions of Hong Kong, Kowloon
and Macao."

129 原文為："Col. Cantlie said that Mr Wu (Mr Wu Mao-sun, the Secretary-General of the
Chinese Peoples' institute for Foreign Affairs) had saved what was perhaps his most
interesting point for the closing moments of the interviews. He had referred to some
remarks about Hong Kong made by Chou En-lai to Col. Cantlie on his last visit and had
gone on to say that the Chinese liked to see the British there; they did not like changes
in personalities or to see new people coming to power."

130 Lui, Tai-lok, and Chiu, Stephen W. K., "Social Movements and Public Discourse on
Politics" in Ngo, Tak-wing, ed. Hong Kong's History: State and Society Under Colonial
Rule, London: Routledge, 1999, p.107.

政改革諮詢期間，就算市政局議員公佈了在當時頗為激進的改革方案，中國政府都沒有表現出任何異議或不滿。此外，如果中國政府認為政制改革便等於邁向獨立的行動，那麼它又怎可能容忍港府引入民選的區議會，特別是在八十年代初的敏感時期？

殖民地政府經常誇大引入選舉將導致共產黨和國民黨在香港內訌，並且在沒有任何實質證據之下，便強調中國政府不會允許香港實行政制改革，儘管這兩種說法都似乎是子虛烏有，但足以令香港市民和倫敦的同僚放棄爭取政制發展。雖然大部分香港人都希望看見殖民地政府可以在政治上進一步開放，並且可以有更多真正的市民代表，但是他們更關心殖民地的安全和穩定性。如果政制發展有可能影響到殖民地的穩定性，那怕這個機會不大，他們都不會願意承擔這個風險，尤其是因為有不少在香港落地生根的市民都是為了逃避中國大陸的不穩。另外，雖然英國官員及國會議員均對殖民地政府的藉口有所保留，由於他們缺乏有關香港的直接消息或資料，而且他們亦經常忙於其他殖民地的事務，所有他們唯有傾向相信香港政府。這可以解釋為何儘管殖民地政府自 1974 年以來經常被工黨要求在香港推行政制改革，港府仍然可以拒絕任何改革建議。

八、小結

革新會和公民協會在七十年代初的會員雖然有所增加，但它們在當時已經開始有倒退的跡象。由於內部不和，兩黨都有一些重要委員退黨。另外，由於它們沒有積極培養新人去接班，創黨委員的年齡老化問題便逐漸影響了兩黨的延續性。最後它們在面

對香港的前途問題時出現了態度一百八十度的轉變，進一步破壞了兩黨在香港市民心目中的地位，導致它們在八十年代被新成立的政治組織所取代。

　　儘管革新會和公民協會在八十年代之前不斷爭取政制改革，但成效和付出顯然是不成正比。這主要是因為殖民地政府與非官守議員團結一致地反對改革。他們拒絕改革的藉口包括：1）當地居民對於政制發展不感興趣；2）立法局選舉將會導致共產黨和國民黨的衝突；3）中國政府不會容許立法局增加民選議席。雖然這些藉口全無事實根據，但由於大多數香港市民都更為關心香港的穩定，因此殖民地政府在政制改革議題上並沒有面對太大壓力。

第七章

結論：歷史的重演？

　　革新會和公民協會代表着香港最早期的政黨發展。前者成立的目的是因為戰後港督楊慕琦的政制改革諮詢，而後者成立的原因則是為了跟革新會有不同的聲音。儘管兩黨對於香港政制發展有着不同的看法，但它們都認為殖民地的政治制度已經過時，有必要進行改革。兩黨爭取在立法局中引入選舉議席，因為這有助於拉近政府與市民之間的差距。此外，兩黨均有野心成為殖民地居民的代表及民間領袖。它們為香港的政制發展默默耕耘。不過當殖民地政府真正開始落實政制改革的時候，兩黨的政治命運卻步入了尾聲。由於兩黨的角色均受制於殖民地的政治環境，它們最令人觸目的角色就是監察政府。

　　政黨的其中一個角色是把一些有類似政治理念的人士匯聚在

一起，而革新會和公民協會正發揮了這個角色。[1] 我們不難觀察到兩黨在政治理念上的分別。革新會希望香港盡快落實較為激進的政制改革。為了拉近殖民地政府和市民之間的距離，並令更多香港人有參與政治的機會，革新會不單提倡在立法局開放選舉，而行政局也應該引入民選議席。作為政府的反對派，它經常批評政府施政，並提出改善建議。其對手公民協會則反對激進改革，雖然它也追求政制發展，但卻希望發展過程是一步一步的。公民協會也經常評論和批評政府的政策，不過採用的方式比較溫和。和革新會不同，公民協會是一個較為親政府的政黨，因此協會的周年晚會都能邀請到行政局及立法局議員，甚至港督的到臨。

不過由於香港獨特的政治環境，導致本地的政黨發展與別不同。革新會和公民協會之間的意識形態差異，不及其他國家的政黨。可能由於兩黨的委員主要是律師、教師、醫生及商人，因此兩黨的相同之處可能比分野更多。除了在政制發展步伐及批評政府的方式有分別外，兩黨其實都頗為相似。了解到殖民地中的不公義以及不同的社會問題，革新會和公民協會都主張社會改革以幫助弱勢社群。它們關注的社會問題包括城市發展、房屋、醫療、經濟、教育、犯罪及小販問題。為改善這些社會問題，兩黨經常作出研究調查，並撰寫報告以供政府參考。它們也經常舉辦公開會議，提供機會讓市民表達意見。如果政府打算推出一些足以令市民強烈反對的政策，兩黨通常都毫不保留地代表市民向政府反映。如果當中有的社會問題是由市政局所管轄，革新會和公民協會在局內的議員都會運用其權力去幫助市民。他們也積極爭取進入小販管理等專責委員會，希望能夠更直接參與。兩黨最後

---

1   Ware, Alan, *Political Parties and Party System*, New York: Oxford University Press, 1996.

的殺手鐧，就是繞過香港政府而直接與殖民地部的官員或英國國會議員溝通，從而希望倫敦方面可以給予殖民地政府一些壓力。不過這種戰術只適用於一些已經引起廣泛關注及討論的事件上，例如放鬆租金管制的法案或中文運動等才比較有效的。

可能由於五六十年代一般香港市民都比較貧困，加上欠缺福利政策，革新會和公民協會都會為其會員或普羅大眾提供不同福利，所以現時的「蛇齋餅糭」策略很可能是受到先輩的啟發。兩黨受到市民歡迎的一個主要原因，是它們了解市民所需。由於戰後生活困苦，食和住可算是當時社會上最重要之事，因此兩黨在打破米價壟斷及租金管制等議題上都非常積極。另外，由於兩黨的委員大部分都是律師、商人、醫生或教師，他們對於醫療、教育、經濟及治安等議題都比較關注，經常就這些事項向政府提出意見。不過可能由於資源有限以及並非委員們的專長，兩黨在一些頗為重要的民生事項，例如颱風或食水短缺等問題都沒有太多參與。除了協助有需要的居民外，兩黨都沒有就這些政策向政府進言。

殖民地政府可能會對革新會及公民協會又愛又恨。儘管兩黨經常對政府的政策指指點點，但它們卻有效地為市民提供了表達不滿情緒的渠道。當政府在管治上遇到威脅，例如在暴亂的事件中，兩黨都會伸出援手，呼籲市民支持政府。更重要的是，戰後的香港飽受左派和右派鬥爭的威脅，大部分工會或組織都可能與共產黨或國民黨有聯繫。在這種政治不穩定的環境下，革新會和公民協會正好充當一個中和的作用。因此，殖民地政府亦樂於看到它們的存在。在殖民地的政治制度下，市政局是兩黨可以發聲的官方平台。政府通常都會考慮它們代表市民所作出的要求，只要這些要求不會對政府的權威有影響。革新會和公民協會的發展在一定程度上是得到政府的認可甚至支持，因為兩黨都充當了

「忠誠的反對派」這個角色。不過，政府與它們之間存在着不可避免的衝突，因為兩黨對於它們的政治活動空間並不滿意。革新會及公民協會都不單想成為一個監察政府的政黨，甚至希望在政策的制定上有發言權。政府當然不能接受兩黨的野心。因此，政府與它們的關係從一開始便注定是複雜的。

由於革新會和公民協會對香港作出了不少貢獻，它們受到市民的普遍歡迎和支持，這可以從多篇的報章社論及讀者意見中充分反映。兩黨希望其知名度可以有助引起香港人對於政治及社會的意識。此外，由於得到市民的支持及認同，它們可以有更好藉口去迫使政府推行改革。可惜兩黨所面對的不同問題都影響了它們的成就。除了政治環境的局限，兩黨都未能成熟地發展到足以建立一個機制來處理黨內矛盾。另外，它們在追求政制發展時，大部分時間都不能團結一致，反而經常互相攻擊，這令到殖民地政府容易以分而治之的方法去對付。雖然兩黨經常在不同場合及媒界要求在立法局中引入選舉的議席或增加市政局的權力，但它們似乎忽略了向市民宣傳追求民主和社會公義的重要性，例如可以透過講座或展覽去宣揚，以加強市民的公民責任感。否則的話，它們可能會得到更多支持。

由於兩黨自身的問題，再加上來自殖民地政府和保守議員的強烈反對，因此它們未能成功爭取到重要的政治改革。而當香港政府在 1967 年暴動之後開始推出一系列社會改革時，革新會和公民協會都未能改造自己，以適應社會和政治的發展，導致它們在七十年代以後便漸漸失去不少支持者。缺乏接班人使兩個政黨都因為領導人老化的問題而逐步邁向更保守的立場，受歡迎程度不斷下降。最後，九七回歸問題更加速了這兩個香港最早的政黨的沒落。作為一個「單一領袖」的政黨，當貝納祺離開了政治舞台，便等於革新會的終結。而張有興離任主席，亦剛好是公民協

會失去政治影響力之時。

從對這兩個黨的研究中，令我們不單了解到香港戰後的政黨發展情況，也有助釐清一些過往的誤解。以往一直認為英國政府不願意推動香港的政制發展，而七十年代前的中國政府也被誤會為不容許香港推行政改的元兇。但現實情況卻是殖民地政府才是抗拒改革的主角，而英國政府和議員甚至協助本港的民主人士去向殖民地施壓。如果不是一眾港督的固執，防止其地位及權力遭到挑戰，香港民主發展的進程可能已經有所不同。此外，對香港人的政治冷感亦應該重新思考。投票率低未必是由於市民對政治缺乏興趣，事實反映政府也有一定責任，例如 1952 年市政局選舉的投票率便是由政府一手操控，更有學者分析投票率低是因為政府錯誤的統計。而且政府只願意為一個權力比較低的議會開放選舉，就算投票率低亦不足為奇。

另外值得一提的是，為何在一個政制獨裁，而大部分市民都比較貧窮的情況下，香港除了在 1956 年、1966 年和 1967 年有動亂之外，其餘時間社會都比較穩定？根據觀察所得，雖然港督表面上有絕對的權力（葛量洪在自傳中也承認他權力之大有如上帝），但從審議賭博合法化或撤銷租金管制等草案中，可以看到殖民地政府通常都不會濫用權力，當政府面對普遍的反對聲音，一般情況下都不會一意孤行。再者，當市民致函政府詢問或質疑有關政策時，所得的回覆（儘管通常都是反駁）一般都非常詳盡及有禮貌，甚至連港督或輔政司在回覆的署名都會寫上 "I am, Sir, Your obedient servant"。兩黨的委員到倫敦訪問，從來不會受到冷待。雖然這很可能只是門面工夫，但亦令人感到獲得尊重。正可能因為港英政府巧妙的「懷柔政策」，令殖民地在普遍情形下都比較安定。

選舉政治會導致政黨的形成。楊慕琦的市議會計劃和市政局

的選舉，導致革新會和公民協會的誕生，而八十年代初的政制發展，則開始了第二波的政黨出現。由於香港政府在 1981 年推出了代議政制發展白皮書，新增了有民選議席的區議會，並提議之後在立法局中引入由選舉產生的議員，故此在 1983 年至 1986 年的短短四年間，便促成了匯點、太平山學會、港人協會、民主公義協會、香港勵進會和香港民主民生協進會等政治團體的誕生。[2] 當中一些爭取民主的人士更聯合組織了港同盟，亦即現在民主黨的前身。再加上九十年代成立的自由黨和民主建港聯盟，這些新興政黨便壟斷了九十年代各個議會的民選議席。

不過今日政黨的受歡迎程度，似乎及不上五六十年代的革新會和公民協會。相比起這兩個最早期的政黨，現今的政黨經常被認為是選舉機器。它們似乎未能像先輩們成功得到廣泛的認同，其中一個明顯的原因是社會政治環境的轉變。革新會和公民協會均孕育於五六十年代，當時的人口結構與今天有很大分別。根據統計資料顯示，在五十年代有超過半數香港市民來自中國大陸，[3] 當中一些人是難民，他們不會把香港視為永久的家。學者侯德利（Stephen Hoadley）指出這些人把香港殖民地作為「救生艇」，待中國的情況有所好轉，便會離開。[4] 他們最關心的是生活安定。比起相鄰的祖國，香港已經是一個天堂。由於殖民地政府五六十年代在福利事務上沒有投放太多資源，所以一般低下階層生活都比較困苦，而革新會和公民協會正是在這個時期向有

2　Ma, Ngok, *Political Development in Hong Kong*, p.137; Cheng, Joseph Y. S., "Elections and Political Parties in Hong Kong's Political Development", *Journal of Contemporary Asia*, 31 No.3 (2001), pp.350-351.

3　Hong Kong Census and Statistic Department, *Population Census 2001: Main Report*, Vol. 1, Hong Kong: Census and Statistic Department, 2002, p. 40.

4　Hoadley, Stephen J., " 'Hong Kong is a Lifeboat', pp. 209-211.

需要人士提供了基本援助。例如兩黨通過市政局去幫助寮屋區的居民和小販，革新會協助不識字市民申請公共房屋，公民協會為窮人提供廉價大米。此外，兩黨的委員都是專業人士，他們可以利用自己的專業知識去幫助市民，例如定期提供法律諮詢及醫療服務等。當時殖民地政府擔憂福利政策會吸引大量內地人逃到香港，所以一直較為漠視低下階層的需要。革新會和公民協會義不容辭地去幫助那些有需要的人，可以有助減輕窮人的怨氣。對於一些需要幫助的人士，兩黨可能是他們的救星，所以它們在五六十年代備受歡迎。

可是自七十年代開始，大多數年輕人都是在香港出生。[5] 他們有更多機會接受教育，並視香港為自己的家園。[6] 因此他們的心態和前幾代人截然不同。由於有較高學歷的年輕一代，對政府有更高的期望，不會默默忍受社會的不公義。從七十年代一系列的學生運動中，我們可以清楚看到年輕一代會更積極參與地方事務。中國政府在中英談判時向香港人承諾在 1997 年後會「港人治港，高度自治」，這更令他們認為自己是香港未來的主人翁。加上當時的區議會和立法局有更多選舉的機會，政黨的發揮空間應該比以前更多，所以他們希望政黨能夠代表普羅大眾。在對政府政策有不滿的時候，他們期待各政黨可以在立法局會議中監察政府。

再加上自從六四事件之後，香港人的政治意識普遍有所增強。六四事件令一些香港人對大陸政權產生不信任感，擔憂高度

5　*Population Census 2001: Main Report*, Vol. 1, p. 40.

6　在 1961 年，大約有 68% 的 15 歲或以上人士沒有接受過教育或只有小學程度。但自從 1978 年推出九年免費教育後，本港曾接受教育的人口大大提升。根據 2001 年人口普查顯示，當年有 66% 的總人口接受過小學或中學教育，有 13% 更有大學或以上的程度。*Hong Kong Statistic: 1947-1967*, Hong Kong: Census & Statistics Department, 1969, p. 189; *Population Census 2001: Main Report*, p. 98.

自治及民主政制可否真正在香港落實，所以香港市民普遍相信只有在立法局落實普選，才可以在回歸之後確保人權和自由得到保障，亦可以減低中國政府的干預。當時的政黨主要分為兩大陣營：民主派和親中國政府，差不多所有民主派的政黨都只是集中在追求政制改革上，而親中國政府的政黨則是作為一個對抗力量。然而，由於當時大部分市民都希望看到香港有民主發展，那些支持政制改革的民主派人士便輕易在 1991 年立法局選舉獲得壓倒性勝利。這導致政黨的發展更加兩極化，反而令它們忽略了民生、經濟及社會福利等事項。這對於回歸後的政黨發展有着深遠影響。

在香港剛剛回歸之後突然發生亞洲金融風暴，當時香港出現了包括經濟衰退、失業率高企、私人住宅價格大幅下滑而導致負資產等重大問題。由於香港政黨仍然處於意識型態之爭，容易忽略了社會及經濟問題。雖然民主派人士仍然藉着爭取民主的旗號於 1998 年立法會選舉中獲得勝利，但缺乏社會經濟民生等問題的觸覺，便漸漸削弱了公眾對它們的支持。[7] 回歸後的香港在各方面都似乎出現不理想的情況，但政黨卻不能在立法會中提出任何有效的方案去改善，而只能批評政府或互相攻擊，導致愈來愈多市民對政黨的表現感到失望。

此外，大部分香港人都可能沒有意識到九七後因《基本法》的限制，令立法會（回歸前名為立法局）的權力比回歸前更低。《基本法》第 74 條禁止議員提出任何涉及公共開支、政治體制或政府運作的議案，除非得到行政長官的同意。由於議員的動議權受到限制，私人草案的數字由 1998 至 2000 年度的 102 個，大

7　Lau Siu-kai and Kuan Hsin-chi, "Partial Democratization, 'Foundation Moment' and Political Parties in Hong Kong", in Sing Ming, ed., *Hong Kong Government and Politics* (Hong Kong: Oxford University Press, 2003), pp. 257-258.

幅減少至 2000 至 2004 年度的 46 個。[8]

　　但對於民選議員最大的障礙，是「分組點票」制度。根據《基本法》附件二，所有議員提交的動議、法案或修正案，均需要由地方選舉及功能組別兩組議員分別以多數票才可以通過。但功能組別議員有較多是親政府的，只要當中一半投反對票，便可以否決該議案。因此，儘管有多數議員支持法案，但只要有四分之一議員投反對票，便可以否決法案。分組點票的威力可以反映在九七前後的統計數字。由於在回歸前還沒有分組點票制度，所有包括政府或議員所提的私人草案均只需有 50% 的贊成票便可以通過，因此在 1995 至 1997 年度，有 71% 的私人議案或修正案獲得通過。但九七之後這個數字便大幅減少至 1998 至 2000 年度的 14.7%，以及 2000 至 2004 年度的 10.9%，這是因為功能組別議員否決了大部分的私人條例草案。[9] 由於議員在立法會的權力下降，所以市民對於他們的期望便有所落差，也會令他們所屬的政黨支持度下跌。

　　再者，中國政府對於香港政黨的態度，從國內的情況已可見一斑。根據中國大陸的憲法，雖然不同政黨可以在內地成立，但只有中國共產黨才是唯一的執政黨，而其他政黨的角色都是協助及配合共產黨，它們的存在價值被視為是加強中國政治體制的正統性。因此，自回歸以後，中國官員曾多次表示對香港政黨政治的發展有所保留。[10]《基本法》亦限制了政黨在香港的發展，例如政黨的會員不能成為特別行政區的行政長官，而政黨所賴以生存的立法會卻受着《基本法》的限制，分組點票更成為議員的緊

8　Ma, Ngok, *Political Development in Hong Kong*, p. 118.

9　Ma, Ngok, *Political Development in Hong Kong*, p. 118.

10　Ma, Ngok, *Political Development in Hong Kong*, p. 141.

箍咒。這嚴重阻礙香港政黨的發展。

　　歷史不斷重演，在回歸前後最受歡迎的泛民政黨，例如民主黨、前線、職工盟或公民黨等，由於受到《基本法》及議事規則的掣肘，令它們無法達到選民的期望，因此那些泛民政黨亦似乎逃不過革新會和公民協會的命運，它們的鋒芒漸漸被新一代更激進的團體例如本土派或自決派所掩蓋。在這個充滿限制的框架下，不單香港人對政黨感到失望，政黨的委員也會因為他們有限的權力而感到挫敗。由於在正常的官方渠道下缺乏出路，便導致一些議員採用更加激進的手法去爭取改革。如果革新會和公民協會的議員從市政局會議中離場抗議，在四十年前被認為是激進的行為，那麼現在的手法便更強烈。議員以絕食方法去爭取改革或表達自己對政府政策的不滿，已經不會令人感得意外。了解到自己在議會的權力非常有限，比較激進的議員如社會民主連線的梁國雄、人民力量陳偉業或黃毓民等更為立法會帶來新的抗議風格。為了抗議不受歡迎的政府政策，他們採用「拉布」的方法去延長法案的通過時間，甚至會以扔香蕉等方式去向行政長官或其他局長表示不滿。

　　回歸後香港的政治環境似乎受到愈來愈多的掣肘，嚴重影響到本地政黨的發展。1997 年以前，殖民地政府經常以地理位置敏感為藉口，拒絕推行政制改革。回歸之後，中央政府對特區落實全面管治權，包括在政制發展方面。這種情況會令一些支持民主的人士甚至普通市民對於在憲法的框架內追求政制改革感到絕望。那麼比較激進的行動將會得到更多市民的支持，這可能令中央政府對政制發展繼續收緊，香港的穩定將無可避免受到影響。

　　現今香港政黨所面對的問題，比革新會和公民協會面對的更加複雜，但如果現今政黨不了解前人的經驗及失敗的原因，最終相同的錯誤可能不斷發生。

附錄一

革新會重要委員

羅士比（Charles Edgar Loseby）

革新會的首任主席。他自二十世紀初便在英國執業大律師。
由於在第一次世界大戰時曾經擔任法國戰役的指揮官，獲頒授
Military Cross 勳章以表揚他在戰場上的勇氣。戰爭結束後，羅
士比開始作為政治家的生涯，在 1918 年被選為下議院議員。雖
然在 1922 年失去了議席，但仍然活躍政壇。他曾經和邱吉爾一
同參選，不過競選失敗後便專注於大律師事務。羅士比在 1945
年抵達香港並成為香港的大律師，他曾經在香港擔任大律師公會
主席，亦是香港法律匯報（*Hong Kong Law Reports*，之後改
名為香港法律匯報與摘錄）的編輯之一，以及租值法庭的裁判主
任。由於他的資歷及貢獻，被委任為當年極為少數的御用大律
師。1955 年退休後便回英國。[1]

1　*The China Mail*, 30 November 1948; *The Hongkong Telegraph*, 5 July 1949; *The China Mail*, 7 April 1955.

貝納祺（Brook Bernacchi）

與羅士比相似，貝納祺在移居香港前是英國的執業大律師。第二次世界大戰時，其服役的英國皇家海軍陸戰隊經過香港之後，便在戰後選擇留在香港。他在 1946 年成為香港的大律師，更在 1960 年被任命為御用大律師。貝納祺在 1946 年於赤柱成立航海學校，以培養年輕男孩的職業訓練。他還促成了香港戒毒會和釋囚協助會（後改名為香港善導會）的成立。[2]

簡悅強

東亞銀行創始人簡東浦之子。香港大學和倫敦經濟學院畢業後，在 1940 年成為香港的執業事務律師，其後更成為律師公會主席。他從 1963 年到 1983 年接替父親成為東亞銀行主席。簡悅強可算是最受殖民地政府信賴的本地精英之一。1961 年被委任為立法局非官方議員，1968 年晉升為首席非官守議員。1974 年，他更被委任為行政局首席非官守議員。1979 年，他獲頒授 GBE 勳章，為大英帝國勳章中的最高等級。麥理浩爵士在 1979 年到北京與鄧小平討論香港前途問題時，他是唯一隨行的非官守議員。[3]

施玉麒（George Yuk-ki She 或 George Zimmern）

出生於香港的歐亞混血兒。因為他的父親在他兒時過身，而其姊嫁入何東家族，所以他在何東爵士的家中成長。在聖奧古斯丁學院修讀神學後，便轉到牛津大學研讀哲學、政治學和經濟學。在英國已經成為執業大律師，回港後亦繼續其律師工作，並

2　*South China Morning Post*, 23 September 1996.

3　*The Telegraph*, 26 September 2012.

在 1955 年至 1961 年間擔任拔萃男書院的校長。[4]

胡百全

香港最有影響力的商人之一，太古買辦胡禧堂之子。聖約瑟
書院畢業後，轉到英國留學，於 1940 年在倫敦大學獲得博士學
位後，便回到香港。[5] 他在 1945 年創立的胡百全律師事務所，
為現時香港最知名的本地律師事務所之一。胡百全在革新會成立
後不久便加入，並在之後成為副主席，亦代表該黨進入市政局。
他在 1955 年被委任為太平紳士，1964 年被港督委任為立法局
議員之後，更於 1972 進入行政局為非官守議員。由於擔任多項
公職，他分別在 1963 年和 1973 年被授予 OBE 及 CBE 勳章。

陳樹垣

國民黨「南天王」陳濟棠的兒子。他在美國史丹福大學獲得
經濟學學位。來港定居後，曾任多間企業的總經理，以及珠海學
院教授兼院長。他曾擔任東方體育會的主席。[6] 他在 1955 年加
入革新會，但由於不滿革新會和公民協會在市政局選舉中的聯合
協議，在 1962 年退黨。

鍾愛理遜（Allison Bell）

出生於蘇格蘭，在愛丁堡大學畢業之後成為一名醫生。由於

---

4   Fung Yee Wang, et al., *A Tribute to Rev. Canon George She, Headmaster 1955-1961,
     Diocesan Boys' School, Hong Kong*, Hong Kong: The GS Book Editors, 2004; Fung
     Yee-wang and Chan-Yeung Mo-wah Moira, *To Serve and To Lead: A History of the
     Diocesan Boys' School Hong Kong*, Hong Kong: Hong Kong University Press, 2009,
     pp. 80-82.

5   *Hong Kong Standard*, 3 March 1957.

6   *Hong Kong Standard*, 8 February 1956.

嫁給一位香港人，她於 1949 年便開始以殖民地為家。在 1951
年轉為私人醫生之前，曾經擔任九龍醫院的麻醉師。她也擔任九
龍幼兒園的名譽醫學顧問。從 1956 年起，鍾愛理遜便開始作為
革新會的代表參選市政局。她視自己是真正的香港人，能講一口
流利的廣東話。[7]

葉錫恩（或杜葉錫恩 Elsie Elliott）

在 1951 年以傳教士身份抵達香港。她於 1954 年在觀塘寮
屋天台成立了慕光英文書院。由於不滿殖民地的不平等和貪污
情況，她經常組織及參與社會運動，以爭取改革。她在六十年
代初加入革新會並代表該黨出選市政局，不過由於不滿主席貝
納祺的領導方式，於 1967 年離開革新會。她在市政局擔任議員
超過三十年，亦在 1988 年至 1995 年間出任立法局議員。她在
1985 年下嫁杜學魁。由於對香港社會的貢獻，分別在 1977 年
及 1997 年獲授予 CBE 及大紫荊勳章。[8]

胡鴻烈

在中國大陸出生。在巴黎大學取得法學博士學位，並在英國
取得大律師執業資格後，便到香港發展。他在六十年代初加入革
新會，並長期擔任副主席。他與妻子鍾期榮是香港樹仁大學的創
辦人。他在 1976 年和 1983 年間被委任為立法局非官守議員。
由於他對香港社會的貢獻，曾經獲頒授 OBE、金紫荊及大紫荊
勳章。

---

7   *Hong Kong Standard*, 8 February 1956.

8   *China Mail*, 4 June 2013.

公民協會重要委員

加斯恩修士（Brother Brigant Cassian）

　　公民協會的創會主席。出生在法國布列塔尼，自幼投身天主教會，並在英國王室領地根息島完成其高級見習修士。第一次世界大戰時被召入步兵部隊，因其勇氣及經常協助傷兵，曾兩次獲得勳章。他自 1921 年抵達香港後，便一直定居於香港。最初在聖若瑟書院任教了十一年，然後便轉到喇沙書院就任副校長直到過身。加斯恩修士熱心社會事務，除了創立公民協會，他還是教師協會、香港學校音樂協會的創始人。為了表彰他在香港宣揚法國文化之績，他曾獲法國總統頒授光榮軍團武士勳章，亦獲英國頒贈 OBE 榮銜。[9]

胡百富

　　革新會委員胡百全之弟。畢業於聖約瑟學院之後，便到愛丁堡大學進修，於 1938 年獲得醫學學位。他回香港的時候剛剛是第二次世界大戰開始。他在公民協會成立後不久便加入，更在加斯恩修士離世後繼任協會主席十多年。[10]

張有興

　　出生於英屬圭亞那，大約九歲到港後就讀於喇沙書院。雖然胡百富自 1957 年開始擔任公民協會主席，但該黨最有影響力的人無疑是張有興。他是創會成員之一，一直擔任協會名譽秘書。他經常代表公民協會前往英國，去爭取政治和社會改革。他在

9　*Sunday Examiner*, 8 November 1957.

10　*Hong Kong Standard*, 3 March 1957.

1968 年繼任成為該黨主席。自 1957 年代表公民協會贏得市政局的議席後，他一直在該局服務，並在 1981 年至 1986 年成為第一位華人市政局主席。他曾擔任香港鐘錶進口商協會和香港藝術發展局主席。由於他對香港的貢獻，他在 1973 年被任命為立法局議員，並獲授予 CBE 勳章。他現在是公民協會的永遠會長。

李耀波

出生於香港，並在本地接受教育。華仁書院畢業後，他便到香港政府夜學部取得教師證書，之後回到自己母校任教。李耀波對教育充滿熱誠，在香港教師協會成立後便擔任秘書，更在 1955 年開始出任主席，他也是教育委員會成員。[11]

張永賢

香港出生，早年就讀於皇仁書院，之後進入香港大學。畢業後轉到英國，在取得律師的執業資格後便回到香港。在五十年代末加入公民協會。他於 1967 年成立自己的律師事務所，在七十年代被任命為太平紳士。為了紀念他對香港小童群益會的貢獻，於 2011 年成立張永賢獎學金。

鄒偉雄

早年在英皇書院讀書，畢業後到英國深造。在取得事務律師的資格後便回港執業。除了加入公民協會，他也是博愛醫院總理、香港和九龍居民福利協會名譽會長、香港島北區童軍總會主席、香港足球總會的委員。他也曾擔任西區街坊會及港九渡輪工

---

11 *South China Morning Post*, 26 January 1956.

人協會等組織的名譽法律顧問。[12]

陳子鈞

　　在英皇書院中學畢業後，便到墨爾本大學研讀法律，在取得大律師資格後便返港執業。他積極參與社區事務工作。曾擔任新界區扶輪社主席、長洲國民學校校董及香港小童群益會的委員。陳子鈞與街坊會關係密切，是油麻地和慈雲山街坊會的名譽顧問。[13]

王幸利

　　出生於馬來西亞。來港之前是一位馬來西亞的成功商人。他在第二次世界大戰之後定居香港。由於是馬來西亞國王和第一任總理東姑阿都拉曼的朋友，因此在來港後仍然與馬來西亞政府保持良好關係。他其後成為香港著名教育家，他創辦的易通英語補習學校在香港曾經有不少分校。[14]

12　*Hong Kong Civic Association Election Bulletin 1973*, Hong Kong: Hong Kong Civic Association, 1973.

13　*Hong Kong Civic Association Election Bulletin 1973*.

14　*Hong Kong Civic Association Election Bulletin 1973*.

—

附錄二

—

革新會重要活動年表

年份	活動
1949 年 2 月	革新會創會典禮
1949 年 5 月	由於對政改意見分歧而導致黨內不和
1949 年 7 月	主席羅士比辭去主席之職
1949 年 7 月－10 月	革新會停止所有活動
1949 年 11 月	貝納祺接任主席並重組革新會
1949 年 11 月	公民自由委員會成立，每日大約有十五至二十人到革新會求助
1950 年 4 月	第一次周年大會
1950 年 7 月	與殖民地部次官 Sir Hilton Poynton 討論香港財政問題
1951 年 8 月	國際關係事務委員會成立
1951 年 9 月	發表有關政制改革、童工及興建海底隧道的計劃及報告
1951 年 2 月－3 月	組織公眾大會討論租金管制問題
1951 年 12 月	與殖民地大臣 Hon. Oliver Lyttelton 討論政制改革事務
1952 年 2 月	寮屋臨時委員會成立，以協助筲箕灣的寮屋居民
1952 年 5 月	主席貝納祺贏得二戰後首次市政局選舉議席

年份	活動
1952 年 9 月	開始舉辦每月的公眾大會
1953 年	租金事務委員會和教育委員會成立
1953 年 3 月	舉行簽名運動以爭取政制改革
1953 年 5 月	開始每個星期日定時接見市民
1953 年 5 月	寄信到殖民地部反對大幅加租
1953 年 5 月	革新會贏得所有市政局的民選議席
1953 年 8 月	發表教育議題報告書
1953 年 10 月	向英女皇遞交請願信連同收集到的一萬二千個簽名，以爭取在立法局引入兩個選舉議席
1953 年 10 月	籌集資金購買永久會址
1953 年 12 月	蔬菜統營處接受革新會的建議，批准香港島的菜販可以在九龍售賣蔬菜
1953 年 12 月	寄信致英國國會議員以爭取政制改革
1954 年	文娛事務委員會成立
1954 年 1 月	協助農民及漁民免商業登記稅
1954 年 3 月	革新會再次贏得所有市政局民選議席
1955 年	醫務健康委員會成立
1955 年 7 月	向殖民地部爭取政制及社會改革
1955 年 10 月	香港政府委託革新會撰寫物價指數研究報告書
1955 年 11 月	反對有關公民協會就大米壟斷問題的建議
1956 年	婦女福利委員會成立
1956 年 2 月	成立選舉部門
1956 年 3 月	革新會的四位參選人均贏得市政局的議席
1956 年 6 月	開始進行生活指數的研究報告
1956 年 7 月－8 月	組織集會及抗議，並寄電報到英國議會，反對租金大幅增加
1956 年 9 月	發表十年醫療計劃書

年份	活動
1956 年 10 月	成立特別委員會去協助受 1956 年騷亂影響的市民
1956 年 12 月	撰寫寮屋問題報告書
1957 年	成立毒品問題及交通事務委員會
1957 年 3 月	三位革新會的成員在市政局選舉中落敗
1958 年	港島東、港島西及南九龍地區委員會成立
1958 年 2 月	超過一百間學校慶祝革新會成立七周年
1958 年 4 月	區達年退黨
1958 年 7 月	與殖民地部官員商討本地勞工問題
1958 年 8 月	向政府提出觀塘區的發展建議
1958 年 8 月	九龍北地區委員會成立
1958 年 9 月	為女性教師爭取同工同酬
1958 年 11 月	向政府提議舉辦反貪污運動
1959 年 1 月	英國國會議員邀請革新會討論香港的政制發展事務
1959 年 2 月	向政府提議增加公務員薪資以減低貪污，並爭取男女同工同酬
1959 年 6 月	收集到一萬個簽名反對取消租金管制
1959 年 9 月	向政府建議核電計劃及食水問題處理方法
1959 年 10 月	刊印十周年記念報告
1959 年 10 月－12 月	組織幫助難民的活動
1960 年	九龍區辦公室正式成立，方便九龍及新界居民
1960 年 2 月	向政府表達對於向深圳購買東江水的關注
1960 年 7 月	與公民協會代表到英國爭取政制改革
1961 年 1 月	與公民協會合作參選市政局
1961 年 6 月	有四千名市民參與由革新會和公民協會所組織的公共交通關注運動，令到政府成立交通諮詢委員會
1962 年	文化及教育、社會服務與商業委員會成立

年份	活動
1962 年 6 月	建議政府成立租金仲裁機構
1962 年 9 月	政府接受革新會的建議，增加救護車的數量
1962 年 9 月	刊印革新會半月刊 *Reform News*
1962 年 10 月	所有地區事務委員會重組為香港地區事務委員會及九龍地區事務委員會
1962 年 10 月	陳樹垣退黨
1962 年 12 月	有三千名會員參與周年大會
1962 年 12 月	向政府建議興建更多公營房屋
1963 年 4 月	主席貝納祺被委任為太平紳士
1963 年 9 月	與英國工黨議員商討香港的問題
1963 年 11 月	發表一份有關醫療、薪金、租金、教育、交通及食水問題的詳盡報告
1963 年 12 月	在周年大會上特別指出租金問題
1964 年	展開資金籌集運動以購買在港島區的會址，最後籌得的資金用以購買一個在中環的單位
1964 年 2 月	向政府建議引入免費當值律師服務計劃
1964 年 3 月	批評馬殊教育報告書，並以聲明發表教育政策
1964 年 8 月	建議市政局的管轄範圍應該包括教育和醫療
1964 年 9 月	貝納祺會見殖民地部的官員並提交革新會的政制改革建議
1964 年 10 月	貝納祺在市政局內動議議會內接納中英文發言
1964 年 10 月－11 月	舉辦會議商討危樓問題
1964 年 11 月	發表詳細的教育報告書
1964 年 11 月	向港府指出目前在香港的工會對於社會的潛在危機
1964 年 12 月	在周年大會上特別指出賭博問題的嚴重性
1964 年 12 月	開始在革新會的黨內會議上以中英文發言
1965 年	向市民提供義務律師服務

年份	活動
1965 年 1 月	鍾愛理遜獲委任為太平伸士
1965 年 2 月	在香港大學舉辦政制改革討論
1965 年 2 月	要求政府重新審視巴士專營服務的政策
1965 年 3 月	成立有組織罪行研究委員會
1965 年 4 月	要求市政局開設議員當值服務
1965 年 6 月	反對電話公司提出的電話按次收費，認為是變相加價，最後電話公司收回提議
1965 年 6 月	發表報告書評論教育政策白皮書、醫院不足及增加水費等問題
1965 年 9 月	發表有組織罪行研究報告書，引起廣泛關注
1965 年 10 月	為市民刊印《當你被捕時……》手冊，令他們知道自己的權利
1965 年 10 月	會見英國國會議員爭取政制改革
1965 年 11 月	要求政府否決天星小輪加價申請
1965 年 12 月	大約一千五百名會員出席周年大會，並特別討論天星小輪加價申請的影響
1965 年 12 月	要求將中文列入香港的法定語文
1966 年	會員人數達到二萬四千人
1966 年 2 月	要求政府成立專責委員會去檢討遞解出境問題
1966 年 4 月	在革新會辦公室會見天星小輪示威人士，並申請在政府大球場舉辦公眾大會討論示威問題，但最後被警方否決
1966 年 4 月	葉錫恩到英國爭取政制改革
1966 年 6 月	革新會出席天星小輪示威法庭聆訊
1966 年 7 月	主席貝納祺獲授 O.B.E. 勳章
1966 年 7 月－9 月	兩度會見殖民地部官員及英國國會議員，要求政制改革及中文合法化
1967 年 2 月	葉錫恩退黨

年份	活動
1967 年 3 月	《當你被捕時⋯⋯》手冊非常受市民歡迎，所以開始印製第二版
1967 年 3 月	要求本地職員與外籍人士同工同酬
1967 年 3 月	要求落實強制免費教育
1967 年 5 月	在六七暴亂初期呼籲僱主與僱員溝通
1967 年 7 月	支持政府打擊暴亂
1967 年 9 月	要求在市政局會議中實施中英文翻譯
1967 年 9 月	要求政府為香港刪除「殖民地」的稱號
1967 年 11 月	向英女皇及英國國會要求撤銷剛通過的公安條例
1968 年	會員人數超過三萬五千人
1968 年 8 月	向政府建議怎樣防範未來的金融危機
1968 年 8 月	與英聯邦事務大臣 Lord Shepherd 會面並要求成立申訴專員公署
1968 年 9 月	與鄉議局主席辯論賽狗問題
1968 年 9 月	建議在中文大學成立醫學系
1968 年 12 月	發表有關交通事務的詳細報告
1969 年	新的會址在中環成立，為市民提供更多服務；新界地區委員會成立
1969 年 1 月	重申要求成立申訴專員公署及一個獨立的調查貪污部門
1969 年 3 月	向政府建議怎樣增加市民對香港的認同感
1969 年 3 月	印製二十周年特刊
1969 年 6 月	支持護士要求同工同酬運動
1969 年 12 月	大約二千名會員參與周年大會
1970 年	成立免費法律諮詢部門；在 1970 年有超過三千名市民作出查詢，而獲革新會跟進之案件超過一千五百件
1970 年 3 月	六萬份《當你被捕時⋯⋯》手冊第二版免費派發給市民
1970 年 3 月	該黨的所有市政局議員在市政局會議中離席抗議

年份	活動
1970 年 5 月	上水辦公室投入服務
1970 年 6 月	舉辦籌款表演
1970 年 6 月	支持護士要求同工同酬的罷工行動
1970 年 10 月	向外交及聯邦事務部寄備忘錄，要求多項政制與社會改革
1970 年 10 月	向政府提出有關工會修定條例的意見
1970 年 10 月	要求政府在所有官方會議中設立即時翻譯
1971 年 2 月	給政府八項建議以令中文成為官方語言
1971 年 2 月	荃灣辦事處成立
1971 年 2 月	反對廢除死刑
1971 年 2 月－3 月	幫助創興大廈居民有關安置問題
1972 年	成立教育研究委員會；協助 335 個被太古糖業公司解僱的工人解決遣散費問題；基本會員年費由 24 元增加至 50 元，附屬會員則由元 5 增加至 10 元
1972 年 3 月	收集到超過一百六十萬個簽名，反對商業樓宇租金大幅上升
1972 年 7 月	要求政府重建舊徙置區並興建新公共房屋
1972 年 8 月	支持清潔香港運動
1973 年	時事研究委員會成立
1973 年 1 月	建議政府興建第三間大學
1973 年 2 月	要求取消市政局議員必須符合英文資格
1973 年 3 月	派委員到美國訪問以了解其市議會的運作
1974 年	婦女福利委員會成立
1974 年 1 月	二十五周年紀念活動
1974 年 3 月	促請政府承認中醫地位
1974 年 3 月	錢世年與黃品卓退黨
1974 年 4 月	建議政府如何打擊米價上漲

年份	活動
1974 年 12 月	建議政府興建更多戒毒中心
1975 年 1 月	中學校長古茂建退黨
1975 年 2 月	發出抗議信反對增加電話費
1975 年 4 月	外交及聯邦事務部次官致信回覆革新會的改革提議
1975 年 5 月	向政府建議有關處理越南難民的方法
1975 年 8 月	舉辦民眾大會商討有關設立香港交易所的事務
1975 年 9 月	向政府建議成立反罪案特別部門
1975 年 10 月	要求在每戶寮屋都安裝電力裝置
1976 年 2 月	批評英國費邊社小冊內容無建設性並侮辱中國及香港
1976 年 2 月	胡鴻烈獲 O.B.E. 勳章
1976 年 4 月	建議成立特別部門去監察政府各部門的開支
1976 年 4 月	向政府建議稅務改革方案
1976 年 8 月	建議成立海外貿易中心去吸引外地投資者
1976 年 9 月	胡鴻烈獲委任為立法局非官守議員
1976 年 11 月－12 月	舉辦市民大會以商討嚴重的通貨膨脹問題
1977 年	差餉研究委員會成立；位於大埔的辦公室開始運作
1977 年 2 月	向政府建議改革新界區的行政制度
1977 年 3 月	提交有關九年免費教育建議書
1977 年 7 月	要求政府盡快成立香港展覽中心
1977 年 8 月	委任一間研究機構去調查香港市民對政制發展的意見
1978 年 1 月	要求政府豁免非牟利機構的差餉
1978 年 2 月	與英國保守黨議員討論香港政制改革
1978 年 8 月	位於牛頭角的辦公室開始運作
1978 年 9 月	要求市政局改革
1978 年 10 月	要求成立特別委員會去研究公務員薪酬

年份	活動
1978 年 10 月	就教育白皮書發表意見
1979 年 5 月	要求政府就收容越南難民人數設上限
1980 年 8 月	就地區行政綠皮書作出意見
1981 年 1 月	批評政府所發表的地區行政白皮書
1981 年 2 月	杯葛市政局選舉，因為政府否決了改革的要求
1981 年 3 月	舉辦有關能源的國際研討會，超過二十國政要包括加拿大總理及英國工黨主席均有出席
1981 年 6 月	貝納祺到英國游說議員否決新的國籍法
1981 年 11 月	香港前途特別委員會成立
1981 年 12 月	委託一間國際公司去調查香港市民對前途的看法，並將去信英國及中國政府
1982 年 4 月－7 月	數次走訪英國商討香港前途問題
1982 年 6 月	建議成立公開大學
1982 年 9 月	派出十名代表參與區議會選舉，但只有兩名當選
1983 年 2 月	位於北角的辦公室開始運作
1983 年 2 月	幫助滯留菲律賓的香港人
1983 年 7 月	當得知中國決心收回香港，革新會表示支持「一國兩制」
1984 年 2 月	反對成立區域市政局，並建議將市政局的職權延伸至新界
1984 年 9 月	舉辦公開課程去推廣市民的政治參與
1986 年 3 月	從政三十四年，貝納祺在市政局選舉中落敗
1988 年 10 月	革新會的油麻地及元朗分會發現非法聚賭，有分區委員被捕
1990 年 2 月	由於財政赤字，革新會出售其中環會址
1996 年 9 月	貝納祺離世

公民協會重要活動年表

年份	活動
1954 年 10 月	公民協會就職典禮
1954 年 12 月	舉辦公民大會去商討大米壟斷情況，並要求政府允許大米自由進口
1955 年	成立經濟諮詢委員會
1955 年 3 月	印刷第一份協會月刊
1955 年 4 月	建議成立三個市議會去處理香港、九龍及新界事務，以代替當時的市政局
1955 年 6 月	發起運動要求港督葛量洪延長在任時間
1955 年 7 月	向政府提出吸引外商投資的建議
1955 年 7 月	致函殖民地大臣提出政制發展的意見
1955 年 8 月	要求成立旅遊發展部門
1955 年 9 月	就保留李鄭屋古墓提出建議
1955 年 11 月	要求政府取消大米進口限制的政策
1956 年	租務委員會成立
1956 年 2 月	發表房屋及教育改革意見書
1956 年 2 月	建議將香港電台私有化
1956 年 3 月	李耀波及胡百富當選市政局議員
1956 年 5 月	邀請英國醫藥學會、香港中華西醫學會及香港藥劑師聯會合作在香港推行醫藥保健制度
1956 年 6 月	發表詳細的城市規劃報告書
1956 年 7 月	與香港教師會合作，協助私校教師提升地位
1956 年 8 月－9 月	發起運動反對租金大幅上升
1956 年 8 月	邀請學者參與研究房屋問題
1956 年 9 月	開始在每星期三及星期五接見市民
1956 年 9 月	與英國國會議員討論香港社會問題

年份	活動
1956 年 11 月	張有興到倫敦與殖民地部官員會面
1956 年 12 月	抗議立法局考慮將波子機合法化，並成功令政府撤回法案
1957 年	九龍辦事處開幕
1957 年 2 月	不斷向政府提出成立旅遊發展局的重要性，最後該局於當年成立
1957 年 3 月	提出與革新會不同的政制改革意見
1957 年 3 月	與政府的醫務、勞工及社會福利部舉行聯席會議，商討有關協助感染肺癆工人的方案
1957 年 3 月	向政府提出成立職業訓練學校
1957 年 3 月	在市政局選舉中大勝
1957 年 5 月	建議成立吸毒服康中心
1957 年 5 月	為會員提供醫療保險計劃
1957 年 10 月	主席加斯恩修士逝世，胡百富接任主席之位
1957 年 11 月	建議成立法律援助服務
1958 年	成立包括金融、房屋及城市規劃、商業、教育、交通及經濟等十四個事務委員會
1958 年 6 月	敦促政府成立貿易發展局
1958 年 9 月	抗議英國對香港的進口實施配額制度
1958 年 12 月	建議禁止非註冊學校繼續辦學
1959 年 3 月	提出防止罪案發生的意見
1960 年 2 月	建議兩間電力公司受法例管轄
1960 年 5 月	發起抗議賭波合法化運動，最後導致政府收回議案
1960 年 7 月	與革新會代表一同到英國爭取政制改革
1961 年 1 月	宣佈與革新會結盟
1961 年 5 月	要求政府在歐美地區成立貿易中心，以推廣香港的貿易
1961 年 11 月	向警務處建議組織志願交通隊，協助警方維持交通秩序
1962 年	租務問題委員會成立

年份	活動
1962 年 4 月	要求政府成立委員會檢討驅逐出境的個案
1962 年 7 月	發表報告建議政府立法禁止租金暴升以保障租客
1962 年 9 月	印刷討論工業發展的小冊子
1963 年	成立二十二個地區委員會
1963 年 4 月	李耀波獲委任為太平紳士
1963 年 6 月	要求政府供應更多土地以興建工廠大廈
1963 年 7 月－8 月	支持向中國政府購買東江水
1963 年 8 月	要求政府成立委員會去檢討兩性工資的不平等問題
1963 年 9 月	致函英國國會，要求社會及政制改革
1964 年 1 月	位於柴灣的俱樂部開幕
1964 年 1 月	再次致函英國國會，要求社會及政制改革
1964 年 6 月	反對政府為外籍公務員子女提供教育津貼
1964 年 8 月	要求政府為補助學校教師提供與官校教師相同的津貼
1964 年 10 月	致函殖民地部，要求取消香港向英國出口的附加稅
1964 年 10 月	港督及行政立法兩局議員出席公民協會十周年晚宴
1964 年 11 月	要求政府委任委員會去檢討青少年問題
1964 年 11 月	發表一份有關城市規劃的詳細報告
1964 年 12 月	張有興及胡百富獲委任為太平紳士
1964 年 12 月	建議政府公函採用中英對照
1965 年 1 月	終止與革新會的聯盟關係
1965 年 1 月	撰寫交通問題報告書
1965 年 6 月	第十屆周年大會
1965 年 6 月	批評教育白皮書
1965 年 10 月	致函英國國會要求取消香港「殖民地」的稱號
1965 年 11 月	反對天星小輪加價申請
1965 年 12 月	交通事務委員會發表一份詳盡報告

年份	活動
1966 年	青少年事務委員會成立
1966 年 2 月	要求教育改革
1966 年 2 月	要求政府委任一個委員會去研究在香港成立申訴專員公署的可行性
1966 年 3 月	成立一個事務委員會去研究政制改革
1966 年 10 月	與英國國會議員見面並提交政改方案
1966 年 12 月	就改善交通情況提出意見
1966 年 12 月	要求女性公務員與男性同工同酬
1967 年 1 月	反對狄堅信的地區行政報告
1967 年 2 月	致函英聯邦事務大臣，要求英國如果加入歐洲共同市場時，也應該保護香港的經濟穩定
1967 年 6 月	成立臨時委員會去探討暴動事件
1967 年 9 月	左派人士揚言已經將張有興列入暗殺名單
1968 年 1 月	張有興到倫敦討論香港的人權問題
1968 年 3 月	建議政府成立一個部門，負責所有青少年活動
1968 年 4 月	成立沙田區委員會
1968 年 5 月	為民政主任制度提供意見
1968 年 7 月	舉辦籌款活動
1968 年 10 月	東頭邨區委員會成立
1969 年	十五周年紀念；已成立的區域委員會超過三十個
1969 年 2 月	要求政府為殘障兒童興建特殊學校
1969 年 2 月	成立觀塘區委員會
1969 年 2 月	要求政府興建職業訓練學校
1969 年 2 月	張有興到倫敦去爭取社會與政制改革
1969 年 8 月	會見英國國會議員，要求在香港落實九年免費教育
1969 年 9 月	為購置中環的永久會址籌款

年份	活動
1969 年 10 月	發表十年計劃
1969 年 12 月	要求政府成立申訴專員公處
1970 年 1 月	致函英國國會要求九年免費教育
1970 年 2 月	中環辦事處開幕
1970 年 3 月	該黨市政局委員在會議中離場抗議
1970 年 4 月	柴灣辦事處開幕
1970 年 5 月	建議為工商業大廈的租金成立審裁處
1970 年 6 月	要求政府為低收入家庭提供教育補助（政府在 1971 年推行類似計劃）
1970 年 9 月	建議政府將多個負責房屋的部門改為一個房屋委員會
1970 年 10 月	會見英國國務大臣，要求在香港推行政制改革
1970 年 11 月	舉辦不同籌款活動
1970 年 12 月	成立青少年委員會
1971 年 1 月	由於青少年罪行增加，建議加強懲罰及制定長遠政策去協助青少年
1971 年 4 月	鼓勵香港人參與地區事務及爭取民主
1971 年 9 月	要求政府推廣普通話教育
1972 年 2 月	青少年委員會研究少年罪行問題
1972 年 3 月	成立嚴重罪行委員會，並在同年 10 月發表一份詳盡報告書
1972 年 7 月	成立長沙灣地區委員會
1972 年 7 月	要求政府成立專責部門處理貪污問題
1972 年 8 月	獲政府授權監察法院裁決是否恰當，該黨有權提出覆核
1972 年 8 月－10 月	支持清潔香港運動（所有三十四個地區委員會均有參與）
1972 年 11 月	繼清潔香港運動之後，建議政府馬上推行反罪行運動
1972 年 12 月	為三千名孤兒舉辦聖誕派對
1973 年	張有興獲委任為立法局議員

年份	活動
1973 年 1 月	為西區的路宿者提供禦寒衣物
1973 年 6 月	支持政府的反罪行運動
1973 年 8 月	要求政府設立藝術發展局
1973 年 9 月	進行訪問以調查青少年罪行的成因
1974 年	成立減通脹委員會
1974 年 2 月	向教育綠皮書提供建議
1974 年 4 月	委員程德智退黨
1974 年 5 月	成立太和及鳳凰山邨地區委員會
1974 年 5 月	舉行物價調查
1974 年 6 月	舉辦音樂會以籌經費
1974 年 8 月	編寫大廈手冊並派發給廣大市民
1974 年 8 月	向會員提供平價大米
1974 年 10 月－12 月	組織簽名運動抗議廢除死刑
1974 年 11 月	港督麥理浩、政府部門首長及行政立法局成員代表出席該黨二十周年晚宴
1974 年 12 月	批評教育白皮書
1975 年 4 月	由於罪案率仍然高企，建議再次推行反罪案運動
1975 年 5 月	致函英女皇要求在香港恢復死刑
1976 年 5 月	委員胡百富離世
1976 年 9 月	委員李耀波離世
1976 年 12 月	抗議政府提出增加差餉
1977 年 8 月	半山區辦事處開幕
1977 年 9 月	建議在大嶼山興建新機場
1977 年 9 月	成立沙田地區委員會
1978 年 2 月	建議市政局合資格選民年齡由二十一歲降低至十八歲

年份	活動
1978 年 5 月	建議成立業主立案法團
1978 年 7 月	成立負責水上居民的地區委員會
1978 年 12 月	舉行步行籌款活動
1979 年 5 月	向政府提出有關交通、越南難民及非法入境等問題的建議
1980 年 4 月	葉錫恩批評公民協會「保皇」
1980 年 8 月	批評英國的國籍法白皮書
1980 年 10 月	與行政立法兩局非官首議員商討政制發展綠皮書
1982 年 7 月	成立特別委員會去研究香港前途問題
1982 年 9 月	致函英國首相戴卓爾夫人，要求她確保香港能維持現狀
1982 年 9 月	該黨派出四十人參與第一屆區議會選舉，有十三人當選
1983 年 7 月	當得知中國將收回香港，該黨馬上表示支持「一國兩制」
1984 年 10 月	舉辦有關政治問題的公開講座
1984 年 10 月	該黨獲新華社邀請到北京訪問
1986 年 5 月	反對建議將選民年齡由二十一歲降至十八歲
1986 年 7 月	組織「認識祖國」運動
1986 年 8 月	獲邀到大亞灣核電廠觀察
1987 年 1 月	九龍西辦事處開幕
1987 年 7 月	建議增加立法局功能組別議席
1987 年 8 月	繼續舉辦有關政治問題的公開講座
1987 年 9 月	反對立法局在 1988 年引入直選議席
1989 年 9 月	致函英國外交及聯邦事務部，要求英國給予所有在香港持 BNO 護照的人士獲得居英權
1990 年 7 月	致函江澤民邀請他訪問香港
1991 年	不再派出會員參與區議會及立法局選舉，標誌着公民協會 放棄作為一個本地政黨

—

參考書目

—

一、革新會出版物

10th Anniversary, 1949-1959, Hong Kong: Hong Kong Reform Club, 1960.

Annual Report of Hong Kong Reform Club, Hong Kong: Hong Kong Reform Club, 1950-1958.

Article on Daya Bay, Hong Kong: Reform Club of Hong Kong, 1986.

Chairman's Report: The Reform Club of Hong Kong, Hong Kong: Hong Kong Reform Club, 1982.

Election Chronicle, Hong Kong: Hong Kong Reform Club, 1971.

Election Chronicle: 1977, Hong Kong: Hong Kong Reform Club, 1977.

Election Chronicle: Constructive and Progressive, Hong Kong: Hong Kong Reform Club, 1953.

Future of Hong Kong: Summary of a Telephone Survey, Hong Kong: Survey Research Hong Kong Ltd., 1982.

Hong Kong Reform Club: 2nd 10 Year Report, 1959-1968, Hong Kong: Hong Kong Reform Club, 1969.

If You're Arrested...., Hong Kong: Hong Kong Reform Club, 1980.

Memorandum and Articles of Association of the Reform Club of Hong Kong, Incorporated the 20th Day of January, 1949, Hong Kong: Yau Sang Printing Press, 1949.

Press Release, Hong Kong: Hong Kong Reform Club, 1982-1989.

Silver Jubilee Anniversary Souvenir Publication, 1949-1974, Hong Kong: Hong Kong Reform Club, 1974.

Report by the Reform Club of Hong Kong on the Green Paper on Housing, Hong Kong: Hong Kong Reform Club, 1985.

Report of Reform Club Delegation to London on the Future of Hong Kong, 15th to 24th April 1982, Hong Kong: the Delegation, 1982.

The Reform Club of Hong Kong: Chairman's Annual Report, Hong Kong: Hong Kong Reform Club, 1983.

《Beyond 1997＝前途展望》，香港：香港革新會，1982。

《社會公義防止不安研討會報告書》，香港：香港革新會，1981。

《新語：香港革新會雙月刊》，香港：香港革新會，1979－1982。

二、公民協會出版物

Hong Kong Civic Association Election Bulletin, Hong Kong: Hong Kong Civic Association.

Hong Kong Civic Association: Newsletter, Hong Kong: Hong Kong Civic Association.

Stability and Progress: Hong Kong Civic Association Tenth Anniversary Commemoration Issue, Hong Kong: Hong Kong Civic Association, 1964.

《9.11 恐怖活動問卷調查結果報告》，香港：香港公民協會，2001。

《公民之夜：香港公民協會遊藝晚會特刊》，香港：香港公民協會，1983。

《公民協會會訊》。

《香港公民協會二十週年紀念特刊：一九五四年至一九七四年》，香港：香港公民協會，1974。

《香港公民協會二十五週年銀禧紀念特刊》，香港：香港公民協會，1979。

《香港公民協會第四十週年紀念慶祝大會特刊》，香港：香港公民協會，1994。

《香港公民協會元朗分區委員會第一屆委員就職典禮紀念特刊，2004 年 5 月 16

日》，香港：香港公民協會元朗分區委員會，2004。

《香港公民協會張有興主席榮鹰市政局主席慶祝大會特刊》，香港：香港公民協會，1981。

《香港公民協會觀塘區委員會就職典禮　聯歡大會特刊》，香港：香港公民協會，1981。

《提交改善觀塘區問題建議書》，香港：香港公民協會，1981。

三、政府文件

A Draft Agreement between the Government of the United Kingdom of Great Britain and Northern Ireland and the Government of the People's Republic of China on the Future of Hong Kong, Hong Kong: the Government Printer, 1984.

Abercrombie, Patrick. Hong Kong: Preliminary Planning Report. Hong Kong: Government Printer, 1948.

Annual Departmental Report by the Chairman, Urban Council and Director of Urban Services, Hong Kong: Government Printer, 1954-1970.

Annual Report on the Activities of the Independent Commission Against Corruption, Hong Kong: Government Printer, 1975-80.

Barnett, K. M. A., Report of the 1961 Census, Hong Kong: Hong Kong Government Printer, 1962.

Bray, D. C., Statistical Analysis of Squatter Data, Hong Kong: Social welfare office, 1952.

Ceron, Andrea, Intra-Party Politics and Party System Factional Conflict, Cooperation and Fission Within Italian Parties, Ph.D. Thesis, Milan: University of Milan, 2011.

Crime and its Victims in Hong Kong, Hong Kong: The Census and Statistics Department, 1979.

Commission of Inquiry into the Hong Kong Telephone Company Ltd., Report, Hong Kong: Government Printer, 1975.

Commissioner of Labor, Annual Departmental Report, Hong Kong: Government Printer, 1949-80.

Committee of Review Landlord and Tenant (Consolidation) Ordinance, *Report*, Hong Kong: Government Printer, 1981.

Director of Social Welfare, *Annual Departmental Report*, Hong Kong: Government Printer, 1949-80.

Electoral Arrangements for 1994-95: Compendium of Proposals, Hong Kong: Government Printer, 1993.

"Fare Increase", *Undergrad*, 19 April 1966.

Green Paper: A Pattern of District Administration in Hong Kong, Hong Kong: Government Pinter, 1980.

Green Paper: The Further Development of Representative Government in Hong Kong, Hong Kong: Government Printer, 1984.

Green Paper: The 1987 Review of Developments in Representative Government, Hong Kong: Government Printer, 1987.

Hong Kong Annual Departmental Report by the Director of Public Works for the Financial Year 1954-55, Hong Kong: Public Works Department, 1955.

Hong Kong Census and Statistic Department, *Hong Kong Statistic: 1947-1967*, Hong Kong: Government Printer, 1969

_____, *Hong Kong Population and Housing Census: 1971 Main Report,* Hong Kong: Government Printer, 1972.

_____, *Population Census 2001: Main Report*, Hong Kong: Census and Statistic Department, 2002.

Hong Kong Chinese Language Committee, *The First Report*, Hong Kong: Government Printer, 1971.

_____, *The Second Report*, Hong Kong: Government Printer, 1971.

_____, *The Third Report*, Hong Kong: Government Printer, 1971.

_____, *The Fourth and Final Report*, Hong Kong: Government Printer, 1971.

Hong Kong Government, *Annual Report*, Hong Kong: Government Printer, 1949-80.

_____, *Background Information on the Hong Kong Rice Trade Together with a Statement by the Hon. T. D. Sorby in Legislative Council on 1st February, 1967*, Hong Kong: The Government Printer, 1967.

Hong Kong Hansard, Reports of the Sittings of the Legislative Council of Hong Kong, Hong Kong: The Legislative Council, 1949-80.

Hong Kong Resettlement Department, *Hong Kong Annual Departmental Report by The Commissioner for Resettlement for the Financial Year 1954-55*, Hong Kong: Government Printer, 1955.

_____, *Building Homes For Hong Kong Millions: The Story of Resettlement*, Hong Kong: Government Printer, 1963.

Hong Kong Secretariat for Chinese Affairs, *Annual Departmental Report*, Hong Kong: Government Printer, 1949-68.

Hong Kong Secretariat for Home Affairs, *Annual Departmental Report*, Hong Kong: Government Printer, 1969-80.

Hong Kong Urban Council, *Official Record of Proceedings*, Hong Kong: Government Printer, 1949-79.

Kowloon Disturbances 1966, Report of Commission of Inquiry, Hong Kong: Government Printer, 1967.

On the Feasibility of Instituting the Office of Ombudsman in Hong Kong, Hong Kong: Justice Hong Kong Branch, 1969.

Rating and Valuation Department, *A Background to Tenure and Rent Restrictions in Hong Kong*, Hong Kong: Government Printer, 1975.

Report of the Ad Hoc Committee on the Future Scope and Operation of the Urban Council, Hong Kong: Government Printer, 1966.

Report of the Working Party on Local Administration, Hong Kong: Government Printer, 1967.

Report of the Working Party on the Urban Council Franchise and Electoral Registration Procedure, Hong Kong: Government Printer, 1965.

Report on the Riots in Kowloon and Tsuen Wan 1956, Hong Kong: Government Printer, 1956.

Rent Control Committee, *Report*, Hong Kong: Government Printer, 1952.

Society for Community Organization, *People's Power in This Decade: The Tenth Anniversary Special*, Hong Kong: Society for Community Organization, 1980.

The City District Officer Scheme, Report by the Secretary for Chinese Affairs, Hong Kong: Government Printer, 1969.

香港最早期政黨及民主鬥士：革新會及公民協會

The Development of Representative Government: The Way Forward, Hong Kong: Government Printer, 1988.

The Problem of People, Hong Kong: The Government Press, 1960.

The Report of the Advisory Committee on Gambling Policy, Hong Kong: Government Pinter, 1965.

Urban Council Annual Report, Hong Kong: The Urban Council 1973-84.

Urban Council: Report on the Reform of Local Government, Hong Kong: Government Pinter, 1969.

White Paper: District Administration in Hong Kong, Hong Kong: Government Pinter, 1981.

White Paper: The Further Development of Representative Government in Hong Kong, Hong Kong: Government Printer, 1984.

White Paper: The Urban Council, Hong Kong: Government Pinter, 1971.

Working Party on Local Administration, *Report*, Hong Kong: Government Printer, 1967.

四、英國國家檔案館檔案

CO 882: War and Colonial Department and Colonial Office: Confidential Print Eastern.

CO 1023: Colonial Office: Hong Kong and Pacific Department: Original Correspondence.

CO 1030: Colonial Office and Commonwealth Office: Far Eastern Department and successors: Registered Files.

CO 1032: Colonial Office and Commonwealth Office: Defence and General Department and successors: Registered Files, General Colonial Policy.

CO 1037: Colonial Office and Commonwealth Office: Police Department and successors: Registered Files.

FCO 21: Foreign Office and Foreign and Commonwealth Office: Far Eastern Department: Registered Files.

FCO 40: Commonwealth Office and Foreign and Commonwealth Office: Hong

Kong Departments: Registered Files.

FO 371: Foreign Office: Political Departments: General Correspondence from 1906-1966.

五、報章

Chinese Express, 1971-1989.

Chinese Times, 1949-1970.

Hong Kong Standard, 1949-1991.

Hong Kong Telegraph, 1946-1951.

South China Morning Post, 1949-1991.

The Star, 1965-1973.

《工商日報》，1946－1984。

《大公報》，1949－1984。

《星島日報》，1964－1989。

《華僑日報》，1946－1991。

六、訪問

胡鴻烈博士，GBM，GBS，JP.

張有興先生，CBE，JP.

楊勵賢女士

鄭君旋先生

Professor Sadgrove, Philip

Yeung, Cecilia

七、書籍與文章

Alderman, Geoffrey, *Pressure Groups and Government in Great Britain,* London: Longman, 1984.

Aldrich, John, *Why Parties?,* Chicago: University of Chicago Press, 1995.

Almond, Gabriel and G. Bingham Powell, *Comparative Politics: A Developmental Approach,* Boston: Little Brown, 1966.

Ariffin, Omar, *Bangsa Melayu: Malay Concepts of Democracy and Community 1945-1950,* Kuala Lumpur: Oxford University Press, 1993.

Baggott, Rob, "Pressure Groups in Britain: Change and Decline?", *Talking Politics,* 1 (1988): p. 26.

Baker, Hugh D. R., "Life in the Cities: The Emergence of Hong Kong Man", *China Quarterly,* 95 (1983): pp. 469-79.

Bandhu, Deep Chand, ed., *History of Indian National Congress: 1885-2002,* Delhi: Kalpaz Publications, 2003.

Beatty, Robert James, *Democratization in Hong Kong*, Ph.D. Thesis, Arizona: Arizona State University, 2000.

Bickers, Robert, and Yep, Ray, eds., *May Days in Hong Kong: Riot and Emergency in 1967,* Hong Kong: Hong Kong University Press, 2009.

Blyth, Sally and Wotherspoon, Ian, eds., *Hong Kong Remembers*, Hong Kong Oxford University Press, 1996.

Bray, D. C., "The Changing Structure of Government Since the 1950s", *United Bulletin,* 24 (1971): pp. 18-25.

Burns, John, "The Structure of Party Control in Hong Kong", *Asian Survey,* 30 (1990): pp. 748-765.

Carroll, John M, *A Concise History of Hong Kong,* Hong Kong: Hong Kong University Press, 2007.

Catron, Gary, "Hong Kong and Chinese Foreign Policy 1955-60", *The China Quarterly,* 51 (1972): pp. 405-24.

Chan, Joseph Man, *Shifting Journalistic Paradigms: Mass Media and Political Transition in Hong Kong*, Hong Kong: Chinese University of Hong Kong, 1987.

Chan, K. W. and Leung, L. C., "Social Policy and 'laissez faire'", in Tse, K. C. ed., *Our Place, Our Time: A New Introduction to Hong Kong Society*, Hong Kong: Oxford University Press, 2002.

Chan, Ming K., ed., *Precarious Balance: Hong Kong Between China and Britain, 1842-1992*, Hong Kong: Hong Kong University Press, 1994.

Chan, Yat-san, *Striving for Justifiable Rights for the People of the New Territories,* Hong Kong: New Territories Heung Yee Kuk, 1974.

Chaney, David, and Podmore, David, *Young Adults in Hong Kong: Attitudes in a Modernizing Society*, Hong Kong: Centre of Asian Studies, University of Hong Kong, 1973.

Chang, David Wen-wei, and Chuang, Richard Y., *The Politics of Hong Kong's Reversion to China,* London: Macmillan Press, 1998.

Cheek-Milby, Kathleen, *A Legislature Comes of Age: Hong Kong's Search For Influence and Identity*, Hong Kong: Oxford University Press, 1995.

Cheng, Joseph Y. S., "The Democracy Movement in Hong Kong", *International Affairs,* 65 (1989): pp. 443-62.

_____, "Elections and Political Parties in Hong Kong's Political Development", *Journal of Contemporary Asia,* 31 (2001): pp. 346-374.

_____, ed., *Political Participation in Hong Kong: Theoretical Issues and Historical Legacy,* Hong Kong: City University of Hong Kong, 1999.

Cheung, Bing-leung, and Louie, Kin-sheun, *Social Conflicts in Hong Kong, 1975-1986: Trends and Implications*, Hong Kong: Hong Kong Institute of Asia-Pacific Studies, 1991.

Cheung, Bing-leung, and Wong, Paul, "Who Advised the Hong Kong Government? The Politics of Absorption Before and After 1997", *Asian Survey,* 44 (2004): pp. 874-894.

Cheung, Ka-wai, *Hong Kong's Watershed: The 1967 Riots*, Hong Kong: Hong Kong University Press, 2009.

Chiu, Fred Y. L., "Politics and the Body Social in Colonial Hong Kong", in Barlow, Tani E., ed., *Formations of Colonial Modernity in East Asia*, Durham: Duke University Press, 1997.

Chiu, Stephen Wing-kai, and Lui, Tai-lok, eds., *The Dynamics of Social Movement in Hong Kong*, Hong Kong: Hong Kong University Press, 2000.

Choy, Chi-keung, "Political Parties and Political Participation in Hong Kong", in Cheng, Joseph Y. S., ed., *Political Participation in Hong Kong: Theoretical Issues and Historical Legacy,* Hong Kong: City University Press, 1999.

Chui, Ernest Wing-tak, and Chan, Kai-tin, *Patterns of Social Conflicts in Hong Kong: In the Period 1967 to 1974*, Hong Kong: Department of Social Work and Social Administration, University of Hong Kong, 1994.

Cooper, J., *Colony in Conflict: The Hong Kong Disturbances May 1967-January 1968*, Hong Kong: Swindon Book Company, 1970.

Cullen, Richard, *Regulating Political Parties in Hong Kong*, Hong Kong: Civic Exchange, 2005.

Dahm, Bernhard, "Traditional Attitudes and Modern Styles in Political Leadership", in Legge, J. D., ed., *28th International Congress of Orientalists,* Sydney: Angues and Robertson, 1971.

_____, trans., Falla, P. S., *History of Indonesia in the Twentieth Century,* London: Pall Mall Press, 1971.

Darwin, John, "Hong Kong in British Decolonisation", in Brown, Judith M. and Foot, Rosemary, eds., *Hong Kong's Transitions, 1842-1997,* London: Macmillan Press, 1997.

Davis, S. N. G., "One Brand of Politics Rekindled", *Hong Kong Law Journal,* 7 (1977), pp. 48-80.

DeGolyer, Michael E., "Politics, Politicians and Political Parties", in McMillen, Donald, and Man, Si-wan, ed., *The Other Hong Kong Report 1994*, Hong Kong: Chinese University Press, 1994, pp. 75-101.

_____, "The Myth of Political Apathy in Hong Kong: A Revisionist Approach to Hong Kong Politics", in Lam, David C., ed., *Proceedings of the Workshop on Countdown to 1997: Hong Kong in the Transition*, Hong Kong: Hong Kong University of Science and Technology; Hong Kong Baptist University; Institute of East-West Studies and Hong Kong Transition Project, 1995.

DeGolyer, Michael E., and Scott, Jane Lee, "The Myth of Political Apathy in Hong Kong", in Skidmore, Max J., ed., *Hong Kong and China: Pursuing a New Destiny.* Singapore: Toppan, 1997.

Duverger, Maurice, *Political Parties: Their Organization and Activity in the Modern State*, New York: Wiley, 1954.

Elliott, Elsie, *The Avarice, Bureaucracy and Corruption of Hong Kong*, Hong Kong, Friends Commercial Printing Factory, 1971.

_____, *Crusade for Justice: an Autobiography*, Hong Kong: Heinemann Asia, 1981.

_____, *Hong Kong's Unsolved Injustices*, London: Spokesman Books, 1976.

Endacott, G. B., *Government and People in Hong Kong 1841-1962: A Constitutional History*, Hong Kong: Hong Kong University Press, 1964.

_____, *A History of Hong Kong*, Hong Kong: Oxford University Press, 1973.

Epstein, Leon, *Political Parties in Western Democracies*, New Brunswick: Transaction Books, 1980.

Faure, David, ed., *A Documentary History of Hong Kong: Society*, Hong Kong: Hong Kong University Press, 1997.

_____, *Colonialism and the Hong Kong Mentality*, Hong Kong: The Hong Kong University Press, 2003.

_____, and Lee, Pui-tak, eds., *A Documentary History of Hong Kong: Economy*, Hong Kong: Hong Kong University Press, 2004.

Frings, Ulrike E., "Political Parties and Democratic Attempts in Southeast Asia – a Historical Overview", in Sachsenröder, W., and Frings, Ulrike E., eds., *Political Party System and Democratic Development in East and Southeast Asia*, Vol. 1 Aldershot: Ashgate Publishing, 1998.

Ghai, Yash, *Hong Kong's New Constitutional Order: The Resumption of Chinese Sovereignty and the Basic Law*, Hong Kong: Hong Kong University press, 1997.

Golger, Otto J., *Squatters and Resettlement: Symptoms of an Urban Crisis*, Wiesbaden: R. Himmelheber & Co., 1972.

Goodstadt, Leo F., *Uneasy Partners: The Conflict Between Public Interest and Private Profit in Hong Kong*, Hong Kong: Hong Kong University Press, 2009.

Grantham, Sir Alexander, *Via Ports, From Hong Kong to Hong Kong*, Hong Kong: Hong Kong University Press, 1965.

Grundström, Marlene, *Political Party Development in Hong Kong: Beyond the "China Dimension"?*, Hong Kong: Civic Exchange, 2006.

Harmel, Robert, and Janda, Kenneth, *Parties and Their Environments*, New

香港最早期政黨及民主鬥士：革新會及公民協會

York: Longman, 1982.

Harper, T. N., *The End of Empire and the Making of Malaya,* Cambridge: Cambridge University Press, 1999.

Harris, Peter, *Hong Kong: A Study in Bureaucratic Politics*, London: Heinemann Educational Books, 1978.

Heinzig, Dieter, *The Soviet Union and Communist China 1945-1950: The Arduous Road to the Alliance,* M.E. Sharpe, New York, 2003.

Ho, Pui-yin, *The Administrative History of the Hong Kong Government Agencies, 1841-2002*, Hong Kong: Hong Kong University Press, 2004.

Hoadley, J. Stephen, "'Hong Kong Is the Lifeboat': Notes on Political Culture and Socialization", *Journal of Oriental Studies*, 8 (1970): pp. 209-11.

_____, "Political Participation of Hong Kong Chinese: Patterns and Trends", *Asian Survey*, 13, no.6 (1973): pp. 604-16.

Hook, Brian, "The Government of Hong Kong: Change within Tradition", *China Quarterly*, 95 (1983), pp. 491-511.

Hopkins, Keith ed., *Hong Kong: The Industrial Colony,* Hong Kong: Oxford University Press, 1971.

Huang, Rayson, *A Lifetime in Academia: An Autobiography by Rayson Huang,* Hong Kong: Hong Kong University Press, 2000.

Hughes, Richard, *Hong Kong: Borrowed Place, Borrowed Time,* London: Deutsch, 1976.

Hung, Ho-fung, "67 Trauma and the Making of 'Hong Kong People': A Tentative Search for the Repressed", *Hong Kong Cultural Studies Bulletin*, 4 (1995): pp. 27-35.

Huntington, Samuel P., *Political Order in Changing Societie*s, New Haven: Yale University Press, 1986.

Jamieson, Neil L., *Understanding Vietnam,* California: University of California Press, 1993.

Jarvie, I. C., and Agassi, J., eds., *Hong Kong: A Society in Transition,* London: Routledge and Kegan Paul, 1969.

Jeffries, Sir Charles, *The Colonial Office,* London: Allen and Unwin, 1956.

Jones, Carol, and Vagg, Jon, *Criminal Justice in Hong Kong*, Abingdon:

Routledge, 2007.

Katz, Richard, and Crotty, William, eds., *Handbook of Party Politics*, London: Sage Publications Inc. 2006.

Key, Valdimer Orlando, *Politics, Parties, and Pressure Groups*, New York: Crowell, 1964.

King, Ambrose, "Administrative Absorption of Politics in Hong Kong: Emphasis on the Grass Roots Level", *Asian Survey*, 15, No.5 (1975), pp. 422-39.

_____, and Lee, Rance, eds., *Social Life and Development in Hong Kong*, Hong Kong: The Chinese University Press, 1981.

Klingemann, Hans-Dieter, Hofferbert, Richard, and Budge, Ian, *Parties, Policies and Democracy*, Boulder: Westview Press, 1994.

Kuan, Huin-chi, "Power Dependence and Democratic Transition: The Case of Hong Kong", *The China Quarterly*, 128 (1991): pp. 774-793.

_____, "Escape from Politics: Hong Kong's Predicament of Political Development", *International Journal of Public Administration*, 21 (1998): pp. 1423-1448.

_____, and Lau, Siu-kai, "The Civic Self in a Changing Polity: the Case of Hong Kong", in Cheek-Milby, K. and Mushkat, M., eds., *Hong Kong: The Challenge of Transformation*.

Kwok, Edmond S. T., "From 'the Campaign for Chinese to be an Official Language' to 'the Second Chinese Language Campaign", in Cheng, Joseph Y. S., ed., *Hong Kong in the 1980s*, Hong Kong: Summerson Eastern Publisher, 1982, pp. 32-44.

Kwong, Hoi-ying, *Party-Group Relations in Hong Kong: Comparing the DAB and the DP*, M.Phil. Thesis, Hong Kong: Hong Kong University of Science and Technology, 2004.

Lam, Jermain Tak-man, "Party Politics in Hong Kong during the Political Transition", in Sing, Ming, ed., *Hong Kong Government and Politics*. Hong Kong: Oxford University Press, 2003.

_____, "Party Institutionalization in Hong Kong", *Asian Perspective*, 34, No.2 (2010): pp. 53-82.

Lam, Wai-man, *Rediscovering Politics in Hong Kong (1949-1979): The Paradox of Political Indifference*, Ph.D. Thesis, Hong Kong: University of Hong Kong, 2001.

_____, "An Alternative Understanding of Political Participation: Challenging the Myth of Political Indifference in Hong Kong", *International Journal of Public Administration*, 26, No.5 (2003): pp. 473-96.

_____, *Understanding the Political Culture of Hong Kong: The Paradox of Activism and Depoliticization*, Armonk: M.E. Sharpe, 2004.

Lam, Wai-man, et al., *Contemporary Hong Kong Politics: Governance in the Post-1997 Era*, Hong Kong: Hong Kong University Press, 2007.

Lane, Kevin P., *Sovereignty and the Status Quo: The Historical Roots of China's Hong Kong Policy*, Boulder: Westview Press, 1990.

LaPalombara, Joseph, and Myron, Weiner, eds., *Political Parties and Political Development*, New Jersey: Princeton University Press, 1966.

Lau, Chi Kuen, *Hong Kong's Colonial Legacy*, Hong Kong: The Chinese University Press, 1997.

Lau, Siu-kai, *From Traditional Familism to Utilitarianistic Familism: The Metamorphosis of Familial Ethos Among the Hong Kong Chinese*, Hong Kong: Social Research Centre, Chinese University of Hong Kong, 1978.

_____, "The Government, Intermediate Organizations, and Grass-Roots Politics in Hong Kong", *Asian Survey*, 21, No.8 (1981), pp. 865-84.

_____, *Society and Politics in Hong Kong*, Hong Kong: The Chinese University Press, 1982.

_____, "Political Reform and Political Development in Hong Kong: Dilemma and Choices", in Jao, Y. C., Leung, C. K., and Wong, S. L., eds., *Hong Kong and 1997, Strategies For the Future*, Hong Kong: Centre of Asian Studies, University of Hong Kong, 1985.

_____, "Social Change, Bureaucratic Rule, and Emergent Political Issues in Hong Kong", *World Politics*, 35, No.4 (1983), pp. 544-62.

_____, "Utilitarianistic Familism: The Basis of Political Stability", in King, Ambrose, and Lee, Rance P. L., ed., *Social Life and Development in Hong Kong*, Hong Kong: Chinese University Press, 1981, pp. 195-216.

_____, *The Ethos of the Hong Kong Chinese*, Hong Kong: Chinese University Press, 1988.

_____, *Public Attitude Towards Political Parties in Hong Kong*, Hong Kong: Chinese University Press, 1992.

330

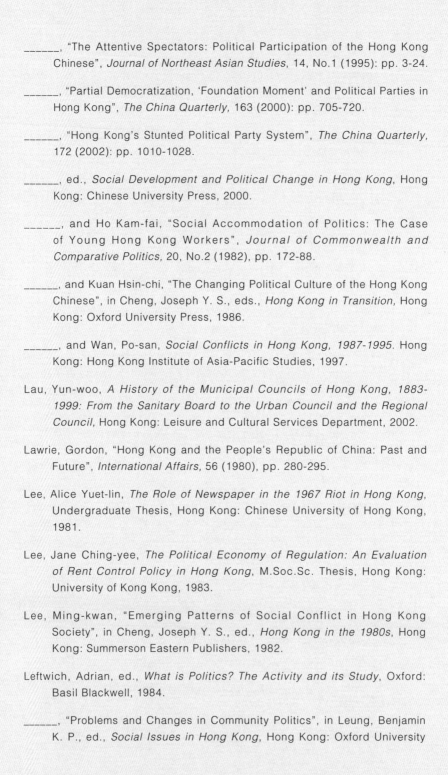

_____, "The Attentive Spectators: Political Participation of the Hong Kong Chinese", *Journal of Northeast Asian Studies*, 14, No.1 (1995): pp. 3-24.

_____, "Partial Democratization, 'Foundation Moment' and Political Parties in Hong Kong", *The China Quarterly,* 163 (2000): pp. 705-720.

_____, "Hong Kong's Stunted Political Party System", *The China Quarterly,* 172 (2002): pp. 1010-1028.

_____, ed., *Social Development and Political Change in Hong Kong*, Hong Kong: Chinese University Press, 2000.

_____, and Ho Kam-fai, "Social Accommodation of Politics: The Case of Young Hong Kong Workers", *Journal of Commonwealth and Comparative Politics,* 20, No.2 (1982), pp. 172-88.

_____, and Kuan Hsin-chi, "The Changing Political Culture of the Hong Kong Chinese", in Cheng, Joseph Y. S., eds., *Hong Kong in Transition,* Hong Kong: Oxford University Press, 1986.

_____, and Wan, Po-san, *Social Conflicts in Hong Kong, 1987-1995*. Hong Kong: Hong Kong Institute of Asia-Pacific Studies, 1997.

Lau, Yun-woo, *A History of the Municipal Councils of Hong Kong, 1883-1999: From the Sanitary Board to the Urban Council and the Regional Council,* Hong Kong: Leisure and Cultural Services Department, 2002.

Lawrie, Gordon, "Hong Kong and the People's Republic of China: Past and Future", *International Affairs,* 56 (1980), pp. 280-295.

Lee, Alice Yuet-lin, *The Role of Newspaper in the 1967 Riot in Hong Kong*, Undergraduate Thesis, Hong Kong: Chinese University of Hong Kong, 1981.

Lee, Jane Ching-yee, *The Political Economy of Regulation: An Evaluation of Rent Control Policy in Hong Kong*, M.Soc.Sc. Thesis, Hong Kong: University of Kong Kong, 1983.

Lee, Ming-kwan, "Emerging Patterns of Social Conflict in Hong Kong Society", in Cheng, Joseph Y. S., ed., *Hong Kong in the 1980s*, Hong Kong: Summerson Eastern Publishers, 1982.

Leftwich, Adrian, ed., *What is Politics? The Activity and its Study*, Oxford: Basil Blackwell, 1984.

_____, "Problems and Changes in Community Politics", in Leung, Benjamin K. P., ed., *Social Issues in Hong Kong*, Hong Kong: Oxford University

Press, 1990, pp. 43-63.

Lethbridge, H. J., "The Emergency of Bureaucratic Corruption as a Social Problem in Hong Kong", *Journal of Oriental Studies*, 12 (1974), pp. 16-29.

_____, "Corruption, White Collar Crime and the ICAC", *Hong Kong Law Journal*, 6 (1976), pp. 150-178.

_____, *Hong Kong: Stability and Change*, Hong Kong: Oxford University Press, 1979.

_____, *Hard Graft in Hong Kong: Scandal, Corruption, the ICAC*, Hong Kong: Oxford University Press, 1985.

Leung, Benjamin K. P., ed., *Social Issues in Hong Kong*, 3rd ed., Hong Kong: Oxford University Press, 1994.

_____, *Perspectives on Hong Kong Society*, Hong Kong: Oxford University Press, 1996.

_____, "The Student Movement in Hong Kong: Transition to a Democratizing Society", in Chiu, Stephen Wing-kai and Lui, Tai-lok, eds., *The Dynamics of Social Movement in Hong Kong*, Hong Kong: Hong Kong University Press, 2000.

_____, and Chiu, Stephen Wing-kai, *A Social History of Industrial Strikes and the Labour Movement in Hong Kong, 1946-1989*, Hong Kong: Social Sciences Research Centre in association with Department of Sociology, University of Hong Kong, 1991.

Leung, Cho-bun, "Community Participation: From Kai Fong Association, Mutual Aid Committee to District Board", in Cheng, Joseph Y. S., ed., *Hong Kong in the 1980s*. Hong Kong: Summerson Eastern Publishers, 1982.

Leung, Joan Yin-hung, "Functional Representation in Hong Kong: Institutionalization and Legitimization of the Business and Professional Elites", *Asian Journal of Public Administration*, 12 (1990): pp. 143-175.

_____, "Political Parties: Public Perceptions and Implications for Change", in Scott, Ian, ed., *Institutional Change and Political Transition in Hong Kong*, London: Macmillan Press, 1998.

_____, *State and Society: The Emergence and Marginalization of Political Parties in Hong Kong*, Ph.D. Thesis, Hong Kong: Hong Kong University, 1999.

Leung, M. Y., *From Shelter to Home: 45 Years of Public Housing Development in Hong Kong,* Hong Kong: Hong Kong Housing Authority, 1999.

Li, Pang-kwong, *Hong Kong from Britain to China: Political Cleavages, Electoral Dynamics and Institutional Changes*, Aldershot: Ashgate, 2000.

_____, ed., *Political Order and Power Transition in Hong Kong,* Hong Kong: The Chinese University Press, 1997.

Lizzeri, Alessandro, and Nicola Persico, "Why Did the Elites Extend the Suffrage? Democracy and the Scope of Government, With an Application to Britain's 'Age of Reform'", *Quarterly Journal of Economics,* 119 (2004): pp. 1155-1189.

Lo, Shiu-hing, *The Politics of Democratisation in Hong Kong*, Ph.D. Thesis, Ann Arbor: University Microfilms International, 1995.

_____, "Citizen Participation, Political Culture and Governability in Hong Kong: A Critique of the Psychocultural Approach", in Cheng, Joseph Y. S., ed., *Political Participation in Hong Kong: Theoretical Issues and Historical Legacy*, Hong Kong: City University of Hong Kong Press, 1999.

Loh, Christine, *Underground Front: The Chinese Communist Party in Hong Kong,* Hong Kong: Hong Kong University Press, 2010.

_____, et al., *Accountability without Democracy?: The Principal Officials Accountability System in Hong Kong*, Hong Kong: Civic Exchange, 2002.

Louie, K.S., "Politicians, Political Parties and the Legislative Council", in Cheng, Joseph Y. S. and Kwong, Paul, eds., *The Other Hong Kong Report 1992*, Hong Kong: The Chinese University Press, pp. 53-78.

_____, "Party Identification in Hong Kong Elections: A Further Enquiry", in Kuan, Hsin-chi, et al., eds., *The 1995 Legislative Council Elections in Hong Kong*, Hong Kong: Hong Kong Institute of Asia-Pacific Studies. pp. 137-64.

Lui, Tai-lok, *Urban Protests in Hong Kong: A Sociological Study of Housing Conflicts*, M.Phil. Thesis, Hong Kong: Chinese University of Hong Kong, 1984.

Lui, Tai-lok, and Chiu, Stephen W. K., "Social Movements and Public Discourse on Politics", in Ngo, Tak-wing, ed., *Hong Kong's History: State and Society Under Colonial Rule*, London: Routledge, 1999.

Ma, Ngok, "The Decline of the Democratic Party in Hong Kong: The Second Legislative Council Election in HKSAR", *Asian Survey,* 41 (2001): pp. 564-583.

_____, "Factionalism in the Democratic Party and the 2000 Election", in Kuan Hsin-chi, Lau, Siu-kai and Wong, Timothy Ka-ying, eds., *Out of the Shadow of 1997? The Legislative Council Election in the Hong Kong Special Administrative Region*, Hong Kong: Chinese University Press, pp. 125-159.

_____, *Political Development in Hong Kong: State, Political Society, and Civil Society,* Hong Kong: Hong Kong University Press, 2007.

_____, and Choy, Chi-keung, "The Evolution of the Electoral System and Party Politics in Hong Kong", *Issue and Studies,* 35 (1999): 167-194.

Maor, Moshe, *Political Parties and Party System: Comparative Approaches and the British Experience,* London: Routledge, 1997.

Mark, Chi-kwan, *Hong Kong and the Cold War*, Oxford: Oxford University Press, 2004.

McGee, T. G., *Hawkers in Hong Kong: A Study of Planning and Policy in a Third World City,* Hong Kong: University of Hong Kong, 1974.

Miners, N. J., "Plans for Constitutional Reform in Hong Kong, 1946-52", *The China Quarterly*, 107 (1986), pp. 463-82.

_____, "The Transformation of the Hong Kong Legislative Council 1970-1994: from Consensus to Confrontation", *Asian Journal of Public Administration,* 16, No.2 (1994): pp. 224-48.

_____, *The Government and Politics of Hong Kong, with Updated Additions for the mid-1990s*, Hong Kong: Oxford University Press, 1995.

Neumann, Sigmund, ed., *Modern Political Parties*, Chicago: University of Chicago Press, 1956.

Ng, Sek-hong, "Labour Groups' Political Participation", in Cheng, Joseph Y. S., ed., *Political Participation in Hong Kong: Theoretical Issues and Historical Legacy*, Hong Kong: City University Press, pp. 249-273.

Ngo, Tak-wing, ed., *Hong Kong's History: State and Society Under Colonial Rule*, London: Routledge, 1999.

Ogden, Suzanne, *China's Unresolved Issues: Politics, Development, and Culture,* New Jersey: Prentice Hall, 1995.

Pepper, Suzanne, *Keeping Democracy at Bay: Hong Kong and the Challenge of Chinese Political Reform*, New York: Rowman & Littlefield Publishers, 2008.

Rear, John, "One Brand of Politics", in Hopkins, Keith, ed., *Hong Kong: The Industrial Colony*, Hong Kong: Oxford University Press, 1971.

Reichley, James, *The Life of The Parties*, Lanham: Rowman and Little field, 2000.

Richardson, Jeremy, *Pressure Groups,* Oxford: Oxford University Press, 1993.

Ricklefs, M. C., *A History of Modern Indonesia Since c.1200,* Basingstoke: Palgrave, 2001.

Roberti, Mark, *The Fall of Hong Kong: China's Triumph and Britain's Betrayal*, New York: John Wiley & Sons, 1996.

Roff, William R., *The Origins of Malay Nationalism,* Kuala Lumpur: University of Malaya Press, 1967.

Sardesai, D.R., *India: The Definitive History,* Philadelphia: Westview Press, 2008.

Schlesinger, Joseph, *Political Parties and the Winning of Office*, Ann Arbor: University of Michigan Press, 1991.

Scott, Ian, *Political Change and the Crisis of Legitimacy in Hong Kong*, Honolulu: University of Hawaii Press, 1989.

Shively, Stanley, *Political Orientations in Hong Kong: A Socio-psychological Approach*, Hong Kong: Social Research Centre, Chinese University of Hong Kong, 1972.

Sing, Ming, "The Handover of Hong Kong and the Retrogression of its Democratic Development", in Cheng, Joseph Y. S, eds., *Political Development in the HKSAR.* Hong Kong: City University Press, 2001.

_____, "Governing Elites, External Events and Pro-Democratic Opposition in Hong Kong (1986-2002)", *Government and Opposition,* 38, No.4 (2003) pp. 456-478.

_____, *Hong Kong's Tortuous Democratization: A Comparative Analysis*, London: Routledge, 2004.

_____, ed., *Hong Kong Government and Politics*, Hong Kong: Oxford University Press, 2003.

香港最早期政黨及民主鬥士：革新會及公民協會

Smith, Martin, *Burma: Insurgency and the Politics of Ethnicity,* New York: Zed Books, 1999.

Smith, Ralph, *Viet-Nam and the West,* London: Heinemann Educational Books, 1968.

So, Alvin, *Hong Kong's Embattled Democracy: A Societal Analysis*, Baltimore: The Johns Hopkins University Press, 1999.

_____, and Kwitko, Ludmilla, "The New Middle Class and the Democratic Movement in Hong Kong", *Journal of Contemporary Asia,* 20 (1990): pp. 384-398.

_____, "The Transformation of Urban Movements in Hong Kong, 1970-90", *Bulletin of Concerned Asian Scholars*, 24, No.4 (1992): pp. 32-44.

So, Sau-Chung, "It Was June: And June It Was My Mood…", *Chinese Student Weekly*, September 16, 1966.

_____, "A Game with the Cops." *Chinese Student Weekly*, June 4, 1971.

Steinberg, David Joel, et al., *In search of Southeast Asia: A Modern History,* New York: Praeger, 1971.

Stokesbury, James, *A Short History of the Korean War,* New York: Harper Perennial, 1990.

Sum, Ngai-ling, "More than a 'War of Words': Identity, Politics and the Struggle for Dominance during the Recent 'Political Reform' Period in Hong Kong", *Economy and Society,* 24 (1995): pp. 67-100.

Tsang, Steve, *Democracy Shelved: Great Britain, China, and Attempts at Constitutional Reform in Hong Kong, 1945-1952*, Hong Kong: Oxford University Press, 1988.

_____, *Hong Kong: An Appointment with China*, London: I. B. Tauris, 1997.

_____, "Government and Politics in Hong Kong: A Colonial Paradox", in Brown, Judith M., and Foot, Rosemary, ed., *Hong Kong's transitions, 1842-1997*, Hampshire: Macmillan Press, 1997.

_____, *A Modern History of Hong Kong*, Hong Kong: Hong Kong University Press, 2004.

_____, ed., *Government and Politics: A Documentary History of Hong Kong*, Hong Kong: Hong Kong University Press, 1995.

Tsang, Yok-sing, *Tsang Yok Sing Straight Talk: A collection of Essays on*

參考書目

Hong Kong Affairs, Hong Kong: Cosmos Book, 1995.

Thomas, Nicholas, *Democracy Denied: Identity, Civil Society and Illiberal Democracy in Hong Kong*, Aldershot: Ashgate Publishing Ltd., 1999.

Tse, Fu-yuen, *Street Trading in Modern Hong Kong*, Ph.D. Thesis, Hong Kong: University of Hong Kong, 1974.

Tu, Elsie, *Colonial Hong Kong in the Eyes of Elsie Tu,* Hong Kong: Hong Kong University Press, 2003.

Walden, John, *Excellency, Your Gap is Growing!,* Hong Kong: All Noble Co. Ltd, 1987.

Wildavsky, Aaron B., "A Methodological Critique of Duverger's Political Parties", in Eckstein, Harry and Apter, David, eds., *Comparative Politics: A Reader*, New York: Free Press of Glencoe, 1963.

Wolinetz, Steven B., *Political Parties*, Aldershot: Dartmouth Publishing Company Limited, 1998.

Wolpert, Stanley, *A New History of India*, 8th ed., New York: Oxford University Press, 2009.

Wong, Aline K., *The Kaifong Association and Hong Kong Society*, Taipei: The Orient Cultural Service, 1972.

Wong, Thomas W. P., and Lui, Tai-lok, *From One Brand of Politics to One Brand of Political Culture*, Hong Kong: Hong Kong Institute of Asia-Pacific Studies, Chinese University of Hong Kong, 1992.

_____, *Morality, Class and the Hong Kong Way of Life*, Hong Kong: Hong Kong Institute of Asia-Pacific Studies, Chinese University of Hong Kong, 1993.

Ure, Gavin, *Governors, Politics and the Colonial Office: Public Policy in Hong Kong, 1918-58,* Hong Kong: Hong Kong University Press, 2012.

Yip, Yan-yan, and Lee, Jennifer, "Political Groups / Organizations", in *Study on the Third Sector Landscape in Hong Kong*, Hong Kong: The Central Policy Unit, 2004.

王賡武編著:《香港史新編》(兩冊),香港:三聯書店,1997。

朱世海:《香港政黨研究》,北京:時事出版社,2011。

江關生:《中共在香港》,下卷,香港:天地圖書,2012。

何佩然編著：《傳與承：慈善服務融入社區》，香港：三聯書店，2010。

呂大樂：《那似曾相識的七十年代》，香港：中華書局，2012。

李彭廣：《管治香港：英國解密檔案的啟示》，香港：牛津大學出版社，2012。

周奕：《香港左派鬥爭史》，香港：利訊出版社，2009。

周建華：《香港政黨與選舉政治（1997－2008）》，廣州：中山大學出版社，2009。

馬嶽：《香港政治：發展歷程與核心課題》，香港：香港中文大學香港亞太研究所，2010。

_____：《香港 80 年代民主運動口述歷史》，香港：香港城市大學出版社，2012。

許家屯：《許家屯香港回憶錄》，香港：香港聯合報有限公司，1993。

程美寶、趙雨樂合編：《香港史研究論著選輯》，香港：香港公開大學出版社，1999。

黃文娟：《香港的憲制與政治》，台北：財團法人國家發展研究文教基金會，1997。

蔡子強、劉細良、周栢均：《選舉與議會政治：政黨崛起後的香港嶄新政治面貌》，香港：香港人文出版社，1995。

薛鳳旋、鄺智文編：《新界鄉議局史：由租借地到一國兩制》，香港：三聯書店，香港浸會大學當代中國研究所，2011。

鄭宇碩編著：《香港政制及政治》，香港：天地圖書有限公司，1987。

劉兆佳編著：《香港的政制改革與政治發展》，香港：廣角鏡出版社有限公司，1988。

劉潤和：《香港市議會史：1883－1999：從潔淨局到市政局及區域市政局》，香港：康樂及文化事務署，2002。

蘇守忠：《從民運到出家：蘇守忠傳奇一生》，香港：明窗出版社，1998。

羅祥喜：《1949 年以來的港台關係》，香港：香港政策研究所，1998。

羅亞：《政治部回憶錄：港英政府最神秘的部門》，香港：香港中文大學香港亞太研究所海外華人研究社，1997。